# Brigitte Bardot
# Par amour...
# et c'est tout

# Brigitte Bardot
# Par amour…
# et c'est tout

Propos recueillis par
Emmanuel Bonini

Alphée
Jean-Paul Bertrand

www.editions-alphee.com



EAN : 978 2 7538 0508 8

*La vérité est une arme*
*bien plus redoutable que la calomnie.*
TALLEYRAND

*Toute forme de violence m'insupporte,*
*mais si j'ai demandé au Dalaï-lama*
*de devenir membre de ma Fondation,*
*ce n'est pas en tant que chef spirituel,*
*mais plutôt en tant qu'être sensible à toute forme*
*de souffrance, animale y compris.*
Brigitte BARDOT

*Elles sont rares les femmes qui ne sont*
*pas essentiellement vaches, boniches.*
*Alors elles sont sorcières et fées.*
Louis-Ferdinand CÉLINE

*On ne se refait pas complètement.*
*Je n'ai jamais quitté un certain état de bourgeoisie.*
*Mais j'ai abattu beaucoup de tabous.*
*J'avais la volonté de dépasser ma propre jeunesse*
*forcée. Je voulais être différente*
*et c'est en cela que je symbolise la liberté.*
Brigitte BARDOT, Radioscopie de Jacques Chancel.

*Ce livre est dédié à Sa Sainteté le Dalaï-lama.*

# *Avant-dire*

PROMISE à la danse classique, elle apparut un jour de printemps 1953 sur les sables mouvants de Cannes, entre le départ de Staline pour les Enfers et l'avènement de la première machine à laver. Suffisant pour se défier de l'avenir par l'une de ces formules gansées de coquetterie qui n'abusent pas la destinée : *Je serai oubliée dans trois ans*. Or l'œil vicieux de la caméra s'était déjà amouraché de cette petite fille à la fois timide et cousue d'aplomb, Degas vivant dont François Villon, s'il l'eut connue, aurait pu dire : « Dieu l'a faite avec ses deux mains. »

Moteur !

Et la lumière fut. *Lux facta est.* Qui ne s'est jamais éteinte.

De par le vaste monde, des millions d'hommes se prirent bientôt à lécher les photos de cette grande amoureuse, fière amazone éprise de volupté sans honte, d'authentique et d'absolu. Les Témoins de Jéhovah non plus, qui la vouèrent à la « condamnation éternelle ».

Ainsi que les représentants de l'Église de Rome, qui virent en elle « l'incarnation du péché ». Un luxe autant qu'un privilège. Légère au vent et dégagée de toute convention sociale, car libérée de *cette tache de bourgeoisie qui s'étalait en moi* [1], des consignes collectives ensuite, Brigitte Bardot finit par imposer ses initiales rebondies sur les écrans internationaux et dans l'imagerie populaire, un drapeau français planté dans le cœur, épicentre de sa vie. « Il est excessivement rare que les très grandes carrières, dans n'importe quel domaine, soient le fait de natures médiocres et pauvres, le succès et l'argent qu'il procure n'étant que des indices de réussite, un segment de la trajectoire d'une vie », avait prévenu Raymond Cartier, dans *Paris Match*.

Comment dès lors concevoir que de crises de larmes en dépressions vertigineuses, le regard perdu dans celui d'un bon chien censé lui faire oublier qu'au-dehors les jeunes filles de son âge jouaient à BB, « la plus belle fille du monde » buvait le cauchemar par la racine ? Il n'y a pas de paradoxe, seulement une logique implacable et criminogène : celle de la notoriété, petite sœur du mensonge et de l'illusion. Brigitte Bardot est née vraie. Vraie et unique dans ce qu'elle a toujours mis à ne jamais vouloir ressembler à personne. Comme le tigre et la baleine n'ont aucune raison de se rencontrer, la gloire qu'elle appela innocemment de ses vœux, comptant sans doute la dompter au lasso, sans trop savoir

1. Radioscopie, de Jacques Chancel.

que même les plus beaux chevaux ne valent pas leur mise, la gloire dans ce qu'elle a de rude et d'aliénant a beaucoup tué en elle.

Jadis, une autre souveraine mêmement prisonnière de sa condition et du carcan de la représentation, maugréait dans son éventail : « Qu'importent les grandeurs sociales ? Qu'importent les sceptres et les couronnes ?.... Qu'importent les manteaux de pourpre ? Ce ne sont que des haillons dérisoires, des hochets ridicules dont nous essayons vainement de recouvrir la nullité de nos personnages, tandis que nous devrions ne penser qu'à sauvegarder les droits imprescriptibles et sacrés de notre vie intime. » Élisabeth d'Autriche est morte incomprise.

Dans le sillage de cette auguste torturée, rétive à l'accomplissement des obligations marchandes et avilissantes liées à son statut de déesse, polluée par une cour de parasites et de vils flatteurs dont elle n'a jamais su se passer, cernée de toutes parts, traquée [2] par des meutes

2. En 2003, un artiste peintre, fondateur de l'atelier de peinture de Louveciennes, remémora à Brigitte un épisode relatif à cette période de traque incessante, dont il fut le témoin : « Un matin, devant chez moi, j'ai entendu une cavalcade, je suis sorti rapidement et je vous ai vue enceinte de votre fils, affolée, poursuivie par deux paparazzis dans la forêt de Louveciennes. » Monsieur d'Angelo est décédé en 2008, l'année de ses cent ans. Sa fille, qui était présente ce jour-là, m'a confirmé ses dires. « Brigitte était simplement venue passer la journée chez ses parents. » Pour l'anecdote, la famille d'Angelo hérita d'une petite chatte noire et blanche que la femme de ménage des Bardot, Mme Lucas, offrit un jour au fils de M. d'Angelo qui rentrait de l'école.

de safaristes comme une panthère un peu trop belle et trop vivante, légitimement atteinte du complexe de persécution, mais encore surexploitée par un entourage professionnel prétendument maternel et essentiellement vénal, un jour, quittant avant d'être quittée, cette fille saine et profonde qui ne supportait plus d'évoluer dans un milieu factice, frivole et sans mémoire, où les jalousies, les bassesses et les déloyautés sont des lois, cette excellente comédienne mal utilisée mit un terme voulu définitif aux grimaces en Technicolor. Lassée aussi de n'avoir jamais pu dépasser aux yeux des pervers le cliché d'aphrodisiaque sur celluloïd, « regarde et branle-toi ». Sans pour autant censurer sa voix, ce légendaire ressac paresseux et traînant aux sonorités d'enfance inachevée. Trouvant en elle le courage et la force d'exister autrement. Courageuse jusque dans sa volonté de laisser la nature et le temps accomplir leur œuvre. L'enveloppe s'abîme, l'esprit s'élève. Purifié de tous ces détails terrestres que sont l'apparence et la dictature des formes. Intelligence. Force morale. Signe d'élégance envers le Créateur. Honnêteté envers soi, nécessaire pour pouvoir exiger du prochain. La jeunesse est un passage. Pas un état. Ni une vertu.

Depuis lors, maîtresse après Dieu de son propre scénario, entre *révoltes et nostalgie*, elle n'en finit plus de vivre par elle-même, au service des autres. Solitaire, comme elle l'a toujours été, comme nous le sommes tous, sans docteur de l'esprit, ni psychanalyse, cette maladie de l'époque. Seule pour absorber, telle une éponge, toutes les douleurs ambiantes, dans une sorte d'étrange rédemption, témoin que la vie passe comme la fumée de ses cigarettes et à peu près consciente que l'amour n'est que la relation entre deux êtres mal finis qui cherchent en l'autre ce qu'ils savent ne jamais pouvoir trouver. A-t-elle changé ? Elle s'en défend. On ne peut être le même moi toute une vie, un moi plein, constant et fermé. Savoir le reconnaître relève d'une autre démarche. Force nous est pourtant de constater que BB n'a jamais dévié d'une certaine ligne de vie, de conduite et de cœur, une législation intérieure, sorte de morale personnelle basée sur l'éducation et l'instinct, qui la fait marcher avec ses propres pieds. Sans rien abdiquer cependant d'un puissant pouvoir émotionnel assorti à une liberté de ton et d'action au service de causes foncièrement justes, voire essentielles.

Éloges byzantins ou bidons de fiel, en cinquante ans on a répandu sur le compte de cette fille à la fois complexe et simple comme la violette un nombre d'écrits et de rumeurs propres à faire sauter des gouvernements. On a tout pensé d'elle, tout minimisé, tout exagéré, tout supposé, tout affirmé, le meilleur comme le pire, le pire dans son cas devenant souvent un moindre mal.

Que l'on en juge :

« Il y a des beautés scandinaves, espagnoles, africaines, asiatiques, mais la beauté la plus célèbre est une beauté française. Et quand on regarde la tradition de la beauté en France, Brigitte Bardot ressemble aux plus belles sculptures qui ont été faites chez nous au moment de la Renaissance. C'était l'école de Fontainebleau, c'était Jean Goujon, c'était les statues de Diane. Et moi j'étais fier que la première beauté au monde soit une beauté française. » Valéry Giscard d'Estaing (« Sacrée Soirée », octobre 1996).

« En 1958, le Vatican expose sa photo pour représenter le Diable ! Elle en a gardé la beauté, mais la femme-enfant est devenue *la* femme. Un trajet parfait qu'elle doit à sa moue, à sa grâce, et surtout à une spontanéité qui n'est pas feinte. Elle veut ? Elle prend. Elle se lasse ? Elle jette... Incarnant la liberté, elle servit de modèle au buste officiel de Marianne. À l'époque, après un suicide raté, elle dit : *Marilyn a réussi sa mort, j'ai raté la mienne*. Ses prises de positions des années quatre-vingt-dix lui donnent raison. » (*VSD*, juin 1998).

« Sa gentillesse et son intelligence m'avaient touché, et ne parlons pas de sa beauté. Elle jouait de façon vraie et spontanée, contrairement à ce qui a été répandu par des aigris et des ratés professionnels. Je peux, il me semble, juger de la qualité d'une actrice aussi bien, et sans doute mieux, qu'eux. J'affirme qu'[elle] est une grande comédienne. Humainement, elle est une femme formidable, et il lui a fallu une sacrée carapace de courage pour résister à la méchanceté et à l'injustice qui l'ont accablée. » Michel Serrault [3] (*Mémoires*, Florent Massot, octobre 2001).

« Pour Platon, il y avait trois espèces de bipèdes : les vivants, les morts et les marins. Pour [elle], l'humanité se divise aussi en trois : les êtres humains (race inférieure et méprisable), les animaux (dignes d'être aimés) et elle-même (digne d'être adulée). » Jacques Charrier (*Ma réponse à BB*, Michel Lafon, 1996).

Objet de désirs et d'insultes, aux yeux de son amie Françoise Sagan, Brigitte Bardot est « un être humain qui a su rester beau, naturel, féroce, tendre, aimant les chiens, les chevaux, la mer et les hommes, un être humain relativement très peu abîmé par rapport à ses contemporains et qui eut, cependant, à supporter parfois un supplice intime dix fois pire que le leur ». Une femme *née pour choquer* et qui l'assume en mettant régulièrement le feu aux poudres de l'establishment. *Les préjugés ne tiennent debout que par la valeur qu'on leur attribue. L'éducation, la bienséance n'existent que par ceux qui les ont inventées. Moi j'ai inventé le contraire.* Propriété de l'universel, c'est peu dire que cette fausse naïve et parfaite ingénue n'aime pas tout le monde et que tout le monde ne l'aime pas. Ce qui en soi serait plutôt rassurant, n'était cette vieille spécifi-

3. Au début des années 2000, Michel Serrault se permit de recadrer sévèrement un animateur de télévision qui tentait de l'impliquer dans un procès en intention contre BB.

cité franco-française qui voudrait qu'une bonne Bardot soit une Bardot morte.

« Accusée Bardot, levez-vous ! » Cette formule, retenue en 1958 par les rédacteurs du très conventionnel *Jours de France* pour légender l'une de leurs couvertures consacrée à la sortie de *En cas de malheur*, aurait pu être celui de ce livre. À cette époque, l'intéressée faisait déjà l'objet d'une virulente campagne de diabolisation. Né Bloch et rescapé de Buchenwald, Marcel Dassault, patron de ce célèbre magazine, adopta une attitude marginale en rejoignant le box des avocats de la jeune actrice. « Ses fabuleux cachets sont devenus le salaire de la luxure. Hier encore, son nom faisait hausser les épaules en souriant, et ceux qui s'indignaient passaient pour des pudibonds. Mais aujourd'hui, tout est changé : un grand procès vient de s'ouvrir, un procès en sorcellerie… C'est celui de la Française la plus célèbre au monde : c'est celui de Brigitte Bardot. Voici déjà plusieurs mois que d'innombrables femmes dressaient, au plus profond de leur cœur, le bûcher de cette nymphe de vingt-quatre ans. »

Qu'était-il alors reproché à BB ? Sa grâce inimitable. Sa beauté insolente et inapprivoisable. Sa désinvolture naturelle née d'une capacité de révolte innée. Son goût outrancier et absolu pour la liberté, la sienne d'abord. Son mépris bien ancré des conventions. L'insupportable systématisme avec lequel elle s'assoit sur l'opinion publique quand l'opinion publique dépasse les limites qu'elle lui a fixées. Enfin quoi, sa belle différence ! Tout ce qui l'identifie et la projette sans esprit de calcul à contre-courant des pensées et agissements des masses manipulables et manipulées. Un art d'être, sans contraintes ni carcan, assimilé hier à de l'immoralité, aujourd'hui à du « racisme » et autre « incitation à la haine raciale ». Elle, la femme la plus ostracisée d'une France soumise au même sort.

Il fallait oser.

Ils l'ont fait.

Alors même que la notion de race a été abandonnée par la science.

Tout cela parce que la militante qui défend avec l'énergie du désespoir l'idée qu'elle se fait du respect dû aux animaux, victimes expiatoires de la barbarie humaine, a osé franchir la zone interdite en s'attaquant non pas à l'islam mais à ceux qui en font une interprétation contraire aux droits de la vie. Depuis longtemps, nous étions habitués à son ton virulent et à ses mots de garçon destinés à réveiller les consciences, aussi l'affaire des moutons de l'Aïd el-Kébir aurait-elle dû n'être qu'un combat comme un autre dans la vie de la Dame, qui en fourmille, nous le verrons – lutte contre le massacre des bébés phoques dans le Grand Nord, contre l'extermination des éléphants en Afrique, contre la chasse à la baleine et pour la préservation des grands singes, mobilisation contre la corrida et en faveur de la protection des loups et des ours, dénonciation du scandale des oies gavées, campagnes contre la consommation de la viande de cheval, contre l'élevage en batterie, contre l'utilisation de la fourrure, contre les abus de l'expérimentation animale, contre les abandons d'animaux sur les aires d'autoroutes à la veille des vacances, etc. Des « bagarres » quotidiennes dont elle se serait bien passée et qui commencent officiellement dès 1962, date à laquelle, jeune actrice mais déjà star, elle se mobilisa pour obtenir l'étourdissement préalable des animaux destinés aux abattoirs, à une époque où beaucoup de gens pensaient encore que l'animal n'était mu que par des automatismes. Aux yeux de Brigitte, à notre époque de surcroît, il existe d'autres moyens d'espérer le paradis que d'égorger des créatures innocentes réduites à l'état de marchandises, dans des conditions parfois illégales. Or elle n'a jamais subi autant de retours de flamme que depuis qu'elle a mis le doigt dans ce délicat engrenage.

Si Bardot hurle et fustige, n'est-ce pas parce que cette héroïne échappée d'un roman de Juliette Benzoni est entrée dans le grave de la vie, loin des fêtes auxquelles elle ne participe plus ? Il est patent que carrière faite et l'hiver s'installant, elle foule aux pieds les tabous et écrase les scrupules qui pouvaient encore la retenir, prenant toutes les libertés, à total contre-pied de ce que la sagesse en dit, dans ces pensées populaires qui ne mangent pas de pain : « Ne garde jamais secrète une amitié et ne rend jamais publique une inimitié »...

« L'homme dominé par sa passion est un esclave, celui qui sait la dominer est un seigneur »... « Celui qui décerne les louanges est loué à son tour et celui qui critique est lui-même critiqué »... *Il y a des gens bien au chaud dans des bureaux. Moi, je patauge dans l'horreur de la souffrance animale à longueur de journée. J'ai tout dit, tout crié. Sur tous les toits. Sur tous les tons. Cent fois sur le métier, j'ai remis mon ouvrage, comme le dit la fable. Et donc, maintenant, merde ! Je dis ce que je pense. Cela ne leur plaît pas ? Et après ?* [4] À quoi bon effectivement se refréner puisqu'en dehors d'associations *à l'affût de ce qui peut leur rapporter de l'argent* [5], la souffrance animale personne ou presque n'en a cure ?

D'aucuns parlent de démarche suicidaire. Il y a longtemps que Bardot est morte puisqu'elle doit mourir un jour. Ne survivant plus que par l'espoir de sauver autour d'elle ce qui peut l'être encore. Jusqu'à ce que l'annonce officielle rende un jour le cadavre légitime. « Madame se meurt ! Madame est morte ! » Dès lors, que ceux qui la détestent sachent que les vers ne feront aucune différence avec eux. « Dans ce monde de merde où chacun s'exténue pour parvenir au premier plan, seul compte l'argent et celui qui possède la fortune peut se permettre de tout dire ; c'est précisément ce que je fais », arguait Romy Schneider. Quant à Brigitte : *Je préfère*

4. *Télé 7 jours*, octobre 1999.
5. *Français d'abord*, mars 1998.

*qu'on me déteste pour ce que je suis, plutôt que l'on m'aime pour ce que je ne suis pas. In fine*, le seul luxe que s'octroie BB est de pouvoir dire : *Je t'aime* aussi facilement et avec la même conviction que : *Tu me casses les couilles !* Et peu importe l'interlocuteur ou le dédicataire. Un avantage. Un inconvénient. Dans les années quatre-vingt-dix, insatisfaite des horaires de programmation de plus en plus tardifs de « SOS animaux », l'émission qu'elle présentait sur TF1, elle s'offrit le voluptueux privilège d'envoyer brouter les pontes de la maison Bouygues. *Ce coup de gueule mit au chômage toute mon équipe, plus Jean-Louis Remilleux et Roland Coutas* [ses producteurs], *et me priva de la possibilité de dénoncer à l'avenir toutes les exactions commises par l'homme sur l'animal. Mais je suis ainsi faite et ne pourrai jamais me changer. La diplomatie n'est pas mon fort, mes impulsions, bonnes ou mauvaises, ont toujours régi mon existence, me plongeant parfois dans des abîmes de détresse et de remords. Ah ! Quel caractère !* [6]

Ce qu'elle perd en diplomatie, Brigitte le gagne en honnêteté. Une vertu têtue et constante, à l'image de son écriture extrêmement singulière, ronde et continue, homogène, sans aucun fléchissement, à la fois lucide et impulsive, égocentrique et généreuse, qui traduit la grandeur, la force de vie, l'indépendance, l'autorité, une possessivité certaine vis-à-vis de ceux qu'elle aime

6. *Le Carré de Pluton,* Grasset, 1999.

et qu'elle entend protéger et une répugnance manifeste envers l'idée de concession. Toutes données issues d'une analyse entreprise en 1971 par une graphologue autrichienne à la demande de José-Luis de Vilallonga. Soumise à l'avis de BB, celle-ci ne réfuta rien. *J'essaie toujours d'être logique avec moi-même. Avec moi-même. Pas avec les autres. Je ne cherche jamais à me donner des explications. Si je le faisais, je serais coincée et malheureuse* [7]. En voilà une que l'on pourra enterrer debout dans ses bottes, tant ses aveux valent mieux que ces Légions d'honneur distribuées à la criée, comme autant de gratuits à la sortie des bouches de métro. « Ce sont toujours les plus mauvais qui gouvernent », crachait naguère l'insolent mais très protégé Tolstoï, à la barbe des tsars. Tolstoï est mort, les tsars ne sont plus en ex-URSS qu'un argument touristique et il y a peu de chances pour que ses juges français tiennent à Bardot le même discours que le gouverneur de Toula à l'éminence de la littérature russe : « Les prisons ne sont pas assez vastes pour contenir votre immense gloire. »

BB *est*. Et demeure. « Une fille vraie », selon Christine Gouze-Rénal. Une nature aussi. « La nature ne plaisante pas, elle est toujours sérieuse et sévère, elle est toujours vraie », estimait Goethe. La vérité, une notion récurrente dans la bouche de Brigitte. Dans une scène de *Et Dieu créa la femme*, Curd Jürgens lui demande :

7. *Gold Gotha*, Le Seuil, 1972.

— À quoi pensez-vous ?

— *Question idiote puisqu'on ne peut pas dire la vérité.*

La réalisatrice Nina Companeez, qui se définit comme « quelqu'un de très difficile », du genre « j'aime ou j'aime pas », a confessé à Catherine Rihoit – pour les besoins de son livre *Brigitte Bardot, un mythe français* (Olivier Orban) – avoir succombé d'emblée à l'authenticité de BB : « Je l'ai acceptée et respectée tout de suite. Je l'ai trouvée nette, brutale dans sa netteté. Elle a créé le scandale par la vérité, parce qu'il y a quelque chose de brutal dans sa façon d'asséner la vérité… C'est incroyable, d'ailleurs, qu'une pareille honnêteté provoque des scandales ; ça en dit long sur le monde. » Ce que nous devons à trois siècles de changements très profonds et de révolutions de tous les genres, au nombre énorme d'événements et d'idées intervenus, c'est peut-être d'avoir désappris à penser. Attentive à son âme, toujours BB a vécu et pensé selon la musique qu'elle porte en elle. Elle partira sur les mêmes accords.

L'enfer ce n'est pas toujours les autres et nous portons tous une part de responsabilité dans nos malheurs, mais ceux qui connaissent Brigitte savent parfaitement qu'elle n'est qu'un gros bonbon tendre et moelleux, terriblement sentimental, même si parfois imprévisible et explosif, le bonbon, parce qu'à l'intérieur l'animal blessé se souvient du chasseur. À la fois forte et vulnérable, entière et plurielle, sauvage et accessible, humble et orgueilleuse, aigrie mais encore capable d'émerveillement, Brigitte a beau vouloir se protéger, elle est rattrapée par son altruisme et sa monstrueuse générosité qui font d'elle une petite mère universelle, un grand frère, le meilleur copain dont on puisse rêver, une planche de salut pour tous les désespérés de cette Terre, une pécheresse dans le don de soi permanent, qui boit trop de champagne, fume et enfume, gueule et connaît par cœur des tonnes de gros mots, mais dont on peut tout attendre et espérer. Elle est choubidou, la Bri, avec ses fleurs dans les cheveux et ses expressions cucu-la-praline. Drôle, drôle et tellement émouvante ! L'amour, elle ne vit que pour cela parce qu'elle l'a dans le cœur. « Quelle est la première chose que vous diriez à Dieu si vous le rencontriez ? », lui demanda Pivot, en 1996. *Je t'aime*, répondit-elle spontanément. L'amour pour ce qu'elle croit beau et défendable. Parce qu'elle en est restée à *Bambi* et que la mort la désarçonne. Brigitte Samu social, à mille lieues de la politique et qui vit dans le don de soi permanent. Brigitte qui a toujours offert à qui une voiture, à qui un appartement, qui signe des chèques, non pas « à tour de bras » comme il a pu être écrit, mais en quantité au moins déraisonnable et sans vérification préalable, en épousant chaque fois la cause du plaignant, pour des œuvres philanthropiques qui pourraient être autant de « Crozemarie système » et plus directement à des gens qu'elle ne connaît pas et qui lui écrivent comme on s'adresse à la Sainte Vierge, oubliés de la République, « petits vieux » livrés à leur sort ou mères de famille dans le rouge. Brigitte qui a à cœur de soulager des homosexuels rattrapés par le sida en leur téléphonant personnellement et qui n'oublie jamais les personnes âgées refourguées dans des hospices des environs de Saint-Tropez au moment des fêtes de Noël. Brigitte au cœur universel et sans frontières, qui pleure de désespoir en regardant le 20 Heures, parce qu'elle se sent impuissante face à la misère du monde et à la folie des hommes. Alors qu'elle devrait fuir les « informations », tant les drames et les mauvaises nouvelles y sont triés avec un soin opiniâtre et présentés sous les titres les plus accrocheurs, de manière à distiller le virus du pessimisme le plus sombre. Brigitte qui prend sous son aile des enfants perdus pour la médecine, aux fins de leur insuffler force et courage et qui, encore récemment, a accompagné dans leur dernière trajectoire des adolescents atteints de maladies incurables. Sans que cela jamais ne soit su. Pas mal pour un monstre dénué de toute humanité ! Alors qu'elle pourrait se satisfaire de regarder passer sa vie depuis le bord d'une piscine chauffée, une coupe de champagne à la main, en faisant jouer l'or et les émeraudes autour de ses doigts manucurés, avec à ses pieds des coussins moelleux nourris au caviar et qui font « miaou » quand on les caresse. Entre une apparition à Cannes, s'entend, une soirée de bienfaisance grassement monnayée, deux injections de botox et une cure annuelle de thalasso chez Louison Bobet.

Avec cet état d'esprit qui fut toujours le sien, l'amour au cœur allié à un goût puissant pour la justice, à la fin des années cinquante elle paya de sa personne pour défendre les Rosenberg, ce couple de Juifs américains accusés d'espionnage au profit de l'Union soviétique et condamnés à la peine capitale. Parce qu'elle n'a pas changé, en 2006 elle a mobilisé l'opinion internationale, remué ciel et terre et financé pour partie la défense en appel d'un Américain noir condamné à la chaise électrique, qui lui avait adressé une supplique désespérée. Pourquoi Brigitte Bardot, « sorcière des temps modernes », condamnée cinq fois (quand on diabolise, on ne compte plus) pour « incitation à la haine raciale » devant les tribunaux de son pays ? Il faut croire que l'odeur de la mort procure un instinct qui ne trompe pas. Il y aura toujours un mauvais esprit pour dire de cet Américain qu'il est le « nègre » de Bardot. Sauf qu'en 1964, alors en pleine gloire cinématographique, face au formidable silence des associations humanitaires et antiracistes déjà existantes (le Mrap notamment), Brigitte prit seule l'initiative de sauver l'idéal de fraternité de Joséphine Baker menacée d'expulsion de son « village du monde » avec ses douze enfants adoptifs. Brigitte, plus que jamais à contre-courant de l'ordre établi, tel un Robin des Bois des temps modernes, toujours égale à elle-même, jusqu'au-boutiste et inébranlable dans son sacerdoce. Superbe dans ses luttes de Sisyphe contre ses injustices, éminemment concernée par le souci de la main tendue, chaque fois

« l'accusée Bardot » paye de ses deniers et de sa personne pour tenir ses promesses faites aux hommes et ses paris engagés avec elle-même de mener sa mission à son terme, chaque échec étant vécu comme un drame personnel, une douleur atroce, un désespoir accablé. « Une femme, c'est être faible et forte, honnête, courageuse, aller au bout de ses convictions dans la vie ; comme toi, Brigitte », déclara fougueusement feu Roger Vadim, en septembre 1983, dans *Paris Match*. Vadim, *mon ami, mon frère* et accessoirement son premier époux, qui sut la cueillir dans la fleur nubile de son quinzième printemps.

« Les hommes veulent atteindre la Lune, mais personne ne s'intéresse au cœur humain », plaidait l'encombrante Marilyn, un an avant sa liquidation. Le cœur exprimant pour eux le centre de la pensée, de la mémoire et de l'émotion, les Égyptiens de l'Antiquité pesaient l'âme des morts, évaluant leurs vertus terrestres avant de décider de leur éternité. Quelle place pour le cœur dans nos sociétés ? Aimer Bardot, c'est aller au-delà des mots qui s'envolent même si les écrits restent. Des mots écrits avec le cœur et non avec la tête. Car chez Brigitte, tout part du cœur et tout y revient. *Je ne fais rien par devoir. Je n'ai pas le sens du devoir. J'ai toujours mis l'amour au-dessus du devoir* [8]. Une vertu prodigieuse et un redoutable piège, tant il va de soi que la vie peut être une souffrance perpétuelle pour qui n'a

8. *Gold Gotha, op. cit.*

appris à l'affronter qu'avec son cœur. BB = amour. Maintenant, qu'est-ce que l'amour et où faut-il aller en chercher la définition : la réponse appartient à l'universel ou à personne.

Tout le monde ne peut pas adhérer à l'humour de BB, à ses colères décapantes, à son idéal de justice et d'harmonie entre les animaux et les hommes. De là à faire d'elle une raciste achevée à chaque déclaration moins adroite que celles d'Élisabeth Badinter qui dit souvent la même chose autrement (sur la laïcité mise en danger par l'extrémisme islamique notamment), mieux « une nouvelle Eva Braun », il y a un grand écart que des inconscients tels que Laurent Ruquier n'ont pas hésité à exécuter. Gare aux indigestions que procurent les macédoines du genre ! « Brigitte Bardot est un bloc, il faut la prendre comme un bloc », disait Jean-Luc Godard. En mai 2003, une journaliste du *Figaro* demanda à BB si elle pensait que c'était à elle de « prendre la parole et de donner votre avis sur tout ? » Réponse : *Pour moi, c'est une façon de parler de la cause animale, la seule qui me tienne à cœur. Ce combat-là, il est le mien depuis longtemps et il ne finira jamais [...] Mais je pense aussi que si l'on constate aujourd'hui des régressions inadmissibles – les vêtements en peau de chats, par exemple – dans le respect dû au monde animal, c'est parce que la société tout entière va mal. Alors, oui, je l'ouvre. Peut-être un peu trop, mais au moins on m'entend !*

En quoi cette femme dont le buste trône dans des mairies et des palais de la République n'aurait-elle pas droit à la liberté d'expression dans son propre pays ? *Je peux me permettre de dire ce qui me chiffonne. Je n'ai pas distribué de sang contaminé, je n'ai pas trempé dans l'affaire Elf, je n'ai jamais baissé mon pantalon, sauf exceptions* [9]. La démocratie, c'est d'accepter des choses qui peuvent déplaire, la liberté est faite pour déranger, bousculer. Le simple fait que ceux qui n'adhèrent pas à ses constats puissent déclarer vouloir la museler avec du barbelé démontre si besoin était de quel côté se trouvent la haine et le fascisme. Quand on lui rapportait quelque bon mot dit contre lui, Louis XIII répondait froidement : « On n'empêche pas les Français de parler. » En cela, BB sait d'où elle vient. *Je ne me tairai que lorsque je serai dans mon cercueil* [10], dit-elle. Et encore ! Brigitte vit au contact direct de la nature et la nature jamais ne triche. La nature est vraie, immuable, elle est aussi abrupte. Aussi BB s'exprime-t-elle souvent dans l'immédiateté, dans l'unité spontanée, dirions-nous. Il n'est évidemment pas question de valider chacune de ses saillies, mais de reconnaître que lorsqu'elle ne se perd pas en considérations bourgeoises sur ses problèmes de personnel, elle écrit des choses essentielles et parle pour dans dix siècles, notamment sur l'écologie et sur l'inconscience criminogène de l'homme, avec des mots définitifs qui sonnent terri-

9. *Paris Match*, mai 2003.
10. *Allo*, décembre 1998.

blement juste. Même si l'on sait que le juste fait toujours scandale, tout ce qu'il a de vertueux étant déclaré malsain. « Ses jugements, ses sentiments, ses goûts semblent venir du fond des temps, écrivait Jean Dutourd, dans *France Soir*, en 1973. Ses idées sont rangées dans sa tête comme des piles de draps entrelardés de sachets de lavande, dans une armoire normande. Elle pense et elle parle comme une femme d'autrefois. Et pas n'importe quelle femme : comme une Française. »

À l'instar du Général, BB symbolise la chose française. Personne d'autre que cette femme libre et « d'une simplicité de bon aloi » (*dixit* de Gaulle) aurait pu incarner aussi fidèlement la fierté de l'esprit gaulois. Il suffit de mettre un pied hors de l'Hexagone pour s'en rendre compte. Didier Van Cauwelaert : « Avec les copains, nous échangions les articles qui lui étaient consacrés. Le numéro de *Match* qui fêtait de manière assez dénudée son quarantième anniversaire fut découpé en poster. Certains journalistes avaient beau ramener, à la télévision, la carrière de BB et son prestige à une série de scandales, nous savions bien que c'était autre chose. Avant d'être une excitation, elle était une fierté patriotique. Lorsque, vers huit ans, j'ai attrapé son mythe en route, elle me faisait l'effet de succéder à de Gaulle. Elle représentait nos intérêts à l'étranger. C'était tout de même plus flatteur pour le touriste d'incarner la France de BB que celle de Coluche ou de Tonton. On se sentait dépositaire d'une aura, d'une chaleur, d'un mystère. Ensuite, il y eut *Emmanuelle*. C'était déjà moins digne. » [11]

A ceux qui s'interrogent à bon droit sur le pourquoi de ce livre et se demandent d'où je tiens ma légitimité pour défendre quelqu'un qui ne sait que défendre les autres, il est temps de préciser que je ne fréquente pas intimement Brigitte Bardot, que je n'ai jamais été reçu à *La Madrague*, mais je peux dire avec fierté que Brigitte est mon amie. Depuis douze ans que nous partageons une formidable complicité, elle sait tout de moi et nous nous sommes acceptés tels que nous étions, quelque part très semblables et riches de nos différences. Je lui ai toujours témoigné mon attachement et mon soutien et, de son côté, elle m'a donné des preuves d'amour inestimables, Michel Drucker en est témoin... Pour ne parler que de la partie strictement publique, lorsqu'Orlando s'acharna sur moi en m'infligeant pas moins de six procès pour ma biographie de Dalida, je l'ai appelée au secours et elle a tout fait pour obtenir du « frère de » de me laisser tranquille. En vain, Bruno Gigliotti voulait ses 500 000 euros (la somme qu'il réclamait). Débouté à plusieurs reprises, il finit par abandonner les poursuites. Brigitte avait même consenti à signer une attestation produite en justice, dans laquelle elle raconta ce qu'elle avait vécu auprès de son amie Dalida et qui conforte mes écrits, alors que mon éditeur, affolé, faisait la politique de l'autruche, ainsi que

11. *Paris Match*, juillet 1988.

beaucoup de gens qui m'avaient encouragé à écrire le livre. En dépit de son arthrose des hanches, de son combat et des nombreux problèmes auxquels elle a à faire face, Brigitte veille sur moi comme une mère. À quarante ans passés, je suis à même de faire la différence entre elle et des gens rencontrés sur ma route et que je ne souhaite à personne d'avoir seulement croisés.

Entre vouloir croire aux êtres et être sûrs d'eux, il y a une marge. En terme d'humain, le doute zéro n'existe pas. Or si j'avais nourri une quelconque gêne quant à la nature profonde de cette femme, s'il m'était apparu à un moment ou à un autre que ses actions d'éclat ne sont que de purs alibis destinés à masquer ou à soigner une sainte haine envers tout ce qui n'est pas ELLE, en dépit de mon respect dû à l'immense star qu'elle fut (qu'elle reste) et de mon affection pour la femme magnifique qui lui a survécu, je n'aurais certes pas pris la peine d'écrire ces lignes au risque de m'y perdre. Comme beaucoup, parce que je n'aime pas l'injustice, je ne supporte pas les accusations de « racisme » et autres absurdités dont on l'accable. Mon arrière-grand-père paternel ayant épousé une « négresse », ce mot rond et doré, parfaitement esthétique, une Guyanaise morte en 1933, à Alger, chez l'un de ses fils, je suis ce que l'on appelle un octavon. Cette aïeule que je vénère est une idole dans la famille. Pourtant, je comprends Brigitte lorsqu'elle se dit *écœurée* par le concept suspect de métissage obligatoire qui sévit actuellement, dans la mesure où elle nous fait remarquer en le déplorant que chez les animaux, *la race atteint des sommets de vigilance extrême, les bâtards étant considérés comme des résidus, bons à laisser pourrir dans les fourrières ou à crever sans compassion d'aucune sorte* [12]. Il y a effectivement contradiction. Du reste, le métissage est souvent prôné par des gens qui, eux, ne se mélangent jamais, c'est là où le bât blesse. Lorsque Brigitte prend parti pour Barak Obama lors des élections américaines de 2008, ce n'est pas en vertu de sa part de négritude, mais après avoir entendu ses propositions et avec l'espoir que ce beau garçon à l'assurance toute américaine soit compatible avec son *Yes we can !*, en matière d'écologie notamment. Dans une lettre ouverte, elle avait écrit à Sarah Palin : *Madame, en multipliant les déclarations d'une stupidité déconcertante, vous faites honte aux femmes [...] Je souhaite que vous perdiez ces élections, le monde y gagnera.* Si Brigitte a accusé la colistière du républicain John MacCain d'être une *catastrophe écologique,* c'est en toute connaissance de cause, car non seulement Madame Palin soutient la chasse aérienne des loups en Alaska, mais elle s'oppose encore à la protection des ours polaires et milite pour l'exploitation des forages pétroliers dans son État. Il a par ailleurs été constaté que « toute vie a disparu du lac qui borde la maison de Sarah Palin, à cause de l'hydravion qu'elle utilise pour ses déplacements ».

12. *Un cri dans le silence*, Le Rocher, 2003.

En 1953, Joséphine Baker, qui fut la pacifiste que l'on sait, a dit : « Les hommes de couleur sont en train de se réunir. Il y a plus de cent millions d'hommes en Afrique noire et plus d'un million d'Asiatiques, plus d'autres personnes de couleur ou colorées dispersées à droite et à gauche dans le monde. J'ai peur que tous ces êtres humains, qui composent les trois quarts du globe, une fois réunis, amènent l'extermination de la race blanche dans le monde entier. Remarquez que cela viendra et même ce sera inévitable, parce qu'avec la rapidité des transports, les peuples vont se contacter plus facilement, petit à petit la pureté des races va disparaître. Seulement, quand cet inévitable se produira, je voudrais que ce soit par amour et non par la haine. » Brigitte, qui n'a jamais rien entrepris qui ne parte du cœur, estime que la bonne intelligence dans laquelle des adultes responsables devraient être capables de vivre ne s'établit pas sur une idéologie. Son slogan : *Que l'amour gagne !* En tant que descendant direct d'esclave, je ne peux que me sentir en accord avec elle quand elle dit que l'esclavage a fait partie intégrante du quotidien sans que personne ne s'en afflige, ni n'en prenne réellement conscience. Cela faisait partie des mœurs, la mort d'un « nègre » il y a cent ans n'avait pas plus d'importance que la mort d'un chien aujourd'hui. Or il a bien fallu qu'à un moment donné, la conscience collective évolue et elle n'a pas évolué toute seule. Des hommes se sont levés, d'autres les ont suivis, de plus en plus nombreux, de plus en plus influents. Jusqu'à obtenir justice. Le raisonnement de Brigitte est donc clair, pur et sans taches, accessible à tous les êtres de bonne foi. Dans ce domaine, comme dans tellement d'autres, elle est un précurseur, une avant-gardiste. Un jour, elle sera comprise, le temps ne nous appartient pas. *Je redeviendrai sûrement à la mode, lorsque les contestataires auront accédé à la bourgeoisie,* disait-elle déjà à Jacques Chancel, en 1969, dépassée par une époque qui s'était choisie d'autres chefs de file.

Parce que son problème n'a jamais été l'humain mais l'inhumain, les travers de BB ne peuvent pas être ceux que des personnes non autorisées s'obstinent à lui reprocher. Jamais elle ne s'est permis de juger de la valeur intrinsèque d'une personne d'après sa couleur ou sa religion, comme elle n'a jamais empêché qui que ce fut de s'exprimer, fut-il d'un avis contraire au sien. *J'aime les gens qui vont au bout de leurs idées. Simone Signoret, par exemple, n'avait pas les mêmes que les miennes, mais je la respectais beaucoup et l'admirais. Elle a vieilli et s'est acceptée telle quelle. C'est une leçon de vie.* On pourrait en dire autant de la « Reine Bardot ». Une reine aux pieds nus et au cœur exsangue. Expéditive et exigeante envers elle-même comme envers les autres. Capricieuse comme le sont toutes les sales gamines qui ont beaucoup lu Gisèle. Émouvante et terriblement attachante, comme les vieilles dames de Jacques Faizant, dont elle ne sera jamais. « Le plaisant, c'est qu'on ne trouve rien, chez elle, de ce déclin d'anciennes stars, évanescentes et plâtrées. Rien de ces veuves de gloire cruellement exhumées dans un "Que sont-ils devenus" pour confirmer l'équarrissage égalitaire de la vieillesse. » (*dixit* Claude Imbert, *Le Point*, octobre 1996).

Parce que sa vérité est plus belle que sa légende, parce que le mythe aux pieds nus s'est toujours situé du bon côté, celui des vulnérables, des opprimés, des affaiblis à qui, avec ou sans l'aide de sa Fondation dont elle a accouché et qu'elle supporte à bout de bras, elle ne s'interdit jamais de tendre la main, faisons fi de ces oisifs qui en sont restés à la confortable caricature de la star et du bébé phoque et montrons BB telle qu'elle est. « Le monde où je vis me répugne, mais je me sens solidaire des hommes qui y souffrent », disait Camus. C'eût pu être la devise de Bardot, cette fausse misanthrope. Parce qu'enfin Brigitte ne nous a jamais déçus dans ses quêtes désespérées, nous oserons dépasser le contexte un peu flou de cette ère étrange où le mensonge est érigé à hauteur d'institutions, où l'on est tenu de taire ce que l'on sait et de parler de ce qu'on ne sait pas, une époque ultra consensuelle et asphyxiante, et nous prendrons le risque de décrypter la haine ciblée qui monte vers cette femme complexe mais sans cérémonie, un être dépouillé d'artifices qui est toujours allé droit vers ses essentiels.

*On avait un joyau, on n'a pas su ouvrir l'écrin...*
*Actuellement, nous n'avons pour*
*stars que des pierres semi-précieuses.*
*Elle [BB] a été la seule star de l'après-guerre.*

Serge GAINSBOURG à Catherine RIHOIT, 1986.

*Je ne suis plus une star. Je suis une combattante,*
*une avocate, une mère de famille nombreuse,*
*une amie, une infirmière, une confidente, une*
*complice, une fée peut-être !*

Brigitte BARDOT,
*France Dimanche*, septembre 1998.

# 1

## *BB, mythe international et phénomène social*

DEPUIS TOUJOURS, Brigitte Bardot cristallise sur sa personne haines et fantasmes du commun, le moindre de ses propos et de ses actes créant la polémique. Il faut en rechercher la raison dans le fait qu'elle est un phénomène social. Un lourd privilège dont le cercle très restreint isole et peut tuer. BB a survécu à tout. *Je n'ai pas de souvenirs, je vis uniquement dans le présent immédiat et le futur proche. Je suis quelqu'un qui surnage à toutes les douleurs. J'ai perdu mes parents, mes amis, mes animaux, mes illusions et mes espoirs et je vis enceinte des souvenirs de ceux dont je porte encore la lumière.* [1] Des mots terribles. Magnifiques. Éprouvants. Respectons au moins cela, morts qui nous croyons vivants, à quelques souffles seulement du cheveu qui tombe, des chairs qui s'affaissent et de la mémoire qui trahit. Le présent est bref et le futur redevient très vite le passé.

1. *Paris Match*, 2003.

À la fin des années cinquante, moralistes, psychologues et psychanalystes s'étaient penchés sur l'ampleur du phénomène Bardot (appelé encore « roman social »), pour tenter d'apporter des explications freudiennes à l'engouement suscité par la jeune femme. Il en résulta un fabuleux jargon au-dessus de la compréhension d'un iconoclaste et intraduisible en grec ancien : « libération de l'érotisme » ; « défection de l'interdit moral » ; « recul de la métaphysique » ; « rupture du processus qui ramène de manière régressive à des sentiments contemporains des premières relations mère-enfant » ; « déplacement du corps susceptible de faire entrer en résonance des tendances instinctuelles moins archaïques »... Etc. Au-delà des nébuleuses de la psychanalyse, l'effort scientifique permettait à lui seul de démontrer l'importance du culte voué à la « réincarnation des divinités perverses de la Grèce et de l'Orient »...

Celle qui mit le Festival de Cannes à genoux en le faisant déplacer jusqu'à Nice, dont les amours avec des chevaliers célèbres ou anonymes ont rempli les tabloïds internationaux, la même dont on affirmait à la tribune du Palais Bourbon qu'elle représentait une valeur sûre pour l'économie française, celle qui se présentait aux photographes en jeans et en tee-shirts quand ses consœurs ruisselaient de diamants et rivalisaient en décolletés pigeonnants griffés Dior ou Balmain, cette BB-là était aux antipodes des frénésies récupératrices qu'elle pouvait déclencher. Une seule chose lui importait : vivre selon sa conscience, ses pulsions, sans devoir rendre de comptes aux hommes et à l'idée qu'ils se font de Dieu. Les Italiens l'appelaient *Flaminia,* « l'allumeuse », celle qui attire plus qu'elle ne retient. Chez nous, devenue un « scandale national, ravalant l'image de la France à l'étranger », « outrage public à la pudeur », « apologie du vice », des anathèmes hypocrites et disproportionnés, on disait BB « immorale de la tête aux pieds ».

« Le cas Bardot ne relève pas des grandes indignations prophétiques, écrivait alors Raymond Cartier dans *Paris Match*, mais simplement de la police des bonnes mœurs. Il existe, dans la moralité, donnée d'une époque, certaines images, certaines attitudes et certaines situations qu'il n'est pas permis de montrer aux foules. Il ne devrait pas y avoir de censure pour l'interdire, l'institution étant intolérable dans son principe, mais il devrait y avoir une loi pour le réprimer. » Loin de lui nuire, ce tapage médiatique, qui fut le levier initial de sa gloire mais aurait pu briser sa carrière, servit Bardot jusque dans sa décision d'y mettre un terme, un jour de 1973. Ce retrait du monde, dès 1958, Raymond Cartier ne l'excluait pas : « Il n'est pas impossible, effectivement, qu'elle sorte de la mode aussi soudainement qu'elle y est entrée. Elle s'y résignerait mieux que certains qui ont trouvé en elle le Pérou. Bardot ferait un jour une crise de mysticisme qu'il n'y aurait pas lieu d'être tellement surpris. On entrevoit en elle, à travers ses caprices, ses dévergondages, son matérialisme, une recherche de l'absolu digne d'inquiéter ceux qui bâtissent sur elle des plans trop longs. »

Or la folie Bardot n'est pas née en France.

Le feu partit d'Amérique, en 1956. BB n'était alors qu'une jeune actrice parmi beaucoup d'autres, « qui jouait mal, parlait faux, dotés de rôles exécrables », selon Raymond Cartier, et ne correspondant en rien aux canons de l'époque. Une matière première dont le rayonnement sous-jacent n'avait pas échappé à Vadim Plemianikoff, un jeune cinéaste inventif mais désargenté, dont Monsieur et Madame Bardot ne voulaient pas pour gendre mais à qui ils finirent par accorder la main de leur fille après que celle-ci eut tenté de se suicider par le gaz pour arriver à ses fins. « Tu seras le rêve impossible des hommes mariés », avait promis Vadim à sa jeune épouse devenue actrice par sa « faute ». « Il composait pour elle un numéro pour vieux messieurs », osa Raymond Cartier. « BB fut longtemps une besogneuse, aussi mal traitée que mal payée », dit-il encore. Besogneuse et mal payée, certes, mais déjà au-dessus de ses rivales potentielles, grâce à ce « petit je ne sais quoi » qui crée les grandes différences. « Pour lui donner une plus grande expérience, je lui ai fait tourner un certain nombre de films en Italie, a raconté Olga Horstig-Primuz, l'agent exclusif de Brigitte pour toute la durée de sa carrière. Là-bas, personne ne la connaissait, mais quand nous entrions, le soir, dans un restaurant pour dîner toutes les deux, les gens restaient inévitablement la fourchette en l'air et cessaient de parler. Sans aucun calcul de sa part, elle polarisait l'attention sur elle. Elle fascinait tous ceux qui l'approchaient. Il lui suffisait de paraître et son charme agissait immédiatement. C'était extraordinaire à voir, c'était le charme pur, irrésistible, un phénomène. C'est à partir de là que j'ai compris que le public, lui non plus, ne pourrait plus lui résister. »[2] Les rôles s'enchaînèrent pour BB, sans lui permettre cependant de s'extraire véritablement du lot.

Survint, en juin 1956, un événement décisif : la projection au Palace Theater de Lake Placid (une bourgade montagnarde dans l'État de New York) d'un film français, tourné avec de faibles moyens et présentant à l'affiche le référencé Curd Jürgens, flanqué d'une jeune actrice française inconnue : *And God made Woman*. En France, ce film initialement intitulé *Et Dieu créa la Femme* ne fut guère le tremblement de terre espéré par Vadim qui, des années durant, avait mûri son projet. En mauvaise posture financière, pour sauver ce qui pouvait encore l'être, le producteur Raoul Lévy avait cédé les droits américains pour la somme de 200 000 dollars. Le scandale provoqué chez l'Oncle Sam dépassa les plus folles espérances de Vadim. Après avoir supplié en vain le directeur du Palace Theater de retirer le film, au nom de la morale, l'archiprêtre de Lake Placid monta en chaire et somma ses ouailles de boycotter l'« indécente Bardot », rejoint en cela par les

2. *Moi j'aime les acteurs*, Lattès, 1991.

pasteurs protestants [3]. Tous unis pour fustiger la « chatte française » ! Répétés chaque dimanche, les différents prêches eurent peu à peu raison de la fréquentation des salles, mais la bardolâtrie était née, la publicité du film assurée et le succès revint comme un boomerang du nouveau continent vers l'ancien. Dans l'intervalle, aux USA, BB avait eu le temps de servir de prétexte à l'arrestation de plusieurs directeurs de cinéma à Philadelphie, à Cleveland, à York et à Middleton. À Philadelphie, où elle fut utilisée comme argument électoraliste, les démocrates accusèrent le *district attorney* blanc d'avoir usé de zèle pour s'attirer les suffrages des femmes prudes, « ce qui entraîna une verte réplique des vestales de la cité ». À Pittsburgh, les directeurs de salles suspendirent spontanément *And God made Woman* pendant la semaine sainte. « N'être rien et diviser l'Amérique est déjà quelque chose, écrivit Raymond Cartier. Mais ce qui se passe en Amérique se produit dans le monde entier. On s'est battu pour ou contre Brigitte Bardot à

3. Dans une lettre à Brigitte, en 2003, un admirateur français lui écrit ceci à propos de *La Lumière d'en face,* un autre film qui bouscula la bienséance : « J'ai, si vous le permettez, un souvenir coquin à vous conter. En Lozère, le curé de Langogne, qui dirigeait et programmait le cinéma paroissial Familia, désirait projeter votre film, mais !!! Il y avait un mais. Classé 4 bis, ce film était interdit dans une salle catholique (surtout en Lozère). L'abbé avait un cas de conscience car il désirait vous voir et craignait les foudres de monseigneur l'évêque. Alors j'ai vu devant moi cet ecclésiastique, concentré sur lui-même, ses deux bras en avant avec les mains ouvertes vers le ciel et me dire : "C'est un film qui a du fond." Et j'ai répondu : "Monsieur l'abbé, je vois très bien ce que vous tenez dans vos mains !" »

Rio de Janeiro et à Bogota. Son nom a retenti au Parlement britannique, quand le député travailliste Leslie Hal proposa de la nommer à la Chambre des Lords pour ramener le public vers une maison dont il s'est détourné. »

S'il en est un, à la fin des années cinquante, capable de juger mieux que quiconque de l'effet BB aux États-Unis, un vieux loup de mer rompu à tous les vices et ficelles du métier et à qui on ne la faisait plus, indéniablement Maurice Chevalier est celui-là. Avec Piaf, il était le seul Français à avoir su imposer durablement son nom et son talent à l'Amérique. Auquel il faudrait désormais accoler celui de Brigitte Bardot. Champion du tir de la couverture à soi, dans son journal de bord, le père de *Valentine* s'étrangle néanmoins en constats édifiants : « La popularité de Brigitte Bardot a pris en Amérique des proportions dépassant le croyable. Son attrait sur le public américain tient de l'envoûtement [...]. Elle est en passe, étant la dernière venue, de supplanter les plus populaires pin-up, dont Marilyn conserve, à ce jour la royauté [...]. Elle devient un tel phénomène de popularité international que je puis dire n'avoir jamais connu au cours de ma route un tel bijou français d'exportation [...]. Brigitte Bardot fait honneur, dans tous les coins du monde, aux traditions éternelles de notre pays : beauté, grâce, sourire. On nous l'envie, on ne voit plus qu'elle. On ne parle plus que d'elle. Elle aura bien de la chance si elle peut survivre à tant de passion. Le vent qui la pousse tient du cyclone. »[4]

Soit le triomphe pour BB. D'autant plus fragile qu'absolu. Le monde accouchait d'un nouveau « mythe ». Au regard des dieux et déesses de l'Antiquité, il y a galvaudage, mais à chaque époque ses repères sociétaux. Un mythe doublé d'un « phénomène social », statue extralucide qui a toujours valu mieux que son plâtre. *Le mythe c'est quelque chose de fascinant et d'horrible. Moitié vérité et moitié mensonge. Quelque chose d'irréel, de terriblement angoissant. En parlant un jour avec Louis Malle du mythe que je représentais pour les foules du monde entier, il m'a dit avec cet air de petit garçon qui vient de faire l'amour avec sa mère : « Vous êtes un instrument du destin. » Ç'a m'a flanquée par terre*[5]. À Hong-Kong, *Et Dieu créa la Femme* fit en un mois autant de recettes qu'à Paris en un an et en France la bardolâtrie enregistra ses premières émeutes. Entre anathèmes et déification, la suite est connue. « Avec *Et Dieu créa la femme,* Brigitte devint alors un sex-symbol qui la poursuivit longtemps, a écrit Olga Horstig-Primuz. C'est un terrible malentendu. Le personnage de dévoreuse d'hommes, de fille scandaleuse n'a rien de commun avec sa véritable personnalité, beaucoup plus sensible, voire sentimentale. C'est un masque qui finit par l'étouffer et faillit briser sa vie. »

4. *Soixante-quinze berges,* Julliard.
5. Confidence faite à José-Luis de Vilallonga.

*Pendant que les autres rêvaient, moi je vivais un cauchemar*[6].

De fait, en dehors des faveurs dues aux reines, dont elle a largement profité, rarement vedette n'eut à subir le traitement infligé à Bardot. En 1962, José Pierre écrivait dans *Positif* : « L'opinion publique, en France, n'est fascinée par la personne de Brigitte Bardot que dans la mesure où celle-ci représente l'ennemi (e). En d'autres termes, personne n'est aussi détesté en France que cette jeune femme. Reste à savoir pourquoi. » Se référant à l'attitude courageuse, voire inconsciente, de BB face à l'OAS, José Pierre, tenta de décrypter ce qui pouvait bien déranger les hommes chez Bardot : « Au moment où quarante millions de Français tremblaient de peur la nuit, à la pensée d'une visite possible des plastiqueurs, une jeune femme de vingt-sept ans avait eu et elle seule une réaction virile. Un tel adjectif fera sourire et la virilité, ici, est chose relative. N'empêche que, du jour au lendemain, quarante millions de Français – dont pour le moins vingt millions de mâles – se sentirent ridiculisés. Surtout les mâles, qui ne pardonnent pas ce genre d'affront : paraître moins viril qu'une femme extrêmement "féminine" à tous égards… » Féministe revendiquée, Simone de Beauvoir crut apporter un élément de réponse sur la jalousie du sexe dit « faible » envers la nouvelle idole : « Elle n'est ni dépravée ni vénale… Il est impossible de voir la marque

6. *La Revue du Liban*, décembre 2000.

de Satan en elle et, pour cette raison, elle semble encore plus diabolique aux femmes qui se sentent menacées et humiliées par sa beauté [...]. Pourquoi une telle haine ? Quand trois propres à rien de familles respectables assassinèrent un vieillard dans le train, à Angers, l'Association des professeurs et parents d'élèves dénonça BB devant Monsieur Chatenay, le député maire de la ville. C'était elle, disaient-ils, la responsable du crime. *Et Dieu créa la Femme* avait été projeté à Angers et les jeunes gens avaient été immédiatement pervertis ! [7] »

C'est dire si l'opinion publique, dénoncée par Piaf dans une chanson éponyme, est allée loin ! Au point qu'Elsa Triolet, compagne d'Aragon, s'était crue en devoir d'intervenir dans les *Lettres françaises*. Établissant un parallèle avec Johnny Hallyday, elle écrit : « De quoi lui en veut-on à ce splendide garçon, la santé, la gaieté, la jeunesse même ? De la qualité de ses dons et de son métier acquis ? Des foules qui le suivent irrésistiblement ? De l'argent qu'il gagne ? C'est la même haine que pour Brigitte Bardot. Et lorsqu'on leur tombe dessus, je reconnais en moi cette colère qui me prenait du temps où l'on essayait d'abattre Maïakovski et d'autres poètes. »

Jamais, même après qu'elle se fut retirée, aux heures graves de son existence, on n'aura cessé de vouloir ensevelir BB sous les quolibets, des plus mesquins

---

7. Extrait d'une interview d'*Esquire*, reprise dans *Art* et cité par Catherine Rihoit.

aux plus vils. Ainsi, en 1978, à Saint-Tropez, le jour des obsèques de sa mère, des badauds, l'ayant reconnue sous ses vêtements de deuil, n'hésitèrent pas à lui envoyer en pleine face et en toute impudeur, dans l'irrespect le plus total, des phrases dégradantes et pornographiques. Ce seul exemple suffirait à générer la nausée, mais les incidents de ce genre sont myriades, qui jonchent le chemin de croix de BB. En 1982, à l'hôpital de Rambouillet, alors qu'il procédait à la mise en place d'une attelle à la main, après que Brigitte, souffrant atrocement, se fût blessée en voulant séparer deux de ses chiens qui se battaient, un médecin se surpassa : « Vous avez drôlement changé, moi je me souviens de vous, belle, jeune, sexy, vous avez dégringolé la pente. Vous avez bien cinquante ans, maintenant ? » *Je voulais rester hermétique à tant de connerie, à tant d'inhumanité. Mais des larmes chaudes et douces coulaient sur mon visage, j'aurais voulu qu'un être aimé les boive, j'aurais voulu serrer une main amie.* [8]

Louis Malle a raconté à Catherine Rihoit l'agressivité que provoquait BB à chacune de ses apparitions. « Elle ne pouvait pas sortir dans la rue. » Et de prendre l'exemple de Gricha, un jeune acteur engagé par lui dans *Vie privée*. Gricha ne voulait pas croire que l'on puisse ainsi attenter à la liberté d'une personne. Il parlait d'exagérations. « Or ce soir-là, premier jour de

---

8. *Le Carré de Pluton*, Grasset, 1999.

tournage, il avait une scène avec elle, c'était un tournage de nuit [à Genève]. Il y avait une masse de gens, c'était des bourgeois de Genève, pas des prolos… Une femme a craché à la figure de Brigitte… Gricha a été très secoué. Il a écrit là-dessus, après… Elle avait cet effet-là sur les gens… » Avec Catherine Rihoit, Serge Gainsbourg s'était également souvenu de violences similaires : « Ça l'emmerdait d'aller en tournage, à cause des paparazzis. Les gens avaient pour elle une espèce de haine. Je l'ai vue agressée dans la rue : "Vous êtes dégueulasse !" Mais qu'est-ce qu'elle faisait cette pauvre gamine ? Elle n'a jamais pris personne à personne, elle a vécu sa vie, choisi ses gamins […]. Quand on se promenait ensemble dans la rue, partout, elle avait une espèce de sixième sens : elle repérait les photographes. Elle les sentait littéralement. Elle disait : "Je sais qu'il y en a un", et pourtant on ne voyait rien, mais elle avait toujours raison. C'était comme un animal qui sent un chasseur… »

On exigeait d'elle qu'elle soit comme ceci ou comme cela, elle était autrement. À José Luis de Vilallonga, elle a raconté comment Coco Chanel avait tenté de la métamorphoser : *J'ai essayé pour voir. La catastrophe ! Dans ses tailleurs, j'avais toujours l'air d'une dame. Une dame à chien, à collier de perles et à amant dans l'immobilier ou dans la chasse à courre. Et puis, merde, je ne suis quand même pas faite pour avoir l'air d'une dame.* Sans doute Brigitte n'a-t-elle pas assez joué le jeu de la star qui descend les escaliers dans des robes haute couture auxquelles elle a toujours préféré ses vieux shorts en jeans et ses tee-shirts, le jeu de la diva faisant appel aux stars de la déco pour se choisir un style et une harmonie. En cela, elle a toujours dérangé et plus que sa liberté, on lui a retiré la paix de l'âme. Le pacte avec la gloire est un pacte avec le diable. Très tôt, BB a voulu quitter tout ce cirque, descendre de ce manège infernal. Fuyant les charges de son métier et ses faux-semblants, plusieurs fois elle a voulu partir, changer d'air et de vie. Où qu'elle aille, elle était reconnue, poursuivie ou insultée. Sauf à se tailler les veines, elle ne trouva jamais d'autre issue que l'isolement le plus parfait, en osmose avec la nature mais privée d'une vie sociale avec des êtres « vrais ». *Quand j'ai le cafard, que je suis énervée, il faut que je bouffe de la terre, il faut que j'aille dans un champ,* avait-elle confié à Colette Audry, au plus fort de sa renommée. *Il y a des moments où j'ai bien envie d'aller ailleurs, voir ce qui se passe. Mais, voyez les proportions que prennent les voyages... Bon, alors je vais dans le Midi, et encore... Je ne trouve pas le repos. Le pire, c'est de ne jamais avoir le repos. Tout, vous comprenez, prend des proportions internationales. Moi qui aime bien les choses simples, je suis dépassée par les événements.*

À Jean Cau (même époque) : *J'ai reçu tous les cadeaux et je ne peux pas m'en servir. Et le temps passe. Je me dis que le temps passe et que je suis bouclée, en prison derrière mon visage.* [9]

Dans *Le Fils du pâtissier* (Plon), Henri Tisot qui, avec Francis Huster, fut du nombre de ceux qui escortèrent Brigitte vers sa sortie cinématographique (*Colinot Trousse-Chemise*), livre son lot d'anecdotes, dont celle-ci : « J'eus l'occasion de vérifier combien la célébrité poussée au paroxysme pouvait être pesante pour ceux qui en font les frais. Les gens demandaient à Brigitte : "S'il vous plaît, faites une photo avec moi... Venez à la maison... Venez prendre un verre... Soyez gentille, venez dans mon restaurant, il y a un night-club". Quand elle se prêtait gentiment au jeu, on lui demandait davantage. Alors, elle s'esquivait pour éviter l'escalade et l'affaire se terminait immanquablement par des insultes vociférées : "Salope ! Connasse ! D'ailleurs, elle est pas si belle que ça !...." Je comprends pourquoi Brigitte s'est réfugiée dans l'amour des animaux. » [10]

Paulette Dubost, inoubliée mamie fétiche du Septième Art français, pense que Brigitte n'aimait pas le cinéma : « Elle y a été entraînée. Comme moi [...]

---

9. Cité par Catherine Rihoit.
10. Henri Tisot n'a jamais rompu le contact avec Brigitte. En 2003, il l'a soutenue dans l'affaire Fogiel. Cinq ans plus tard, en juin 2008, il lui a offert un tableau de Félix Tisot, son père (1909-1979), une huile sur toile (50x61 cm) intitulée *Saint-Tropez/La Ponche 1976* et ainsi dédicacée au verso par le comédien : « À Brigitte Bardot qui a rendu célèbre la Ponche, cette toile de Félix Tisot par l'entremise de son fils Henri Tisot, le 14/6/2008 ». En septembre, avec l'accord de celui-ci, Brigitte a fait [...]

Quand elle a débuté sur les écrans, on jouait encore très théâtral, très faux, moins qu'avant-guerre, bien sûr, mais tout de même. Maintenant, on la comprend mieux. Dans les années soixante, elle était si moderne dans son jeu, sa simplicité choquait [...]. Ça a été un grand sujet de discussion avec ma mère qui disait :

— Elle ne sait pas jouer la comédie, elle montre ses fesses.

— Tu l'as vue ?

— Ah non !

Je suis sûre, pourtant, que [Brigitte] avait raison, que chez les Zoulous on la connaît encore. Quand j'ai fait des tournées en Afrique noire, j'ai vu plusieurs fois, dans des cases où je suis entrée, une tour Eiffel miniature et une photo de Brigitte... Si une fille a tendance à se croire, même de nos jours, on a tendance à lui dire : "Hé ! Tu te prends pour Brigitte Bardot ?" Tout ça pour dire qu'elle était la plus grande, l'exemple à suivre. »[11]

Les raccourcis entre ses fesses et son talent, plus d'une fois BB en aura pâti. On a vu ce que Michel Serrault en pensait. Lors d'un après-midi passé en sa compagnie, chez elle, rue du Foin, en 2000, Annie

[...] don de cette toile d'une valeur, estimée, de 1000 euros, au musée de Saint-Tropez. Jean-Pierre Tuveri, maire de la ville, l'en a chaleureusement remerciée, « au nom du conseil municipal et de la population tropézienne », dans une lettre datée du 5 novembre 2008, après que toutes les formalités administratives afférentes à l'acceptation de ce don eurent été effectuées.

11. *C'est court la vie*, Flammarion, 2006.

Girardot m'avait tenu le même discours que Serrault quant au potentiel de Brigitte. « Elle a fait des choses prodigieuses au cinéma ! Le drame est qu'elle a été trop souvent mal employée. » Ce dont BB a toujours été consciente. En 1972, un an avant son retrait définitif, à la question de José-Luis de Vilallonga : « Pensez-vous avoir été ce que l'on appelle une bonne comédienne ? », elle répondit non sans adresse : *Je pense que j'ai parfois accepté d'être dirigée par de mauvais metteurs en scène.* Par paresse, sans doute, tout occupée qu'elle était à aimer. Et comme Vilallonga se faisait lourd d'insistance sur le dilemme fesse/talent, Bardot le recadra à la Bardot : *Oui, et Aragon a dit en parlant de moi qu'on me verrait un jour jouer à la Comédie-Française. Alors, tu vois, entre les anonymes et Aragon, il doit bien y avoir un moyen terme... Je crois que je ne suis pas, heureusement, ce qu'il est convenu d'appeler une comédienne. C'est peut-être là ma principale force. Mon seul atout. Je m'exprime par instinct. Un instinct animal. J'apporte à mes incarnations – non pas à mes interprétations – une part de ma maladresse naturelle. Cette maladresse m'est instinctive. Donc sincère. Si je devenais une « bonne actrice », je ne serais plus Bardot. Je serais une « bonne actrice ». Comme il y en a mille. C'est bien plus difficile d'être Bardot !* C'était également la pensée de Vadim : « Il existe des règles pour bien jouer la comédie, il n'y en a pas pour être Brigitte Bardot. » Au point que, prise en étau entre un public carnivore, une image de sex-symbol – dont elle a joué mais qu'au fond d'elle-même elle rejetait en la trouvant *abstraite* – et la lobotomie d'un métier qui peut tuer, Brigitte frôla maintes fois la catastrophe.

« Faire l'actrice, c'est un peu faire la pute », a dit quelqu'un. À moins de le bien vivre, le tout est d'en sortir. Il est de notoriété que lorsque BB commençait un film, les huit premiers jours un herpès se déclarait, de nature psychosomatique et les assureurs devaient attendre. Aussi, dès le début des années soixante, son retrait des écrans paraissait-il inévitable, dix ans avant que son engagement envers les animaux ne devienne une fatalité. *Un jour, j'en ai eu par-dessus la tête et j'ai tout envoyé balader. Le passage de ma vie de star à celle de protectrice des animaux fut très dur, très pénible, très difficile, mais c'est un choix que j'avais fait. Je suis fière, extrêmement fière, d'être arrivée à m'imposer en tant que « fée des animaux », fière d'avoir tout donné à ma Fondation, fière de représenter aux yeux du monde celle qui défend cœur et âme la détresse animale. Ma vie a été bouleversée ; après avoir été traitée comme une déesse, je suis aujourd'hui au service des plus faibles, des plus maltraités, des plus démunis* [12].

Si, pour Ophélie Winter, « le cinéma français s'arrête à Bardot, après il n'y a plus rien », dans une interview accordée à *Paris Match*, Roger Vadim a parfaitement expliqué le mécanisme interne qui poussa Bardot à se retirer : « Je ne crois pas que Brigitte redoutait de vieillir

12. *La Revue du Liban*, décembre 2000.

à l'écran. Je crois qu'un jour, elle en a eu assez d'avoir peur des gens. Elle n'aime pas la foule. Elle n'aime pas l'attention de ceux qui ne sont pas ses amis. Elle souffrait réellement de sa célébrité en reconnaissant honnêtement les avantages d'être mondialement connue. Je l'ai vue paniquée, terrifiée, quand une masse humaine l'entourait. C'est là qu'il faut chercher son amour pour les animaux. Leur honnêteté, leur innocence, la rassurent. Elle s'identifie à eux lorsqu'ils souffrent, incapables de se défendre devant l'avidité, l'indifférence, la cruauté humaine. Ce n'est pas une attitude de sa part comme d'autres font de la politique ou épousent une cause pour justifier de leur existence, se forger une image intéressante d'eux-mêmes. Elle souffre vraiment dans son cœur, dans son corps, des bastonnades sur la banquise, des cris silencieux dans les laboratoires de vivisection. On dit : "C'est très joli, les petits phoques, mais les petits Noirs qui meurent de faim ?" Pour Brigitte, c'est mal poser le problème. Les hommes souffrent d'appartenir à la race humaine. Les animaux, eux, souffrent des hommes. Une forme d'injustice qu'elle ne peut viscéralement pas supporter. »

*Une civilisation pour qui l'insatisfaction humaine vient uniquement de l'imperfection matérielle peut améliorer son état. Elle ne sera jamais satisfaite. Sa déception grandira. Les tourbillons d'envie et de haine entre individus, classes et nations la balayeront.*

Paul SCORTESCO, 1954.

*Si je n'avais pas été connue par le cinéma, je n'aurais jamais pu construire avec autant de force la seconde partie de ma vie. Le cinéma a été le marchepied de la défense des animaux.*

Brigitte BARDOT
(*Migros magazine*, 2009)

# 2

## *Une femme parmi les animaux*

« Si Loren, Mansfield et Lollobrigida voient *Et Dieu créa la Femme*, elles changeront de métier », avait écrit en 1956 un critique américain. C'est l'inverse qui s'est produit.

Dans un numéro de *Paris Match*, daté d'avril 1977, à une époque où Bardot, couchée sur la banquise, toujours superbe et déjà tragique, occupe tout l'espace avec un bébé phoque dans les bras, Jean Cau écrit à propos de Rita Hayworth : « Comme il est louche, ce sentiment qui s'appelle la pitié. On voudrait être persuadé qu'il est pur de toutes scories mais je ne suis pas sûr que certaines compassions soient uniquement mues par un élan qui nous pousse à souffrir avec l'autre quand le malheur le foudroie après avoir longtemps rodé autour de lui. Et je pensais cela, la semaine dernière, comme je regardais le visage décomposé de cette femme qui avait incarné la beauté. Quoi ! C'était ça, aujourd'hui, Rita Hayworth ? Cette pocharde à l'œil égaré, aux mèches de Gorgone, et voyez ce cou où saillent les tendons et cette face hébétée de l'ivrognesse dont on ne sait si elle ricane ou si elle sourit, c'était devenu ça, Rita Hayworth ? Et je me demandais s'il n'y avait pas quelque sadisme à exposer cette déchéance. Et je me disais que ce n'est pas certain du tout que l'homme – ou la femme – soit bon, comme le croyait ce fol de Jean-Jacques Rousseau. Combien de rêves d'hommes, peut-être à la fois déçus et vengés, à contempler cette ruine ; combien de jalousies de femmes enfin éteintes ? C'est le destin des idoles : elles aimantent les rêves des foules quand elles scintillent au ciel de la beauté, de la jeunesse, de la richesse et de la gloire ; et puis, quand les étoiles s'éteignent, ces mêmes foules (frustrées parce qu'elles avaient dû se contenter d'adorer à distance sans pouvoir franchir le cercle au centre duquel rayonnait la lumière) éprouvent le plaisir suspect de vérifier que le malheur a toujours raison et que le pire est presque toujours sûr pour ceux qui ont cru à la parole diabolique leur soufflant à l'oreille que, sur cette Terre, ils seraient comme des dieux. Vous voyez bien, qu'au bout de la course, ce n'était qu'une femme, Rita Hayworth, rien qu'une pauvre femme. »

Cette vivisection pratiquée sur un vivant, insupportable de réalisme, aurait très bien pu aujourd'hui désigner Bardot. Or son équilibre et son bon sens lui ont permis de survivre à sa gloire. Pour les autres. Les humains, nous le verrons. Un peu. Beaucoup. Passionnément. Pour les animaux. Désespérément. Son premier combat mémorable, après celui des animaux d'abattoir en 1962, est celui qu'elle entama très exactement le 24 février 1968, date à laquelle, par lettre, Marguerite Yourcenar attira son attention sur le sort des bébés phoques massacrés en masse dans le Grand Nord canadien. Neuf ans plus tard, rien n'ayant changé et afin de frapper un grand coup, maîtrisant ses appréhensions et surmontant les distances terrestres et la tyrannie des éléments, armée de sa seule puissance de conviction, BB partit affronter les chasseurs canadiens sur leur terrain, aidée en cela par *Paris Match*, son journal fétiche, dont elle était restée *la petite fiancée.* Unique élément féminin au milieu de mille paires de rognons fulminants, elle dut passer par toutes les phases de l'humiliation. Ridiculisée et mise au pilori par les autorités canadiennes, ses nerfs manquèrent l'abandonner au moment même où la première étape de sa victoire claqua à la gueule de ses ennemis : grâce aux tam-tams de la presse internationale, formidablement mobilisée, désormais le monde savait. Peu après son retour en France où le président Giscard d'Estaing accusa réception de ses doléances, en dehors des traditionnels persiflages propres aux révolutionnaires de salon, Bardot put constater une certaine évolution des consciences. Ainsi, à Paris, dans le métro, alors qu'elle venait de recevoir de sa patronne un « superbe » manteau en peau de phoque, Madame Miron, femme de chambre de Marlène Dietrich, se fit copieusement insulter par des voyageurs ulcérés. Sans prendre encore tout à fait la mesure du fardeau qu'elle allait devoir porter, la Fée des animaux venait de gagner ses premiers galons.

Depuis, avec sa Fondation, elle n'a de cesse de lutter intensément contre le commerce de la peau d'animaux. Sans autres arguments, ses détracteurs lui reprochent d'avoir porté de la fourrure. Oui, BB a porté de la fourrure. Parce qu'elle ne savait pas la souffrance que cela générait. Avec la connaissance vient la responsabilité. *Seuls les imbéciles ne changent pas d'avis*, aime-t-elle à répéter. Ainsi, à la fin des années quatre-vingt-dix, Jean-Paul Gaultier, qui avait utilisé du renard dans un défilé, ne fut qu'à demi-surpris de recevoir une lettre qui n'était pas signée « Zorro », dans laquelle Brigitte lui expliqua avec une véhémence contre-productive qu'*en ne respectant pas la vie et en exhibant la mort,* le couturier se conduisait *comme un gougnafier.* Réponse de l'incriminé : « Rectification, il n'y avait pas deux renards mais trois ! » Quelque temps plus tard, révisant sa copie, Brigitte fit preuve de davantage de pédagogie :

*Vous avez eu l'intelligence de prendre avec humour les termes révoltés de ma dernière lettre. J'espère que vous prendrez à cœur les constats accablants concernant la fourrure, que je vous fais parvenir par dossier séparé.*

*Étant un des phares de la haute couture française, vous donnez le ton, faites et défaites les modes, vous pourriez donc mettre un terme à ce retour en force de la fourrure, omniprésente sur tous les podiums, accessoires, gadgets, magazines de mode, séduisante pour tous les âges, surtout les jeunes.*

*L'exploitation scandaleuse de 35 millions d'animaux sacrifiés chaque année sur l'autel de la mode, qu'ils soient d'élevage ou sauvages, reste douloureuse, barbare et surtout inutile à notre époque où le synthétique qui présente les mêmes douceurs, le même confort, la même chaleur, pourrait éviter tant d'exterminations, de carnages, de souffrances à des animaux sacrifiés uniquement au nom d'un luxe superflu qui n'a plus aucune raison d'être à une époque où l'essentiel n'est pas atteint par tant de gens dans le besoin.*

*Parfois la désinformation ou le manque d'information sont la base de bien des erreurs. La prise de conscience peut changer bien des choses...*

*Ayant suivi bien de vos interventions et interviews télé, j'ai pensé, à vous entendre, que vous pourriez peut-être comprendre. Voilà le pourquoi de cette lettre. La balle est dans votre camp. Mon ultime espoir aussi.*

*Bien à vous.*

*Brigitte Bardot.*

Gaultier n'a guère changé pour autant ses habitudes. Il n'est, hélas, pas le seul. Au mitan des années quatre-vingt-dix, pourtant, un vaste mouvement contre la fourrure avait vu le jour. Le travail de sensibilisation des associations semblait avoir fait évoluer les consciences. Sous l'égide de la PETA (People for the Ethical Treatment of Animal) et de ses 400 000 adhérents dans le monde, on vit les tops models les plus cotés (dont Naomi Campbell et Cindy Crawford) descendre de leur podium et poser entièrement dévêtues : « Plutôt nue qu'en fourrure. » Des actrices, également, telle Kim Basinger qui déclarait : « La beauté ne consiste pas à porter le manteau de quelqu'un d'autre. » L'union commençait à faire la force. En aspergeant de peinture le bureau new-yorkais du magazine *Vogue* et les façades de la maison de Calvin Klein, les militants de la PETA avaient même obtenu du couturier qu'il renonce à l'utilisation de la fourrure naturelle, bientôt suivis par Giorgio Armani et Ralph Lauren. Nombre de mannequins faisaient alors spécifier sur leurs contrats qu'elles refusaient de défiler avec des cadavres sur le dos. Depuis, tout a bien changé et la fourrure est redevenue tendance…

Après Gaultier et Sophia Loren, qui avait posé pour un million de dollars avec un cimetière animalier sur les épaules et avant Catherine Deneuve dont le parrainage du concours Orylag – *parrainer une peau de lapin pour une ancienne « Peau d'âne », quelle tristesse !* – avait révolté Brigitte, en 1994, Nadine de Rothschild fit elle aussi les frais des ires tropéziennes de son ancienne partenaire de *En effeuillant la marguerite*, s'étant risquée à faire l'éloge de la fourrure dans *Point de vue* : « La fourrure est un luxe, et comme tout luxe elle ne supporte pas l'à-peu-près. Si vous êtes décidée à vous acheter un manteau, ne vous contentez pas de quelque chose de médiocre. Vous devez être fière de ce que vous portez et rayonner dans votre col de vison. La fourrure est un plaisir que l'on se fait et c'est une joie qui nous rend plus belles. Quoi de plus voluptueux que d'être emmitouflée dans une étole de chinchilla parfumée, à la fois merveilleusement chaude et légère ? » Réponse non moins voluptueuse de Bardot :

*Après Monique de Rothschild, qui se plaît à achever des animaux au cours de cruelles chasses à courre, vous, Nadine de Rothschild, entachez un peu plus le nom que vous portez en vantant le plaisir que vous ressentez à vous vautrer dans la mort de centaines d'animaux.*

*Cette famille, qui comptait autrefois quelques-uns de mes amis, est aujourd'hui descendue bien bas. Votre « code des usages » n'est qu'un ramassis de leçons triviales, où le luxe est prétexte à des comportements abjects et primaires.*

*J'ai porté la fourrure à une époque où je n'avais pas encore pris conscience de la misère qu'elle représentait. N'oubliez jamais qu'un manteau de fourrure est un assemblage de corps dépouillés, il en faut environ 80 pour un vison, près de 400 pour un manteau de chinchilla.*

*La fourrure est aujourd'hui le symbole de la vulgarité et j'espère que vous saurez réagir en accord avec votre époque en sortant de votre apathie coupable pour adopter un comportement responsable.*

Brigitte est une guerrière sans armes. Qui ne joue pas. Avec ou sans caméra pointée sur elle, jamais elle n'a joué que d'un œil. Sauf peut-être avec la mort. Car vivre est un acte grave. Multirécidiviste des tentatives de suicide, elle semble en avoir pris conscience. Elle ne s'amuse pas non plus quand, à l'instar de Pythagore à la grande époque gréco-romaine où l'humanité avait atteint un âge très mûr, elle répète inlassablement aux hommes que « tant qu'ils massacreront les bêtes, ils s'entre-tueront, car celui qui sème le meurtre et la douleur ne peut en effet récolter la joie et l'amour ». À l'encontre des clichés éculés, ses coups de sang ne sont pas l'émanation d'une *pasionaria* qui serait prise de soudaine hystérie. Il faut savoir qu'en amont, il y a un véritable travail d'information sur le terrain. Le travail de toute une vie, des batailles destinées à démontrer l'abjection de certains actes, des supplications de ne pas céder à la facilité du sang et de l'argent, des trésors de diplomatie pour faire comprendre à l'homme ce que le Code pénal et le Code rural (en contradiction avec le Code civil pour qui l'animal reste un meuble) ont institutionnalisé : l'animal est un être qui souffre. Brigitte ne tire pas à boulets rouges les yeux fermés, elle sait reconnaître la compétence des personnes et l'efficacité de leurs actes, quand il y a lieu de le faire, parce qu'il existe des politiques responsables, voire exemplaires, à la hauteur de leurs fonctions, quand même restent-ils prisonniers d'un système. Mais lorsqu'elle se rend compte qu'elle prêche dans un désert de Gobi, que ses revendications pourtant urgentes et légitimes sont destinées à ne jamais aboutir, la Fée des animaux finit par exploser. Ainsi, contre Jacques Toubon qui, en mars 2009, fut l'un des sept députés européens à avoir voté contre l'interdiction du commerce des produits dérivés du phoque, 25 députés ayant voté pour. *Je suis écœurée !*, écrit-elle dans l'édito de l'*Info-Journal* de sa Fondation. Brigitte avait déjà été déçue par l'inertie de Toubon lorsqu'il était Garde des Sceaux. Elle était allée le voir place Vendôme avec, sous le bras, une cassette montrant des scènes de zoophilie hallucinantes. Il faudra attendre 2003, après que sa Fondation eut saisi Dominique Perben et tous les parlementaires français, pour obtenir la pénalisation des actes zoophiles désormais punis d'une peine de 2 ans d'emprisonnement et de 30 000 euros d'amende. Pour la petite histoire, quelques députés ont confessé que ce texte avait vite été rebaptisé au sein du Parlement… la loi Bardot !

Mais sa victoire la plus importante à ce jour, Brigitte devait l'obtenir en mai 2009, l'Union européenne s'étant *in fine* prononcée contre toute importation des produits dérivés du phoque (fourrures transformées, produits cosmétiques et compléments alimentaires). Une victoire historique et définitive, trente-deux ans après son épopée sur la banquise et vingt-six ans après qu'elle eût obtenu l'interdiction de la chasse aux blanchons (bébés phoques de moins de deux semaines) et phoques à capuchons. Une victoire qui répond aux objectifs du plan d'action pour le bien-être des animaux, qui fixe une nouvelle politique européenne en la matière et permetent d'escompter à plus long terme l'arrêt complet du plus important massacre de mammifères marins au monde. La Fondation Bardot soutient le sénateur de l'Ontario, Marc Hab, qui a déposé, en mars 2009, un projet de loi visant à « interdire la pêche commerciale du phoque dans les eaux de pêche canadiennes et mettre fin à la délivrance des permis de pêche commerciale du phoque ». Pour appuyer son projet de loi, le sénateur précise que les coûts économiques de cette activité dépassent les maigres retombées qu'elles occasionnent, cette « industrie moribonde » coûtant très cher au contribuable canadien.

Refusant toutes les interviews presse ou télé du monde entier, Brigitte n'accorda son commentaire qu'à l'Associated Press, déclarant : *Je ne sais pas si je dois rire ou pleurer. Je suis dans cet état un peu magique, sur un petit nuage, un peu comme si l'on était atteint d'une maladie incurable et qu'on vous annonçait tout à coup que, par miracle, vous êtes guéri [...]. Ce vote signifie clairement que nous ne pouvons plus accepter l'inacceptable, qu'il s'agisse des phoques massacrés sur la banquise ou des otaries en Namibie. Il est urgent de déposer les armes, d'apprendre à protéger et non plus à détruire les différentes espèces qui peuplent la planète [...]. Quand je me suis rendue au Canada en 2006 pour faire valoir le point de vue d'une grande partie de l'opinion publique – dont des Canadiens – non seulement le Premier ministre Stephan Harper ne m'a pas reçue, mais il n'a même pas daigné me parler au téléphone.*

Tout le monde se souvient de ces images lamentables d'une Brigitte appuyée sur ses deux béquilles et à qui un huissier du bureau du Premier ministre canadien ferme la porte au nez en accusant une fin de non-recevoir. Les Services canadiens d'immigration, qui avaient sans doute reçu des ordres, ne s'étaient pas montrés plus humains. Retenue pendant des heures, en dépit de son handicap, BB fut interrogée comme une « terroriste potentielle », son casier judiciaire fut passé en revue et on lui demanda même si elle n'était pas venue « poser une bombe » !... Là encore, en France la désinformation alla son train, avec des journalistes prenant aussitôt le parti des Inuits « privés de leur principale ressource », alors que dans le compromis européen proposé par la Commission et le Conseil et adopté par le Parlement européen, il a été stipulé que les produits issus de « chasses traditionnelles conduites par les Inuits et d'autres communautés indigènes et qui contribuent à leur subsistance » dérogent à l'interdiction. Autre exception : la mise sur le marché, sur une base non commerciale de « sous-produits de la chasse conduite dans le seul objectif d'une gestion durable des ressources humaines ».

À cette cause qui lui est si chère, Brigitte a toujours associé Valéry Giscard d'Estaing, *le seul président à m'avoir aidée dans mon combat*[1]. Elle l'a redit devant lui lors du « Sacré Brigitte » offert par Glem Productions et présenté par Jean-Pierre Foucault, à l'occasion de la sortie d'*Initiales BB,* en octobre 1996, auquel participèrent également Lech Walesa et Pierre Salinger, ex-conseiller du président Kennedy et organisateur du tour promotionnel de BB aux USA en 1965 lors de la présentation là-bas de *Viva Maria*. Ce soir-là, Valéry en fut quitte pour une vanne de potache… Brigitte lui ayant demandé si autrefois, lors d'une rencontre à Méribel, l'un de ses chiens l'avait bel et bien mordu aux fesses, Giscard précisa que c'était au mollet. Sur ce, BB-la-réplique lui dama le pion : « Vous avez les fesses bien basses, alors ! » VGE, dans un ultime retranchement : « Votre chien malveillant, chère Brigitte, n'avait pas reconnu l'ami des bêtes. » BB : « Oui, mais il avait reconnu le chasseur ! »

Bardot : 1 point/Giscard : 0.

Rares moments de détente dans un âpre combat. Le reste du temps, Brigitte le passe à implorer les décideurs ou à les fustiger pour leur coupable inertie. « Nous ne savons que donner un nom à des souffrances que nous sommes incapables d'arrêter », disait Julien Green. Les « excès » et les « dérapages » de BB ne sont que le reflet de cette impuissance, toutes ses souffrances n'étant

1. *Migros magazine*, mars 2009.

finalement dirigées que contre elle-même puisqu'elle les endosse toutes. Ignorant la haine, la méchanceté ou la mesquinerie, elle est juste un peu trop « sensible à la pitié, bienfaisante et secourable », en un mot humaine, selon la définition du *Larousse*. En s'élevant contre le port de la fourrure, elle ne lutte pas forcément contre les fourreurs, elle tend simplement à informer le consommateur sur la réalité de certaines pratiques. À essayer de lui faire comprendre et admettre que s'il n'est point de sot métier, il existe aussi des façons plus humainement correctes de gagner sa vie. En retour, la haine que lui vouent les marchands de fourrure est farouche. Elle a atteint son écœurant paroxysme dans un procès dont la presse n'a guère parlé mais qui a le mérite d'exposer clairement la situation.

C'était le 26 janvier 1998, sur les ondes de Radio Monte-Carlo. Ce jour-là, dans une émission dirigée par Jean-Claude Bourret, Brigitte débattait au téléphone depuis *La Madrague*, face à Georges Constantin, président de la Chambre syndicale des Fourreurs de France. Sujet de la discussion : le retour en force de la fourrure dans les vêtements féminins. Brigitte se fit le porte-parole des trente-cinq millions d'êtres vivants — lynx, visons, loutres, martres, castors, renards, lapins, écureuils, phoques, chats, chiens — assassinés chaque année en raison de leur appartenance à une race dite inférieure, celle des animaux, pour le confort et l'enrichissement personnel d'une autre race, dite supérieure, celle des humains [2]. De son côté, Monsieur Constantin fit valoir ses arguments. À 13 heures, à l'issue d'un débat animé mais relativement courtois, alors que Jean-Claude Bourret signalait que l'émission touchait à sa fin, Monsieur Constantin « lisant manifestement un texte préparé à l'avance », se permit la suivante déclaration : « Je voulais quand même ajouter que les propos de Brigitte Bardot, moi, ça me rappelle une fameuse loi qui est la… *Tierschutzgesetz*, qui a été promulguée en Allemagne en 1937 par Hitler qui reprenait exactement les propos de Brigitte Bardot et la deuxième partie est encore beaucoup plus grave puisque, je l'ai là devant, bon, eh bien la deuxième partie, à l'époque les Allemands considéraient que la barbarie juive avait ses crimes rituels pour les moutons, c'était scandaleux et qu'il fallait l'interdire. Bon, Brigitte Bardot aujourd'hui elle ne s'en prend pas aux juifs, elle s'en prend aux musulmans. Le public et les auditeurs comprendront… » Au bord des larmes et du dégoût, Brigitte le

2. Il faut quinze renards, dix lynx ou soixante visons pour confectionner un seul manteau. Affirmer que la fourrure est plus propre lorsqu'elle est d'élevage est une hérésie. Dans les fermes dites d'élevage, les animaux sont détenus dans des cages trop petites, souvent empilées, dont le sol n'est autre qu'un grillage, pour faciliter l'écoulement des excréments et protéger ainsi des salissures leur précieuse fourrure. Résultat : leurs pattes sont déformées, meurtries, les animaux développent des comportements névrotiques, se mutilent, s'entredévorent ou se jettent contre les parois. À ces conditions déplorables s'ajoutent les mauvais traitements qui leur sont infligés pour la reproduction, la femelle est extirpée de sa cage à l'aide d'une fourche puis neutralisée afin d'être inséminée. Les animaux sont ensuite tués par du dioxyde ou du monoxyde de carbone. Des observations de visons tués par cette méthode ont montré que l'animal [...]

traita de salaud et raccrocha. Un tsunami d'appels de protestations s'abattit aussitôt sur le standard de RMC. Le public et les auditeurs, outrés, avaicnt cffcctivement compris qu'en faisant valoir que sa position à l'égard de l'utilisation de la fourrure animale était la même que celle des nazis et surtout, en faisant valoir qu'en attaquant ainsi l'utilisation de la fourrure animale, Madame Bardot était nécessairement antisémite au même titre que les nazis, le président de la Chambre syndicale des Fourreurs de France venait de la salir d'une manière abjecte, attentant à l'honneur d'une femme qui précisément n'en a jamais manqué. Une exploitation des victimes de la Shoah qui méritait une sanction exemplaire. Brigitte n'en demanda pas tant, mais en chargeant ses avocats – maître Varin-Petit, assisté de maître Jacques Chanson – d'attaquer Monsieur Constantin pour diffamation publique à son égard – prévue et réprimée par les articles 29 et 32 alinéa 1 de la loi du 29 juillet 1881 – ceux-ci requirent

---

[...] courant frénétiquement dans la chambre à gaz et se débattant pour maintenir sa tête au-dessus du niveau du gaz. La mort ne survient qu'au bout d'une vingtaine de secondes. Voire plus. Autre système de mise à mort : l'électrocution, qui consiste à introduire une électrode dans l'anus de l'animal et à en attacher une autre à sa gueule. Ensuite, on envoie le courant (1000 volts) pour obtenir une fourrure bien gonflée. Terrifié, l'animal se débat et son bourreau doit s'y reprendre à plusieurs fois en envoyant le courant avant que la bête perde conscience. Sans parler des pièges placés dans la nature, qui maintiennent parfois un animal en état de souffrance des heures durant, jusqu'à l'arrivée du trappeur. Fou de douleur, les animaux souvent se rongent la patte pour se libérer et s'enfuir, ce qui les rend encore plus vulnérables.

la somme de 200 000 francs à titre de dommages et intérêts, outre le paiement de 15 000 francs sur le fondement de l'article 700 du nouveau Code de procédure civile, ainsi que des mesures de publications.

Le lourd rituel de la Justice se mit en branle. Eu égard à la gravité de la faute et à l'évidence du préjudice causé, le combat semblait gagné d'avance pour BB. Après bien des audiences et des remises d'audiences, c'est finalement la Cour d'appel de Paris qui rendit le jugement définitif, le 3 décembre 1999. Les avocats de Brigitte parlèrent d'accusations « d'autant plus odieuses qu'il est connu que Madame Bardot se consacre bénévolement et avec tout son cœur au combat pour la défense des animaux sans arrière-pensée ». Des arguments qui ne suffirent pas à convaincre le tribunal. Celui-ci estima que Madame Bardot avait « ajouté à la phrase incriminée des propos qui n'existent pas et qui résultent de sa seule interprétation », que Monsieur Constantin n'avait « imputé à l'appelante aucun fait précis mais a seulement fait état de son opinion personnelle dans le cadre d'un débat délibérément polémique, sans excéder les limites de la liberté d'expression ». Ou d'un côté des gens qui « tuent » pour de l'argent, de l'autre une femme qui donne son argent pour que l'on arrête de tuer, et ce sont les premiers qui obtiennent gain de cause après avoir délibérément associé la cause de BB à celle d'Adolf Hitler. Étonnons-nous après cela que notre Brigitte devienne chaque jour davantage un peu plus découragée, brisée, amère et encline au pessimisme le plus noire.

Parce que l'argent va toujours vers l'argent, la puissance vers la puissance, le courage et l'action réclamant bien trop de sueur et de renoncement, Brigitte a pris le parti de se mettre à l'opposé de ces valeurs. Et s'il existe des grands combats, il n'est pas de petites victoires. Comme celle, fragile, obtenue auprès de Thierry Lhermitte qui avait prêté son nom et son image à la maison Montfort, sous contrat avec Euralis, dans un spot publicitaire télévisé, où il vante la qualité de leur foie gras. « Montfort, c'est mon faible. » Brigitte lui avait adressé une lettre courtoise en lui joignant une documentation sur le supplice de 39 millions d'oies et de canards chaque année en France, prisonniers dans des cages d'où seule la tête dépasse, de manière à pouvoir gaver l'animal jusqu'à étouffement par une alimentation déséquilibrée, équivalent chez l'homme à 20 kilos de pâtes par jour, ingurgités en 5 secondes, le foie hypertrophié atteignant ainsi dix fois son volume. Ce, pendant des semaines. De nombreux pays ont déjà aboli la production de foie gras en Europe (Pologne, Autriche, Danemark, Norvège, Allemagne, etc.), mais la France reste, de très loin, le premier producteur. Brigitte adressa également à Lhermitte les résultats d'une enquête réalisée dans trois des établissements sous contrat avec Euralis, ainsi que le témoignage d'un ancien gaveur. L'acteur remercia la présidente de la FBB pour ses informations, répondant qu'il ne pensait pas renouveler son contrat avec Montfort. Évidemment, sans toutefois pouvoir contester la réalité des images tournées dans les élevages français, le groupe Euralis ordonna aussitôt à la Fondation de ne plus les diffuser, ne souhaitant pas que le consommateur soit informé des méthodes employées.

Même succès auprès de Marcel Amont, que Brigitte avait interpellé à propos d'une publicité sur le cartilage de requin, à laquelle il avait vendu son nom. Par lettre, le « Mexicain basané » lui fit savoir qu'elle avait bien fait de lui ouvrir les yeux et qu'il allait se renseigner. Or, pour un Thierry Lhermitte et un Marcel Amont sensibles à la souffrance et accessibles au raisonnement, combien de sans foi ni loi qui ne comprendront jamais les choses les plus essentielles ? Il reste tant et tellement à faire, même auprès de gens avertis, pour qu'évoluent les mentalités... Malheureusement, nous le savons, les médias qui jouent le jeu sont trop rares. Qui savait en France que chaque année au mois de mars, à Hollywood, un Prix Brigitte Bardot est remis à l'auteur du meilleur documentaire animalier ? Pas grand monde, à vrai dire. Brigitte est très déçue par son pays. Dans l'édito du journal de sa Fondation, elle a écrit en mars 2009 :

*On laisse courir les évadés des prisons, les voleurs, les violeurs, on juge les assassins avec clémence, mais par contre on ne se gêne pas, chaque année, pour organiser des tueries à bout portant (officiellement et administrativement) de 40 000 cerfs, biches, chevreuils et petits bambis* [*Bambi* est le dessin animé préféré de Brigitte] *que le personnel des ONF débusquera avec chiens à l'appui, comme dans la forêt de Chaux, dans le Jura, parce qu'ils sont trop nombreux et que Monsieur Borloo, ministre de l'Écologie, a donné son approbation. C'est scandaleux, à vomir ! Encore plus écœurant, fin février, en Indre-et-Loire, au Bois des Hâtes, dans cette forêt de Larçay appartenant à la ville de Tours, a eu lieu une battue (tenue secrète) avec l'approbation du préfet, afin de réguler une population de cervidés risquant de provoquer des « collisions sur les axes routiers ». Aucun militant écologique présent afin de protester contre cette tuerie, seul le lieutenant de louveterie, assisté de 23 « tueurs », était responsable du nombre d'animaux à abattre. Mais qu'ont-ils fait, ces pauvres animaux ? Rien. En France, on flingue les innocents, c'est pitoyable... Trouvera-t-on un jour le remède qui guérira l'homme de l'indifférence, de la barbarie, cette gangrène qui pourrit le cœur et décompose l'âme ?*

Le lobby des chasseurs, vis-à-vis duquel Jacques Chirac lui avait demandé de ne pas faire de vagues avant les élections de 1995, compte parmi les autres bêtes noires de Brigitte. Face à cet « État dans l'État », seule Dominique Voynet, à l'époque où elle était ministre de l'Écologie, eut le courage de ses convictions, malheureusement freinée par Lionel Jospin.

*Jeannot lapin, ami de classe*
*Où es-tu depuis que la chasse*
*Qui a fait couler tant de sang*
*Cruel chasseur, tu es méchant...*
(*La Chasse*. Y. Spanos/J.M. Rivière.
Éditions Alléluia)

Pendant longtemps, les associés de la chasse Saint-Hubert à Abreschviller, dans le Bas-Rhin, ont constitué une puissance économique méconnue de la République. Dans leur ouvrage *Les Bonnes Fréquentations, histoire secrète des réseaux d'influence*, Sophie Coignard et Marie-Thérèse Guichard montrent combien les grandes décisions économiques, voire politiques, du pays se sont déterminées au cours de « grandes chasses » présidentielles ou privées. Les deux auteurs, en une formule empruntée à Antoine Cohen-Potin, ancien directeur du magazine *Plaisirs de la chasse,* illustrent clairement leur argument : « Quand vous passez la journée avec quelques compagnons, tous couverts de boue, les cuissardes dans la vase, le courant passe plus vite. » Dans ses pires retranchements, BB estime que ces gens auxquels les gouvernements font acte d'allégeance pour des motifs électoralistes et qui peuvent se révéler extrêmement violents ne sont rien d'autre que des *lâches qui déciment des territoires sans sélectivité, incapables de réprimer leurs pulsions* [3]. Il va sans dire que nombre de chasseurs ne nourrissent guère plus d'estime pour

3. *Le Carré de Pluton, op. cit.*

la « pute qui a gagné sa fortune en montrant son cul ». Le 4 juin 1994, suprême provocation avec la bénédiction des autorités locales, le congrès annuel des chasseurs se tint à Saint-Tropez, fief de Brigitte. Hors d'elle, elle ameuta tous les sympathisants de la cause animale qui, répondant massivement présents provoquèrent un capharnaüm doncamillesque, dont ce petit village depuis longtemps avait oublié la teneur. Équipée d'un haut-parleur, BB tenta d'attirer à elle un représentant officiel des chasseurs aux fins de débattre publiquement. Pas un n'eut le cran de l'affronter. Ils préférèrent la couvrir d'invectives jusqu'à ce qu'au bord de l'épuisement, cette femme de soixante ans rescapée de mille morts, dont un cancer du sein, trouve refuge dans une boutique de fruits et légumes. *Les chasseurs ont reçu de la mairie une subvention de 30 000 francs pour leur repas, alors qu'à ma Fondation ils n'ont jamais donné un sou !*

Comme il y a des chasseurs de bonne foi, même si cela va à l'encontre de ses sentiments les plus profonds, Brigitte sait aussi faire preuve de compromis. Il en va de la chasse comme de beaucoup de choses, pourvu que l'adversité ne poussât pas le bouchon trop loin. Le 13 février 2004, à la faveur d'un trafic de chiens de chasse dans le Var, conséquence directe, selon elle, de *ce qui se passe en matière de chasse au sanglier (c'est monstrueux de se plaindre qu'il y a trop de sangliers alors que la moitié des sangliers tués le sont par des chasseurs viandards qui en font eux-mêmes l'élevage)*, dans une lettre ouverte adressée concurremment à

Jacques Chirac, président de la République, à Lionel Jospin, Premier ministre, à Dominique Voynet, ministre de l'Environnement, au préfet du Var et au président de la Fédération départementale des Chasseurs du Var, elle écrit notamment ceci :

*Si la chasse est l'un des combats principaux contre lesquels je lutte intensément, j'en respecte pourtant les règles quand elles sont honorées dignement et qu'elles ne vont pas à l'encontre des lois françaises et européennes ni à l'encontre des dates d'ouverture et de fermeture qui laissent au gibier la possibilité de se reproduire naturellement pendant ces périodes de trêve pourtant les plus courtes de toute la Communauté européenne. Aucun décret ne doit donner l'autorisation d'une chasse ouverte à l'année. Et si les chasseurs brandissent la menace d'une prochaine échéance électorale, n'oubliez pas qu'en France, 68 % des femmes sont contre la chasse.*

L'une des premières luttes menées par BB, après le combat pour les phoques, en 1977, fut celle contre la consommation de viande de cheval. En 1870, dans un Paris assiégé, l'on en était arrivé à cet ultime recours, mais aujourd'hui ? Ne devrions-nous pas être au moins reconnaissants pour avoir tant exigé de ce superbe animal à travers les siècles, pour la guerre, le transport, les parades, les joutes, tournois et autres ? Pourquoi, lorsqu'on évoque les pertes humaines dans les guerres qui ont marqué l'Histoire, ne fait-on jamais allusion aux millions d'équidés embarqués dans la même galère pour transporter hommes et canons ? Dans le numéro 355 d'*Historia*, Elian J. Finbert raconte comment, avant le combat, les chevaux de l'armée napoléonienne étaient « accoutumés à souffrir sans faire le moindre mouvement, des tourments de toute espèce. On leur appliquait des coups de fouet sur la tête et sur la croupe ; on battait le tambour, on leur tirait aux oreilles des pétards, des coups de fusil, de pistolet et des boîtes d'artifice ; on agitait des chapeaux devant leurs yeux ; on leur jetait dans les jambes de lourds paquets, voire même des moutons et des cochons ». Le cheval a largement démontré à travers l'Histoire qu'il ne mérite pas de finir dans nos assiettes. Il s'agit d'une question d'éthique.

Or poésie ou gros mots ne suffisent pas. Avec sa Fondation, Brigitte s'est révoltée contre la barbarie chevaline au moyen d'émissions et par des pétitions, pour informer les gens, réveiller leur conscience. Bien sûr, elle a eu à subir les foudres des bouchers concernés. En 1992, après une émission de télévision où elle dénonçait leur industrie, nombre d'entre eux étaient venus l'attendre devant sa propriété de Bazoches, armés de couteaux. Voilà pourquoi il est important d'éduquer. Si nul n'est censé ignorer la loi, chacun doit savoir que le respect de la vie s'apprend comme la table de Pythagore et les Fables de La Fontaine. Le plus tôt étant le mieux, c'est en classe que l'on doit enseigner l'amour et le respect des animaux. Le public est-il au courant de la manière dont les chevaux importés des pays de l'Est sont transportés ? Des voyages de plusieurs jours dans des camions de fortune, sans eau, sans nourriture. Beaucoup meurent en cours de route. Les survivants arrivent dans un état lamentable et ce n'est là que le début de leur calvaire. Idem pour les équidés importés d'Amérique dans des conditions tout aussi dantesques. En Grèce, une loi datant du début du XIX^e^ siècle : « Aucun cheval ne sortira de Grèce à moins qu'il ne soit mutilé et ne puisse plus servir aux batailles », incite les maquignons à remettre les chevaux en « état » pour passer la douane, c'est-à-dire à leur crever les yeux et à leur briser les pattes avec des barres de fer. Le cheval, si proche de l'homme…

*J'ai vu de mes propres yeux leur épouvante à Gorizia, en Italie, à la frontière slovène, en 2000, alors qu'ils transitaient, venus des pays de l'Est, pour entrer dans la Communauté européenne. Cela me hante ! Pourtant, les pays de l'Est sont pauvres en comparaison du luxe dans lequel nous nous vautrons. Eux ne mangent pas de cheval, pas plus que dans les pays du continent américain. Ils ont cette dignité ! Lorsque j'ai fait un scandale auprès de la Corée du Sud lors de la Coupe du Monde de football, en 2002, parce qu'ils mangent du chien et qu'ils se conduisent de manière barbare et atroce, j'ai été non seulement menacée de mort, mais on m'a répondu que « chez moi », en France, on mangeait du cheval, alors que j'aille me faire voir !* [4]

4. *Le Carré de Pluton, op. cit.*

On pourrait reprocher à Brigitte de ne jamais voir que le côté sombre des choses. Or un communiqué de l'AFP du 11 février 2004 (« Hippophagic : un inexorable déclin ») signale qu'en 2003, la consommation de viande de cheval a subi une baisse de 17 %. Moins 11 % pour l'année suivante. Encourageant mais insuffisant. « Tant qu'il y aura des abattoirs, il y aura des champs de bataille », a dit Tolstoï. La consommation de saucisson d'âne relève de la même inconscience. Brigitte m'a raconté qu'un jour, sur le marché de Saint-Tropez, elle a renversé l'étalage d'un marchand qui proposait du saucisson d'âne. *Le type était furieux, il voulait me casser la figure. Heureusement, les gens du marché qui m'aimaient bien sont venus me défendre.*

Que dire aussi de l'expérimentation animale ? Tellement de choses ! D'abord que la souffrance des douze millions de cobayes sacrifiés chaque année dans l'Union européenne n'a plus lieu d'être aujourd'hui, des moyens existent, non violents et plus efficaces, pour tester la toxicité des milliers de produits chimiques mis sur le marché. En 2009, la Fondation Brigitte Bardot a participé à hauteur de 28 000 euros à l'élaboration d'un test alternatif (à base de cellules humaines) visant à établir les doses pour lesquelles les substances testées sont toxiques sur le modèle cellulaire, puis à comparer ces valeurs avec les doses toxiques répertoriées pour l'espèce humaine. Les résultats de cette étude sont excellents puisque le test cellulaire prédit à 86 % l'effet observé chez l'humain. Ce résultat est à comparer aux tests animaux équivalents qui ne prédisent l'effet humain qu'à 65 % pour la souris et 61 % pour le rat. Or, s'il semble que depuis 1990, l'utilisation de l'animal en toxicologie a commencé à diminuer chez les grands industriels « convaincus des avantages économiques et scientifiques des autres méthodes (modèles mathématiques, simulation sur ordinateur, cultures de cellules, etc.) », contrairement à des pays comme l'Angleterre et l'Allemagne, « pionnières en matière de méthodes alternatives », la France, seconde puissance chimique européenne, fait preuve de mauvaise volonté, selon Reiss, le chercheur français le mieux informé... et le plus dérangeant. Même constat décevant en ce qui concerne la tauromachie...

*Fichus, soleillados, robes de chez Lacroix*
*Les pétasses au soleil des longs étés framboise*
*Posent leur cul bronzé qu'un con honorera*
*Sur la pierre fatiguée des arènes nîmoises...*

(*Olé*. Paroles de Renaud Séchan/
Musique de J.P. Bucolo)

Qu'ils correspondent ou non à cette caricature faite par Renaud dans sa chanson, les politiques, toutes casaques confondues et tous en quête de suffrages, s'affichent volontiers dans ce mauvais théâtre qu'est la corrida. Ainsi, Roselyne Bachelot n'a jamais fait mystère de sa passion pour ce genre de spectacles. Non plus François Fillon, Michèle Alliot-Marie, Dominique de

Villepin ou Alain Juppé. « À gauche aussi, la muleta fait tourner les têtes, écrit Pascal Meynadier dans *Paris Match*. Le 22 mai dernier [2007], on a vu l'cx-Prcmier ministre Lionel Jospin agiter frénétiquement son mouchoir blanc pour faire un triomphe à deux toreros français, Sébastien Castella et Juan Bautista, pendant la feria de San Isidoro à Madrid [...]. Titre du quotidien *ABC* le lendemain : "Il ne manquait que Sarkozy." À gauche, toujours, Dominique Strauss-Khan, Jean-Pierre Emmanuelli pour les socialistes, Jean-Claude Gayssot et Alain Clary pour les communistes, le syndicaliste Marc Blondel, n'ont jamais boudé les arènes du sud de la France. » Faut-il que « l'odeur du sang » soit fédératrice...

À cette brillante élite de la France dans le mur manquait une fine fleur ; nous la tenons, en la personne de Ségolène Royal : « Je comprends la passion de ceux qui s'enthousiasment pour cela ! », s'exclama-t-elle en pleine campagne électorale au Grau-du-Roi. « Pour trois fois moins que rien, nous sommes toutes des putains », préfère chanter Patricia Kaas. On donnerait presque raison à Bardot, qui estime des femmes comme Marie Curie, quand elle dit : *Celles qui le méritent doivent avoir la place qu'elles méritent. Les autres, à la cuisine... on boufferait moins mal !* (*Migros magazine*). Le 12 octobre 1992, en effet, Brigitte avait consacré son dernier « SOS Animaux » à la chasse, avec l'aide du journaliste Eric Cachart et la participation de Pierre Daillant, président de l'Union nationale des Fédérations départementales des chasseurs de France. Également présente sur le plateau, Ségolène Royal, alors ministre de l'Environnement, allait s'éclipser, assurant que la chasse ne dépendait pas de son ministère, lorsque Brigitte la fit rasseoir pour assister à la projection d'un documentaire. La chasse ne dépendant pas de l'Environnement… *Il vaut mieux entendre ça que d'être sourd !* [5] Devant des millions de téléspectateurs, Ségolène Royal venait de se couvrir de ridicule. Or la palme tauromachique revient à Noël Mamère qui, en 2001, s'était exclamé : « J'aime le foie gras et j'aime la corrida ! » Les valeurs prétendument défendues par Monsieur Mamère lui semblent donc étrangères. Pour un Vert qui se définit par la couleur de l'espérance, le leurre est complet.

Seul élément positif dans ce ciel rouge : s'il semble que la corrida tricolore soit moins menacée que l'espagnole, en France l'opinion publique est majoritairement contre et nombreux sont ceux qui, en dehors des associations anti-corrida, comme le Crac, en dénoncent le scandale. Citons Renaud, bien sûr, mais aussi Francis Cabrel, Surya Bonaly, Jean-Claude Vandamme, et bien évidemment Brigitte Bardot. Fidèle à elle-même, elle s'investit corps et âme contre la barbarie taurine. En février 1992, écœurée par la réception musclée qu'elle et les membres de sa Fondation essuyèrent à Montpellier lors d'une tienta, non satisfaite d'avoir porté plainte

5. *Le Carré de Pluton, op. cit.*

pour flagrant délit d'acte de cruauté envers un animal (article 511-1 du Code pénal), elle dénonça, avec force argumentation et par voie de presse, ceux qu'elle estimait responsables de la pérennité de telles pratiques sur le sol français :

*J'accuse la mafia tauromachique, mue par le goût du sang et l'appât du gain, de vouloir développer la corrida en France, par le biais de tientas, claquetillas, novilladas, courses diverses et spectacles de dérision tels les toros-piscines et clowns-toréadors (comme à Marseille en ce moment).*

*J'accuse les « gros-bras » de leur milice paramilitaire de s'opposer par la force aux légitimes protestations d'écœurement de nombreuses personnes, lesquelles ont été insultées, ceinturées et brutalement maîtrisées lors de cette tienta : la plupart du temps des femmes contre des colosses avec talkies-walkies pour faire régner l'ordre des sadiques et des brutes.*

*J'accuse Georges Frêche* [le même qui, en 2005, devait publiquement taxer les Harkis de « sous-hommes » sans être inquiété par la justice], *maire de Montpellier, prévenu par mes soins et qui n'a même pas daigné répondre au courrier que je lui ai envoyé sur cette tienda, de laisser faire pour des raisons qui sont, soit commerciales, soit électorales, soit les deux en même temps. Montpellier n'est pas et ne sera jamais une ville de corrida, j'en fais le serment.*

Brigitte ne trempe pas sa plume dans un encrier mais dans la vie. Car pour aller à l'idéal, il faut comprendre le réel. Encore une fois, toutes ces « lettres ouvertes » qu'elle écrit en pleurant et dont la galerie s'amuse ne sont que le pendant de combats de l'ombre, structurés et menés avec le plus grand sérieux. Le champ d'action de BB et de sa Fondation est tentaculaire. Lorsqu'à nouveau Brigitte parle de la perversité de l'argent, elle ne récite pas des classiques ; directement confrontée à des problèmes graves qui se jouent à l'échelle de la planète, elle sait de quoi il retourne. Elle sait, par exemple, combien la Cites, l'équivalent de l'ONU en terme de parodie de justice et d'inefficacité, mais dont la moindre mauvaise décision peut être déterminante pour tuer la vie là où elle n'est déjà plus que souffle, est soumise, tout comme « le machin » de de Gaulle, à des pressions et des marchandages où le respect de l'écologie n'entre que pour très peu en ligne de compte. Si les racines décisionnaires sont pourries, quelle chance ont les petits combattants de stopper l'hémorragie ? Ceux qui ignorent tous ces dessous comme ceux qui ne veulent pas les connaître, n'ont en revanche aucun mal à jeter la pierre à la locataire de *La Madrague* et à faire mouche à tout coup.

De Gaulle vivant, Brigitte se serait assurée d'un solide soutien. Lorsqu'en 1962, il l'avait vue à « Cinq colonnes à la Une » s'insurger contre les méthodes barbares utilisées dans les abattoirs pour tuer les agneaux et les veaux, il s'était exclamé : « Cette femme mériterait d'être invitée à l'Élysée ! Après ce qu'elle vient de dire en faveur des animaux, on a envie de la serrer dans ses bras et de l'embrasser pour la féliciter ! » Une confidence du garde du corps du Général, qui a également raconté que lors des chasses présidentielles données à Rambouillet en l'honneur de chefs d'État étrangers, son patron prétextait toujours d'une myopie pour ne pas tirer et tuer de bêtes. « Au moins ma vue basse me sert à quelque chose : épargner des oiseaux. » De même qu'un jour, à la Boisserie, apprenant qu'un mouton qui lui avait été offert lors d'un voyage officiel allait servir de méchoui, le Général téléphona à une œuvre de charité de la région pour leur offrir l'animal, « à condition qu'on le laisse vivre jusqu'à la fin naturelle de ses jours ». De Gaulle ne mangeait pas davantage les poules de sa basse-cour à qui il allait rendre visite au cours de sa promenade quotidienne dans sa propriété : « Je ne mange pas les gens que je connais. » Au cours d'un autre voyage dans un pays de l'Est, où on lui présenta un numéro de dressage de chevaux, il eut ce mot : « Ils obéissent mais voyez combien leur regard est malheureux ! » Personne ne s'avisait à déranger le Grand homme sans motif grave, lorsqu'il travaillait à son bureau. Excepté Colombine, une tortue. « Quand elle voulait aller se promener, le Général délaissait ses écritures et lui ouvrait la porte. Quand elle était d'humeur curieuse, il l'installait sur son bureau, sur une pile de livres. Quand elle était trop vivace, il grondait : "Colombine, vous êtes assommante comme une fiancée !" »

*Je n'ai plus le temps*, répète souvent Brigitte. Plus le temps de prendre des gants pour dire ce qui doit être dit et qu'on ne veut pas entendre. Rappelons que lorsqu'elle abandonna le cinéma (*avant qu'il m'abandonne*), à trente-huit ans, elle avançait encore dans la splendeur. Nul ne pouvait alors lui reprocher d'être de ces vieilles ménopausées qui reportent leur libido détériorée sur les animaux. Aussi, est-il particulièrement odieux et insupportable d'entendre parfois que la cause animale a été pour elle un moyen de prolonger sa carrière de star. La passion naturelle de Brigitte pour les animaux remonte au plus loin qu'elle se souvienne. Elle n'a jamais cessé de prendre leur défense contre leur ennemi le plus sûr : *l'homo sapiens*. Je. Tu. Il. Attelée à cette tâche par des voies impénétrables, elle ne recule devant rien ni personne et toujours remet sur l'ouvrage, avec une abnégation et un courage qui payent rarement, mais c'est dans l'effort qu'elle se sent le moins inutile. *Maintenant, tout le monde donne dans le charitable et c'est tendance, mais qui, dites-moi, qui a quitté le cinéma ou la chanson pour se consacrer à une œuvre quelle qu'elle soit ? Tous font leur carrière et beaucoup se mettent des robes du soir et des smokings pour aller assister à des dîners de charité en s'empif-*

*frant de caviar*[6]*. Cela me dégoûte ! [...] On parle beaucoup des actions en faveur des gosses malheureux, ou des malades du sida. Vous en connaissez beaucoup qui ont donné leur maison, leur santé, vendu leurs bijoux, leurs objets familiers, leurs robes, ce qu'on a de plus précieux au monde ? Je l'ai fait pour les animaux, je ne le regrette pas une seule seconde.* [7]

Saluons l'éthique de la Dame qui ne cite aucun nom. Effectivement, à un tel niveau, il n'existe en France aujourd'hui aucun autre exemple d'un tel don de soi que celui de Brigitte Bardot. Tout le reste, les qualificatifs qu'on peut lui coller sur le dos, ces étoiles d'une couleur à définir qu'on lui coud sur la poitrine, ne sont que de la poudre de médiocre face à l'infiniment grand. On prétend qu'elle mord. Faux, comme tous les inoffensifs, elle ne sait qu'aboyer. Elle aboie au nom de tous ces sans-papiers de l'humanité que sont les animaux et qu'elle défend avec son âme et ses mots, sans autres

6. Les esturgeons, une des plus anciennes espèces animales de la planète, sont aujourd'hui menacés d'extinction. Si la pêche se poursuit au même rythme, les esturgeons issus de la mer Caspienne (90 % de la production mondiale) auront disparu d'ici à quelques années. Il faut savoir que le prix de vente élevé du caviar ne sert qu'à enrichir les mafieux et non à améliorer la qualité et le travail des pêcheurs locaux. La CITES (Convention sur le Commerce International des Espèces Menacées) a déjà limité le commerce de 23 espèces d'esturgeon mais certains pays riverains de la mer Caspienne n'ont pas signé la charte. De plus, cette convention exige aujourd'hui que les pays (Azerbaïdjan, Kazakhstan, Russie, Turkménistan) s'engagent à lutter contre la pêche clandestine pour pouvoir exporter.

7. *Paris Match,* mai 2003.

considérations, comme si sa vie en dépendait. Et quand par hasard l'islam ou le « faux islam » se trouvent en travers de son chemin, elle traite le problème avec le même mode d'emploi.

Or islam et écologie ne sont pas antinomiques. Prenons un exemple qui va plaire à Brigitte puisqu'il touche à son univers, et qui va la conforter dans sa conviction que *rien n'est jamais tout à fait blanc ou tout à fait noir*. La vie peut même prendre des couleurs plaisantes lorsque des êtres tels que l'Égyptien Ibrahim Abouleish en sont les peintres. Né en 1937, ce jeune homme de bonne famille fréquenta au Caire des écoles françaises et égyptiennes avant de découvrir, bouleversé, l'œuvre de Goethe, puis, à la faveur d'un séjour en Autriche, la pensée du philosophe Rudolf Steiner, figure de proue de l'anthroposophie, un courant allemand de la fin du XIXe siècle, où « jamais le fonctionnel ne prend le pas sur l'artistique et le sacré ». Rentré en Égypte en 1977, Ibrahim fonda Sekem, une entreprise agricole destinée à initier ses compatriotes au délicat mélange de la nécessité agricole avec le souci philosophique – « l'arbre permet à l'humain d'entrer dans une verticalité intérieure. La nécessité physique de l'ombrage et de l'humus rencontre une nécessité spirituelle : assurer un pont entre terre et Ciel ». À mesure de son influence et de la probité de ses résultats, Ibrahim développa peu à peu son activité en créant d'autres entreprises afin de promouvoir la culture bio en Égypte. Actif à la production à grande échelle d'un coton biodynamique, sous son égide des écoles furent même construites, et des pôles de formation, puis un centre médical. Avec toujours le souci d'allier aux besoins matériels « les thèmes par excellence de la dignité humaine : l'éducation, la santé, le soin à la terre ». Profondément égyptien, arabe et musulman, il était néanmoins à prévoir que celui qu'on se mit à surnommer « le Pharaon » heurtât la sensibilité des traditionalistes locaux. Victime d'une propagande mensongère mise en place par les fondamentalistes, il eut bientôt à faire face à la colère de ses compatriotes manipulés. Prenant le parti de la raison, Ibrahim organisa un sommet avec les notables les plus influents de sa région et, devant eux, il leur fit la démonstration que « sa philosophie n'était pas une greffe de l'Occident, mais pouvait être considérée comme réellement islamique », en leur soumettant certains versets du Coran, dont celui-ci : « Nous sommes responsables vis-à-vis de la terre, des plantes et des animaux. » Cet autre encore : « Le Soleil et la Lune décrivent leurs orbites. Les étoiles et les arbres s'inclinent devant leur seigneur. Il a élevé les cieux et les a mis en équilibre. Ne brisez pas cet équilibre, gardez la juste mesure de toute chose et ne le perdez pas. » (55 : 59) Il n'en fallut pas davantage pour gagner les gens à sa cause, en dépit de l'œuvre destructrice des obscurantistes et du lobby agrochimique. Ce qui lui fera déclarer *a posteriori* : « Parlez de l'humus à des paysans égyptiens. Ils vous embrassent en pleurant. [8] »

La France n'est qu'un vieux patronyme piétiné devenu une parcelle de cadastre planétaire. Lorsque Brigitte Bardot parle, c'est à l'universel qu'elle s'adresse. Écologiste responsable, chaque jour, à sa mesure, elle lance des signaux de détresse pour rappeler à l'humanité que l'humanité se saborde et que faute de l'avoir fait plus tôt, il devient au bas mot urgent de réagir. Il va sans dire que lorsque l'on parle le langage de la pureté face à des armées de criminels à gros cigares, on ne peut que s'aliéner des ennemis de taille. Tous les gens véritablement engagés dans la partie, tel l'éminent humaniste Théodore Monod, grand amoureux du désert, mais encore professeur honoraire au Muséum d'histoire naturelle et membre de l'Académie des sciences, ont souligné l'éclat et l'envergure de l'action de Bardot et légitimé son discours en matière écologique. De même que Nicolas Hulot : « Dans son combat, Brigitte Bardot s'est distinguée par un extraordinaire courage et une remarquable constance. Elle n'avait probablement à titre personnel rien à gagner mais plutôt beaucoup à perdre dans cette action, c'est ce qui l'honore. Ceux, trop rares, qui se soucient du

8. Témoignage extrait d'un reportage paru dans la revue *Nouvelles clés* (3è trimestre 2008), lui-même inspiré du livre d'Ibrahim Abouleish : *Sekem, une communauté écologique dans le désert égyptien* (éditions Aethera).

sort de tous les êtres vivants donnent à l'humanité un véritable indice de civilisation. »[9]

Dans un remarquable essai [10] sur l'état de notre planète et son devenir, l'éminent philosophe et écologiste Yves Paccalet, écrit ceci : « La population humaine grandit. Ce que nous appelons notre "civilisation" ressemble à un chancre. Nous envahissons, nous dévastons, nous salissons l'air, l'eau, l'humus fertile, les mers, les prairies, les forêts, les marais, les montagnes, les déserts et les pôles ; demain la Lune et la planète Mars... Nous produisons des quantités phénoménales de déchets. Nous menons à l'agonie Gaïa [nom donné à la Terre par les Grecs], le super organisme qui nous inclut. Du même coup, nous nous précipitons dans le néant. Nous ne sommes ni le fleuron, ni l'orgueil, ni l'âme pensante de la planète : nous en incarnons la tumeur maligne. L'homme est le cancer de la Terre. » Force et loi doivent rester à la pensée positive, mais comment exiger d'une Bardot confrontée aux réalités que nous venons d'exposer qu'elle nous renvoie une vision lisse de cette humanité-ci ?

*L'homme peut être un génie dans le positif comme dans le négatif. Je pense que chaque être porte en lui le Bien et le Mal et qu'il est responsable de ce qu'il développera au cours de sa vie. En ce moment, le Mal a pris la prédominance sur le Bien et c'est ce qui nous*

9. *Info-Journal* de la Fondation Brigitte Bardot, septembre 2004.
10. *L'Humanité disparaîtra. Bon débarras !* (Arthaud)

*mènera à notre perte. L'homme n'est menacé que par lui-même. Quand il aura tout exterminé, il s'exterminera et s'entre-tuera. L'apprenti sorcier s'apparente fort à ceux qui nous dirigent actuellement. Je ne vois aucun génie pointer son nez pour le moment. Les scientifiques n'ont pas de génie, ils font peur. Je me sens infiniment plus proche des animaux que des humains, mais je n'ai ni leur intelligence, ni leur courage, ni leur force de survie dans un univers hostile* [11].

Comment ne pas adhérer à son hypersensibilité quand elle déclare à juste titre, dans la lignée des Pythagore, Jean Anouilh, Francis Jammes, Victor Hugo, Émile Zola, que le regard d'un chien efface toute la laideur du monde ?

*Certains hommes sont dans des situations où leur sort n'est pas plus enviable que celui d'un animal. Je me bats contre toutes les injustices et je ne fais jamais les choses à moitié. Je dis ce que je ressens. Je ne baisserai les bras que le jour où on me mettra dans un cercueil. Je ne peux pas m'arrêter. Il y a trop de gens qui souffrent et qui comptent sur moi. Si après ma mort, on doit se référer à ce qu'à été ma vie, j'aurais laissé un témoignage sincère et vrai* [12].

Depuis longtemps, BB s'escrime à dénoncer les exactions des hommes. On s'est moqué, on se moque

11. *Migros magazine*, mars 2009.
12. *Allo*, décembre 1998

et on se moquera toujours d'elle, mais elle sera restée propre et debout face à l'adversité. Sans plier ni rompre. Quand on l'attaque, elle ne se défend même plus. Au pire, ses avocats le font pour elle. Marguerite Yourcenar était d'avis que BB est une trop grande chose pour plaire aux médiocres : « Certains problèmes sont perçus plus tôt par des esprits plus rapides ou des cœurs plus profonds que les nôtres... En France, je pense à une femme dont on parle moins souvent et dont l'exemple me paraît très important : BRIGITTE BARDOT. Brigitte Bardot, si belle, ayant parfaitement réussi ses films de femme-enfant, de femme-objet, qui aurait pu se contenter et même se satisfaire d'être une éternelle jolie femme, et qui à la place de tout ça est devenue la défenderesse des animaux, a pris aussi part à la défense de la nature d'une façon excessivement active, excessivement courageuse, et ce d'autant plus qu'elle a trop souvent recueilli elle aussi les ironies. »

Parce que les gens de qualité savent parfaitement se reconnaître, Brigitte Bardot et Georges Brassens se portaient un respect et une affection réciproques.

*Brassens a accompagné ma vie et fait rêver toute ma génération. Je ne l'ai vu qu'une fois, mais nous partagions l'amour de la nature, de la campagne, de la vie simple, rustique. Nous aimions l'amitié, les copains, la musique, la guitare ! Mais surtout les animaux ! L'immense pitié que nous inspirait leur sort... une haine farouche des chasseurs. Il a chanté leur humble misère. C'est en hommage à* La Marguerite, *que cette fleur si simple et si discrète est devenue mon symbole. J'aime Brassens, il est unique, irremplaçable. Il est entré dans l'immortalité par la grâce de son authenticité.* [13]

Ceux qui se borneront toujours à réduire BB au rôle fantasmagorique de mère universelle des petites fourmis ont tort. Brigitte n'a jamais été du genre à adopter un toutou à la seule condition qu'il soit jeune, en pleine forme, bien permanenté et qu'il sente le patchouli. Comme elle n'a jamais opéré de sélection entre les êtres en raison de leur couleur de peau ou de leurs convictions religieuses et politiques, elle ne demande pas leur pedigree aux malheureuses « bêtes » abandonnées qu'elle récupère sur des aires d'autoroutes, boiteuses ou exsangues, épileptiques, couvertes de poux ou d'arthrose, souvent assez vieilles pour ne plus trouver « acquéreur ». Des êtres vivants voués à une mort certaine par la faute de maîtres aussi lâches qu'irresponsables, et à qui elle veut offrir le droit de mourir entourés de soins et d'affection. Voilà Bardot. Voilà les hommes. Parce que les souffrances ne se comparent pas, elles s'ajoutent. Elles s'ajoutent et se nourrissent les unes les autres. « Alors est-ce qu'on ne pourrait pas, de nation en nation, commencer par tomber d'accord sur l'amour qu'on doit aux bêtes ? demandait Zola. De cet amour universel des bêtes par-dessus leurs frontières,

13. Lettre à l'association « Les Amis de Georges ».

peut-être en arriverait-on à l'amour universel des hommes. » (*Le Figaro*, 1896).

Quant à Marguerite Yourcenar, à nouveau dans les *Mémoires d'Hadrien* : « Il y a plus d'une sagesse, et toutes sont nécessaires au monde ; il n'est pas mauvais qu'elles alternent. » Le prince Rainier était plus catégorique : « L'animal est bien plus intéressant à connaître de près que l'homme. L'animal possède, de façon innée, des qualités fondamentales que l'être humain doit apprendre : la fidélité, la loyauté, la confiance, et, aussi, cette merveilleuse chose qu'est l'amitié librement consentie. Suivre de près la croissance d'un animal, puis sa vie, c'est une aventure extraordinaire [...] Un fauve malade a autant besoin de tendresse et d'amitié qu'un être humain, si ce n'est plus [...]. D'ailleurs, jamais un fauve n'attaque l'homme "pour le plaisir", encore moins un enfant. Donner la mort gratuitement est une faculté spécifiquement humaine. » [14]

Aussi, à tous ceux qui ne liront jamais Lamartine, « On n'a pas un cœur pour les hommes et un cœur pour les animaux, on a un cœur ou on n'en a pas », mais qui toujours et encore reprocheront à Brigitte de défendre les animaux au détriment des « humains », la réponse s'imposera d'elle-même, évidente, logique, implacable, la seule qui vaille, l'unique à pouvoir faire autorité : *La vie n'est pas autre chose qu'une longue chaîne d'amour. Quand on se bat pour un animal, on est capable de se*

---

14. *Gold Gotha, op. cit.*

*battre pour un gosse ou pour un vieillard, et vice versa.* Lorsque Brigitte part en Roumanie plaider la cause animale auprès des autorités du pays et tenter de trouver des solutions pour éviter l'extermination des chiens errants, elle n'oublie pas d'aller visiter les personnes âgées et les orphelinats pour apporter chaleur et présents aux enfants défavorisés et de distribuer des pièces d'or au maire de Bucarest pour qu'il en fasse le meilleur usage [15]. Ce, sans tapage médiatique ni petite croix sur la poitrine.

*Il n'y a pas de bon ou de mauvais combat. Il n'y a actuellement que l'horreur de la souffrance, appliquée de façon industrielle aux plus faibles, aux plus démunis, à tous ceux qui ne peuvent se défendre. Et il faut bien se mettre dans la tête qu'aujourd'hui, sur ce terrain et pas sur un autre, on me trouvera toujours. Prête. Debout. Dans un grand silence, un peu de bruit fait déjà beaucoup de bruit.*

Soit une goutte d'eau, mais une goutte d'eau véritable. L'eau, source de vie et de régénérescence. J'ai entendu Jeanne Moreau déclarer un jour à la télévision que Bardot n'était pas heureuse quand elle faisait du cinéma et que sa vie actuelle lui procurait certainement plus de satis-

---

15. Deux ans après son passage en Roumanie, Brigitte s'inquiéta de savoir ce que le maire avait pu réaliser avec ces pièces d'or. Comme il lui fut répondu par la nouvelle municipalité en place qu'elles n'avaient pas été utilisées, elle jugea plus sage de les reprendre pour les mieux employer ailleurs.

factions. C'est dire combien la comédienne et tant d'autres n'ont pas conscience de ce que peut être l'existence d'une militante aussi impliquée que l'est Brigitte. Aller chantcr sa petite chanson en *play-back*, dans les rues de Paris, une auréole au-dessus de la tête, en incitant la population à donner pour le sida, ou bien sur le plateau des « Restos du cœur », pour venir en aide à des gens sur lesquels on marche sur les trottoirs le lendemain, sans même les regarder, tout le monde peut faire, tout le monde sait faire. En plus d'effectuer sa promo perso, on mange, on boit et on dort aux frais du donateur, dans les meilleurs hôtels et restaurants. « Si Brigitte ne s'était occupée que d'elle-même, réfugiée à *La Madrague*, elle serait devenue le mythe absolu, estime à juste titre Christophe Marie, coordinateur à la Fondation Bardot. Elle a préféré se battre, détruire son image de femme-enfant en utilisant sa renommée internationale et sa fortune pour défendre une cause qui ne rapporte aucun prestige en retour. » En cela, Isabelle Adjani paraît beaucoup plus lucide et avertie que Jeanne Moreau : « J'ai rencontré Brigitte Bardot, dont j'admire beaucoup la carrière, elle a eu le courage de partir dans un combat que personne ne choisissait… Je trouve dommage pour un pays tellement conscient de sa biodiversité, protecteur de l'environnement et aussi tourné vers l'humanisme de ne pas trouver anormal un acte de barbarie qui touche au monde animal mais qui reflète la dignité de l'homme. » [16]

---

16. *Paris Match.*

*Les religions extrémistes créent des frustrations sexuelles, des maladies, des suicides, des guerres, du malheur. Les interprétations perverses de la Torah, du Nouveau Testament, du Coran ou des sûtras ont causé plus de morts que la bombe atomique.*

Alexandro JORODOWSKI

*L'opium des peuples ? Cherchez-le, non dans la religion, mais dans le contraire de la religion, cette vie en surface à laquelle le monde moderne vous condamne, ô contemporains ! Cette vie qui vous tue en vous éloignant de vous-même. Cette vie qui est… mort, infligée par une civilisation de la MORT.*

Paul SCORTESCO

*Dieu, Dieu… Quel Dieu ? L'homme à la barbe blonde juché sur un nuage rose ? Non, je n'y crois pas. Je n'y ai jamais cru. Même pas lorsque j'étais enfant. Je crois à quelque chose d'autre dont je ne saurais pas dire le nom. Disons à une sorte de « puissance » qui nous est extérieure. Quelque chose qui décide du cours que prendront nos vies, bien avant que nous ne soyons nés. Quelque chose — pas quelqu'un – qui manipule nos destins.*

Brigitte BARDOT

# 3

## *Les Moutons de l'Aïd el-Kébir : un combat qu'on ne peut pas lui laisser gagner*

Au mitan des années quatre-vingt-dix, Leila el Fourgi (fille du premier vétérinaire tunisien et elle-même directrice d'une clinique vétérinaire à Tunis) vaque à sa tâche lorsqu'en sa qualité de présidente de la SPA de son pays, elle reçoit, très surprise, un appel téléphonique de Brigitte Bardot. Il s'agit cette fois de dénoncer l'état d'abandon du zoo de Tozeur, une ville du Sud tunisien qui ne répond pas, peu s'en faut, aux normes internationales, ainsi que les mauvaises conditions de détention d'un vieil ours promis à une mort certaine sans une intervention rapide. « Je n'ai aucun moyen d'agir », répond dans un premier temps Leila. Elle explique à BB qu'en Tunisie, aucune contestation n'est admise de la part d'un autochtone, aucune critique. Le risque d'être emprisonné, voire tout bonnement supprimé, est par trop important. En revanche, lorsqu'un étranger fait part de son mécontentement sur la qualité de l'accueil ou sur un dysfonctionnement quelconque, il a toutes les chances d'être entendu.

— *Que puis-je faire* ? insiste Brigitte.

— Une seule chose : écrire vous-même aux ministres concernés sans révéler que nous nous sommes parlées et que cette idée vient de moi.

Encline aux décisions qui ne souffrent pas le délai, BB entre aussitôt en action. Bien que dans certains pays arabes, selon Leila el Fourgi, le nom de Bardot demeurât synonyme de « femme libre », partant de « putain », les réactions positives ne se font pas attendre et les ordres tombent en cascade : coup de téléphone du ministre au préfet de la région de Tozeur, convocation du directeur du zoo, etc. En quelques jours, la ménagerie ferme ses portes pour l'entreprise de travaux qui dureront six mois. Un point gagnant pour BB qui fait rapatrier en France et à ses frais l'ours malade. « Ce tour de force qui fut tout bénéfice pour la condition animale dans mon pays m'avait en outre permis de faire la connaissance de Brigitte Bardot, se souvient Leila. Nous avons fini par nous rencontrer à Paris. J'ai découvert une femme chaleureuse comme on sait l'être chez nous et d'une simplicité désarmante. Dès notre premier contact téléphonique, une franche sympathie s'était installée. Notre cause était commune. Je suivais ses combats, ceux de sa Fondation avec laquelle j'ai commencé à collaborer, et elle ne manquait jamais de se renseigner sur l'évolution de la situation en Tunisie. On se suivait de loin, comme l'on dit. Jusqu'à cette année 1996 où survint l'affaire des moutons de l'Aïd el-Kébir. Brigitte Bardot poursuivie par différentes associations devant les tribunaux français pour avoir réclamé une énième fois le respect de la loi en vigueur sur l'abattage rituel : un comble à mes yeux de musulmane pratiquante, inscrite aux ordres des vétérinaires français et tunisiens, détentrice des deux nationalités, et respectueuse des lois du pays de mon mari, un catholique français !….»

Trop de choses ont été dites et circulent encore sur cette affaire des moutons, confuses et contradictoires, pour que nous n'entreprenions instamment d'en démêler l'écheveau. Rappelons d'abord qu'en France, on est tenu d'étourdir un animal avant de le tuer. Ce, dans un abattoir [1]. Juifs et musulmans ont, eux, obtenu une dérogation à l'obligation d'étourdissement au nom de préceptes qui n'ont aucun fondement strictement religieux. Résolument fermées, les instances juives refusent toute discussion sur le sujet. Au contraire de certains de leurs frères musulmans, nettement plus ouverts. Là, ils sont très loin d'être majoritaires. Chez les musulmans, de plus en plus nombreux en France, les massacres sont spectaculaires. Chaque année, à la date désignée, des moutons sont égorgés par moisson, de manière sauvage et maladroite, une seule carotide au lieu de deux, dans des conditions atroces, souvent hors abattoirs, dans des champs, des cours, des

1. Article 11 du décret 97-903 du 1er octobre 1997, qui « interdit à toute personne de procéder ou de faire procéder à un abattage rituel en dehors d'un abattoir. La mise à disposition de locaux, terrains, installations, matériel ou équipement en vue de procéder à un abattage rituel en dehors d'un abattoir est interdite ».

baignoires, les boyaux de ces sacrifiés d'un autre temps venant parfois engorger les canaux d'évacuation. Une Saint Barthélemy animale vécue chaque fois par Brigitte, épouvantée par l'idée de la mort, comme un drame personnel, une souffrance insurmontable. Ce jour-là, elle prend le deuil.

Sollicité par l'ancienne actrice, qui avait bien connu son père, Dalil Boubakeur, assisté de son mufti Djelloul Bouzid, a tenu à clarifier le débat en l'invitant à la Mosquée de Paris, le 11 février 2004, pour lire certains versets du Coran et se rendre ainsi compte par elle-même que rien dans ce livre sacré ne s'oppose à l'étourdissement préalable des moutons avant leur sacrifice, pourvu que cet étourdissement n'entraîne pas la mort immédiate de l'animal et qu'il puisse être réversible. Naturellement, moderne, intelligent et éclairé, au sein d'une partie de sa communauté, Dalil Boubakeur passe pour un fieffé traître. Traître aux yeux de Michèle-Alliot Marie, laquelle, en sa qualité de ministre de l'Intérieur de Nicolas Sarkozy – ou en tant que vice-présidente de la Licra à Toulouse ? –, s'est faite l'avocat du diable en déclarant que « rien ne devrait remettre en cause les abattages rituels en France, pas même les lois contre la souffrance animale » ? Traître aux yeux de Michel Barnier, coupable de la même attitude démissionnaire ? La dérogation dont jouissent juifs et musulmans, contraire aux lois de la République qui interdisent justement d'infliger des souffrances à un animal, n'a pas de raison d'être. Dans un pays laïc, de surcroît. Gaston Citron a dû consentir à laisser brûler suffisamment de soutanes pour avoir le droit de ne plus plier devant aucune chapelle. MAM & C° devraient se pencher sur le Code pénal. Dans l'article 521-1, il y est clairement stipulé que le fait d'exercer, publiquement ou non, des sévices graves envers un animal tenu en captivité, est puni de deux ans d'emprisonnement et de 30 000 euros d'amende. D'un autre côté, l'article 3 du décret 97-903 du 1er octobre 1997 spécifie que toutes les précautions doivent être prises en vue d'épargner aux animaux toute excitation, douleur ou souffrance évitables [l'étourdissement préalable permet d'éviter ce genre de souffrance] pendant des opérations de déchargement, d'acheminement, d'hébergement, d'immobilisation, d'abattage ou de mise à mort. »

Il y a encore plus grave puisque l'on sait à présent qu'en France, 80 % des ovins sont égorgés sans étourdissement préalable [2] et vendus sans aucune mention particulière, donc à l'insu du consommateur, l'excédent des viandes halal et cascher étant redistribué sur le marché sans aucun moyen pour le consommateur d'en contrôler la provenance. Non seulement la tromperie à l'égard du consommateur est manifeste mais encore les responsables de ces états de faits détournent-ils la réglementation européenne. Un nouveau

2. Rapport du COPERCI (comité permanent de coordination des inspections) : « Enquête sur le champ du halal ».

scandale que Brigitte Bardot et sa Fondation ont eu le courage de mettre au jour, heureusement suivis en cela par la Communauté européenne qui leur donne raison sans pour autant parvenir (pour l'heure) à prendre des mesures concrètes [3]. L'article 3 du décret 97-903 du 1er octobre 1997, cité plus haut, est tout à fait cohérent avec le paragraphe 2 de l'article 17 de la Convention européenne sur la Protection des Animaux d'Abattage. Ayant été approuvée au nom de tous les pays de l'Union européenne, dont la France, par décision 88/306/CE du Conseil de l'Union, le 16 mai 1988, cette convention a une autorité supérieure aux lois françaises, de par l'article 55 de notre Constitution. Ce paragraphe stipule en effet que « toute partie contractante qui fera usage des dérogations prévues au paragraphe 1 du présent article devra toutefois veiller à ce que, lors de tels abattages ou mises à mort, toute douleur ou souffrance évitable soit épargnée

3. En 2008, répondant à un courrier de la Fondation Bardot, la Commission européenne précise : « La généralisation de l'abattage des animaux sans étourdissement est effectivement préoccupante si la viande obtenue de cette façon n'est pas destinée à la consommation pour laquelle la dérogation est prévue. Il est par conséquent nécessaire que les autorités compétentes s'assurent qu'il n'y ait pas d'abus dans ce domaine et que toutes ou parties des carcasses d'animaux abattus selon le rite religieux soient effectivement commercialisées sous cette appellation ». Huit ans plus tôt, le commissaire européen David Byrne avait demandé un rapport formel des autorités françaises, allant jusqu'à menacer d'ouvrir une procédure d'infraction au titre de l'article 226 du Traité. Nicole Fontaine, alors Présidente du Parlement européen, dans une lettre à la Fondation Brigitte Bardot, datée du 25 mai 2000, avait fermement rappelé la directive 93/119/CE du 22/12/1993 en vertu de quoi les animaux égorgés doivent être au préalable étourdis.

aux animaux ». Le paragraphe 1 de cet article 17 prévoit que « chaque partie contractante peut autoriser des dérogations aux dispositions relatives à l'étourdissement préalable dans les cas d'abattage selon des rites religieux ». Cependant, l'article 14 de la même Convention spécifie qu'« il est interdit d'utiliser des moyens de contention causant des souffrances évitables, de lier les membres postérieurs des animaux ou de les suspendre avant l'étourdissement et, dans le cas de l'abattage rituel, avant la fin de la saignée ».

L'OABA (Œuvre d'Assistance aux Bêtes d'Abattoir) a édité sur l'abattage rituel le rapport suivant : « Paradoxalement, l'abattage sans étourdissement est plus long et plus coûteux que l'abattage conventionnel. En effet, les abattoirs pratiquant cet abattage violent doivent obligatoirement disposer d'un équipement spécifique. Les bovins doivent être conduits dans un box rotatif de forme cylindrique. Lorsque l'un d'entre eux se retrouve à l'intérieur, une porte de guillotine se referme derrière l'animal qui ne doit pouvoir ni reculer ni avancer. Des vérins hydrauliques, sous l'impulsion provoquée par un employé, poussent des battants métalliques à l'arrière de l'animal, ainsi que sur les côtés. Ce dernier se retrouve coincé par une pression des battants. La contention est alors effectuée. Seule la tête dépasse par une ouverture à l'avant du box. Une mentonnière placée à cet effet est activée. Elle se relève et rabat la tête de l'animal, en la tirant vers l'arrière. Ainsi, la tête est neutralisée, l'animal complètement immobilisé. Une demi-rotation (180 degrés) de l'appareil est effectuée, l'animal se retrouve dans une position peu naturelle, sur le dos, les quatre pattes en l'air. Le cou est dégagé, la bête peut être égorgée [...]. Les ovins et caprins sont conduits par un couloir vers un siège à contention mécanique. Lorsque l'un d'entre eux se retrouve dans le piège, un battant métallique se rabat derrière l'animal, le poussant vers l'avant, un autre se positionne au-dessus de lui. Seule la tête dépasse. Un basculement sur le côté est effectué (90 degrés), l'animal se retrouve sur le flanc, prêt pour la saignée ». Si, après cela, les sacrificateurs doutent encore de l'état d'excitation lié au stress qu'occasionne cette contention chez l'animal, il faut qu'ils tentent d'enfermer un chat éveillé qu'ils ne connaissent pas dans une boîte juste à ses dimensions.

Tel est l'ensemble du cheminement qu'il faut absolument respecter pour comprendre la détresse et les ires de BB. Ce que des dames en robe noire et col d'hermine qualifient de manière irresponsable, et avec beaucoup d'effets de manches de « fadaises », ne sont que cris de désespoir face à l'inertie des pouvoirs publics traîtres à leurs promesses et dépassés par un problème qui en rejoint tant d'autres, dans lesquels la France patauge et se noie. « Qui ne gueule pas la vérité quand il sait la vérité se fait le complice des menteurs et des faussaires », affirmait Charles Péguy. Aussi, excédée de n'être pas écoutée, celle qui, dès 1962, avait obtenu qu'en France chaque animal soit étourdi avant d'être abattu, rédigea une *Lettre à ma France perdue* que *Le*

*Figaro* accepta de publier *in extenso*, en se permettant d'en changer le titre, qui devint *Mon cri de colère*.

Peu de temps avant le procès prévu pour le 19 décembre 1996, l'avocat de BB, maître de Saint-Just, contacte Madame el Fourgi ; il souhaite qu'elle vienne à la barre énoncer en tant que vétérinaire musulmane la vérité sur l'Aïd el-Kébir. De la même manière, il sollicite un scientifique, le professeur Lescure, en retraite de l'école vétérinaire de Toulouse, pour que celui-ci explique au tribunal qu'un animal est capable de souffrir. D'autres personnes dont nous préférons taire l'identité acceptent également de comparaître, avant de se rétracter subitement, sous le joug de menaces. Leila, elle, donne son accord, mais il est entendu qu'elle n'ira pas à ce procès pour prendre la défense de l'individu Brigitte Bardot. Seulement dans le but de faire avancer leurs idées communes tendant à l'amélioration des conditions de vie de certaines espèces animales. Désireuse de perfectionner ses connaissances et pour mieux faire front aux questions imprévisibles de la justice, Leila ne se satisfait pas de réviser son Coran, elle part à la rencontre d'éminents professeurs d'éducation religieuse.

« Le jour J, avec tous les autres témoins à charge et à décharge, je fus enfermée dans une petite pièce où seule une ouverture au plafond nous permettait de voir l'extérieur, raconte-t-elle. Angoissant… Allain Bougrain-Dubourg était là, qui avait accepté de supporter Brigitte. La partie adverse se bornait à un seul témoin, un jeune d'origine marocaine, président de toutes les associations musulmanes de France, qui aborda la conversation avec moi en arabe.

— N'avez-vous pas honte d'être de ce côté-là ?, m'agressa-t-il.

— En tant que musulmane pratiquante et moderne, je ne peux concevoir que l'être humain et surtout musulman soit aussi méchant et sadique, lui ai-je rétorqué.

En tant que vétérinaire, je pouvais et je me devais d'expliquer certaines souffrances animales. En qualité de directrice d'une SPA, enfin, je ne pouvais que me faire l'avocate des animaux. Je n'avais pas attendu Brigitte Bardot pour dire ce que je pensais, mais c'était pour moi une nouvelle occasion de l'exprimer. Nous avons enchaîné sur le Coran et sur ses bases. Là, j'ai bien vu que le pauvre garçon était largué !

— Je ne suis pas un théologien de l'islam, se défendit-il.

— Moi non plus, l'ai-je contré, je suis vétérinaire, mais je n'ai rien inventé, tout est dans notre Coran ! Vous devriez expliquer aux musulmans de France, puisque les musulmans sont des troupeaux qui suivent un dirigeant, que nous sommes en terre étrangère. Quand même détenons-nous une carte d'identité française, nous restons musulmans par rapport à un pays qui est de formation ou d'origine catholique, même si sur le plan officiel il est devenu un pays laïc, justement pour laisser la liberté à chacun de faire ce qu'il veut. Respectons donc les lois. On me reproche d'être provocatrice, mais les musulmans de France boivent de la bière, mangent du porc. On se vautre dans tous les interdits et l'on fait ensuite de l'Aïd un argument religieux ? Commençons par ne pas faire le négatif, même si l'on ne respecte pas nos fameuses cinq obligations que vous devez connaître. Quelque part en notre âme et conscience, on se fout des obligations, on s'en fout complètement et après on veut se rattraper, gommer les manquements des douze derniers mois en faisant de l'égorgement des moutons une obligation. Jamais je ne pourrai cautionner cela !

Le jeune homme campa sur ses positions. Je reste persuadée que si je l'avais interrogé sur les cinq obligations du musulman, il aurait été bien en peine de me citer la foi, la prière cinq fois par jour, la charité envers les pauvres, le jeûne du mois du Ramadan et pour celui qui en a les moyens physiques et financiers : un pèlerinage à La Mecque au moins une fois dans sa vie. Le reste c'est du folklore ! Le voile [4], l'Aïd, tout cela ne procède pas d'un commandement religieux mais d'une

4. À la fin de l'année 2003, dans une émission que Brigitte aime beaucoup, « Des Racines et des ailes », Patrick de Carolis avait reçu l'impératrice d'Iran, en exil depuis 1979, à l'occasion de la sortie des Mémoires de la veuve du Shah, parus chez Fixot. Lorsqu'il lui fut demandé ce qu'elle éprouvait à la vue d'une jeune fille voilée dans les rues de Paris, Farah leva les yeux au ciel et répondit : « Vous savez, je me dis qu'ils ne savent pas où ils vont. Ce qui est arrivé à mon pays me vient à l'esprit. Ça commence comme ça, ça paraît innocent, mais ils ne savent pas ce [...]

volonté de mater les populations étrangères. Le Coran, c'est un avantage, nous donne la possibilité d'interpréter chaque sourate tel que notre esprit intellectuel le conçoit. Même si nous sommes dans l'erreur, nous ne sommes jamais dans le péché. Tout musulman doit ainsi faire un effort d'interprétation. Ils égorgent avec comme prétexte : on ne progresse pas, on ne réfléchit pas car dans le Coran il n'est pas dit qu'on doit étourdir. Il faut comprendre que, datant de quinze siècles en arrière, le Coran ne prévoyait pas le progrès technologique. Le Coran ne parle pas non plus de whisky, ni de champagne puisqu'à l'époque cela n'existait pas. "Il vous est interdit de vous enivrer jusqu'à perdre connaissance", est-il écrit. On pensait alors principalement au vin qui était

[...] qui les attend derrière. Le voile est encore le moindre. C'est toutes les lois qui viendront après. L'Iran connaît cette expérience depuis vingt-cinq ans. Automatiquement, moi, maintenant, après ce qui s'est passé en Iran, quand je vois un voile... Il y a le voile traditionnel qui existait dans tous les pays musulmans, qui existait en Iran aussi, où les gens étaient libres de porter le voile, ou non. Mais un certain genre de voile me fait penser à un certain système qui est dans mon pays et que je n'espère pour aucun autre pays musulman ».
Une autre Iranienne, Chahdortt Djavann, romancière et anthropologue née en Iran en 1967 et installée à Paris depuis 1993, a écrit dans *Bas les voiles !* (Gallimard 2003) : « J'ai porté dix ans le voile. C'était le voile ou la mort. Je sais de quoi je parle [...] Je vois d'ici l'indignation de quelques voilées nouveau style, de celles qui parlent haut et fort de leur identité, mais ne plaisantent pas avec le Coran. On en voit quelques-unes, dans la rue, dans le métro. Elles s'affichent. Elles affichent leur résolution, prêtes, on le sent, à répondre vertement aux questions que personne ne leur pose mais que leur regard, leur port de tête, leur assurance, provocatrice appellent de toute évidence [...] Si l'islam avait jamais été un agent de l'émancipation des femmes et un antidote à la violence, ça se saurait ! »

le seul alcool connu, mais sûrement pas au cognac ni aux barbituriques qui font que l'on peut perdre connaissance. Il faut donc adapter et interpréter différemment selon les circonstances, puisque le but de l'interdiction est de ne pas s'enivrer afin de ne pas se retrouver en état de commettre des actes négatifs (tuer, blesser). En revanche, je ne vois pas où est l'interdit quand on est à table et que l'on déguste un plat légèrement saucé au vin qui n'étourdirait même pas un gamin. Là s'installe l'extrémisme. Il en va ainsi pour tout. Si, au bout de quinze siècles, on a compris que l'animal souffre, on a compris qu'un mouton ne doit pas voir le mouton précédent être égorgé parce qu'il sait ce qui l'attend, il stresse. Pour les amateurs de cette viande, sachez que la qualité s'en ressent. À animal stressé, viande noueuse ! Ce qu'il faut, c'est consommer une viande issue d'un animal vivant saigné. Mais être inconscient ne signifie pas être mort et n'est donc pas incompatible. Un animal inconscient est un animal vivant qu'on va égorger pour le faire saigner puisque la consommation du sang est interdite chez nous. Par conséquent, nous devrions être capables, nous, communauté musulmane, de mettre en pratique l'étourdissement qui empêcherait la souffrance inutile de ces animaux.

« Autre point : la fête du mouton proprement dite. Les parties adverses reprochent aux abattoirs français de ne pouvoir faire face à toute cette demande, le jour de l'Aïd. Je reviens à l'islam. L'abattage du mouton ce jour-là n'est nullement une obligation musulmane, je le répète. Ce n'est qu'une ancienne histoire remontant à la religion juive et qui a été reportée dans les versets du Coran sans pour autant, encore une fois, devenir une obligation. Alors quand on dit il faut égorger, je réponds non ! On a la chance d'avoir des lois sur l'étourdissement, en France. À partir du moment où l'on vit dans un pays, on doit accepter sa législation, qu'elle nous plaise ou pas. Pourquoi faire des dérogations puisque celles-ci ne sont pas dictées par des obligations de l'autre religion ? Il faut avoir le courage de dire les choses en face. Mais les politiques se cachent et les autres avancent. Ce n'est pas parce que les bêtes vont à l'abattoir qu'on doit se permettre de les massacrer ! Le Coran dicte aux musulmans toutes les lois de protections animales. Tout est dans notre Coran pour qui sait bien le lire. Nous ne devrions pas avoir besoin d'une BB ou d'une loi Gramont : "Tu n'as pas le droit d'empêcher un animal de boire"… "On a brûlé une dame parce qu'elle avait surchargé son âne"… "Si tu crèves de faim et qu'il n'y a qu'un animal, tu ne dois pas le tuer car les animaux sont des êtres vivants que Dieu a créés"… Les exemples sont légion. Le Coran nous pousserait presque au végétarisme ! »

Quand son tour vient de témoigner, Leila paraît très impressionnée ; toute cette agitation, ce décorum, cette tension… Or la jeune femme est forte de sa bonne conscience.

« Je sentais comme une espèce de malaise car tout trahissait un faux procès. Il fallait donc éviter de faire le moindre faux pas, de prononcer le mot de trop et risquer ainsi de faire plus de mal que de bien. J'avais pris mon Coran avec moi pour bien montrer que le fait d'avoir un livre sacré à la main m'obligerait à dire toute la vérité, rien que la vérité. On m'a d'abord interrogée sur le port du voile islamique. Le voile est une autre mauvaise interprétation du Coran. En Tunisie, il est interdit de se voiler. Une femme voilée passe la nuit au poste de police pour un premier avertissement. Passé le chapitre de l'Aïd sur lequel je viens de m'étendre largement, la présidente, fort véhémente, m'a parlé du "racisme" de BB.

Donnez-moi la définition du mot raciste, lui ai-je répondu. Ce que je peux vous dire, c'est que depuis qu'elle connaît mon travail et mes difficultés (là-bas, en dépit du commandement du Coran, on ne donne ni pour ses congénères ni pour les animaux), elle m'envoie 1 500 francs par mois, permettant ainsi la rétribution de deux ouvriers arabes. Alors si elle est raciste, moi j'en profite !

Je parlais calmement mais j'avoue que je me contenais. C'est une réalité ; quand on arrive à bout d'arguments, on taxe les gens de racisme. Le racisme, pour beaucoup, c'est de ne pas aimer les Arabes ! Et ces racismes dont on ne parle jamais ? Celui de l'Arabe envers le Noir, par exemple ; qu'une Tunisienne de là-bas ramène un Noir à ses parents et vous verrez les conséquences ! Où sont alors la Licra, le Mrap et SOS Racisme ? Motus et bouche cousue ! Nous autres Arabes, et c'est affreux, sommes élevés avec cette optique : la destruction du Juif ! Le racisme est un mot si abstrait et multiple qui englobe tellement de choses… Un mot exploité et galvaudé aussi. On fait dire beaucoup à un simple mot quand on veut détruire une personne ou une réputation. Personnellement, comme beaucoup d'autres Maghrébins, je ne fréquente pas la communauté musulmane de France parce que je me sens parfaitement intégrée et française. Les associations comme le Mrap ou SOS Racisme ne nous connaissent pas et c'est heureux pour eux car nous ne ferions que les gêner dans leur commerce. Il existe un très beau proverbe oriental qui pourrait résumer bien des choses : "Le chameau ne voit pas ses bosses…" »

Très diminuée par une tension artérielle aux cent coups, avec un médecin près d'elle pour lui prendre le pouls toutes les cinq minutes, pendant sept heures Brigitte dut endurer sans pouvoir réagir les outrages de la partie adverse. Elle fut humiliée, insultée, rabaissée, bafouée, atteinte dans son honneur et sa dignité de femme et d'être humain. On ne lui laissa rien de ce qui constitue la valeur intrinsèque d'un individu. Son amour des animaux fut même réduit à un argument publicitaire par l'un des avocats « ennemis ». La haine en permission. « L'un d'eux en bavait sur sa robe », se souvient un témoin. La Bardot était à leur merci, ils pouvaient tout se permettre. Ils ne se sont rien refusé. Brigitte gagna néanmoins son procès, mais ses poursuivants firent appel et finalement elle perdit en cassation.

Tolstoï était d'avis qu'« une seule chose est nécessaire, aussi bien dans la vie que dans l'art : ne pas mentir ». Or le mensonge est un pilier central sur lequel repose notre société. Ne rien entendre, mentir pour se maintenir : pouvoir politique. Ne rien voir, trahir pour se promouvoir : pouvoir judiciaire. Ne rien dire, manipuler pour abrutir : pouvoir médiatique. Dans un tel contexte, une dictature gauchisante déguisée en démocratie libérale, avec des satellites associatifs appuyés sur des lois perverses et liberticides, bien que très largement soutenue par une majorité silencieuse terrorisée, les chances de « l'accusée Bardot » étaient proches de la nullité. Nul n'est censé ignorer que les procès politiques sont jugés avant d'être instruits.

« Incitation à la haine raciale » : un verdict tombé dru comme grêle ! *Ce mot raciste me sort par les yeux, on n'a plus que ça à la bouche. On est obligé de se mettre à genoux devant des actes barbares et révoltants, sinon on est traité de raciste. Une barbarie est une barbarie, quel qu'en soit l'auteur.*

L'année suivante, 1997, tandis que l'affaire était portée en cassation, écœurée par une situation de plus en plus alarmante et par le vol dans sa propriété de Bazoches de son bélier Clark destiné à un égorgement fatal, à la veille de la célébration de l'Aïd el-Kébir, la Fée des animaux remonta au créneau avec une autre déclaration dans laquelle elle exprimait sa crainte d'être égorgée un jour à son tour. C'est en effet ce qu'Antar Zouari, « l'émir du GIA », venait de promettre aux

Français dans une « lettre à Chirac », publiée dans *Le Monde*, le 26 décembre 1996 : « Nous savons que vous demeurez, vous autres Français, parmi tous les impies, les plus dangereux ennemis des musulmans malgré les actions entreprises par mes frères avant moi lors du détournement d'avion et des attentats qui ont coûté la vie à plusieurs de vos compatriotes (grâce à Dieu), sans parler des assassinats et des égorgements qui vous ont frappés collectivement. Nous sommes capables, avec l'aide de Dieu, de faire bien plus que cela car nous croyons que lorsque nous coupons vos têtes, déchiquetons vos corps et vous dispersons, nous faisons œuvre de dévotion qui nous rapproche de Dieu. Jacques Chirac, Abdurrahman vous a invité à vous convertir à l'islam, mais vous avez choisi l'impiété. À vous donc, le feu. De même, lors de l'affaire des sept moines [5], vous avez refusé de négocier. Sachez que les sept moines ont été tués le jour du ratissage et des bombardements perpétrés par le tyran. Nous avons mis leurs têtes sur des piques afin que vous sachiez la vérité. À vous de choisir. Si vous refusez, nous sommes prêts, avec l'aide de Dieu,

---

5. Il s'agit des sept moines enlevés deux mois plus tôt par un commando islamique à Tibeherine et dont les têtes avaient été retrouvées le 21 mai 1996, les corps ayant disparus. BB a fustigé le silence coupable et la lâcheté de la communauté internationale, estimant que s'il se fût agi d'imams ou de rabbins, les réactions auraient été tout autres. *Cette espèce d'écœurement qui faisait tache d'huile n'empêcha pas ma Fondation de se porter au secours de la SPA tunisienne en octroyant un substantiel soutien financier à sa directrice Leila el Fourgi, afin de tenter de faire avancer le respect de la vie animale dans ce pays.* (*Le Carré de Pluton*)

à vous combattre et à détruire votre pays quoiqu'il nous en coûte. Dieu est avec nous et accompagnera nos actions. »

On peut facilement imaginer ce qu'un tel appel au génocide et à l'apocalypse est susceptible de provoquer comme dégâts dans certains quartiers auprès de certains jeunes désœuvrés ou psychologiquement faibles. Or c'est Bardot qui fut portée devant les tribunaux. Nouveau procès. Nouvelle condamnation. Même chef d'inculpation : « Incitation à la haine raciale ». Napoléon pensait que l'accroissement du nombre et de la gravité des condamnations était très loin d'être un signe de bonne santé pour un pays ; que c'était au contraire le symptôme de quelque maladie sociale, dont il faut rechercher la nature, la source, la localisation dans la législation, dans le gouvernement et dans l'administration.

Silence radio du côté de l'Élysée et de la place Vendôme, après les condamnations successives de Brigitte Bardot, mais le peuple ne s'en laissa pas compter. Ainsi, parvinrent au Mrap, notamment, un florilège de lettres de protestations, des missives passionnées témoignant d'une vive indignation et attestant d'un rejet de cette insupportable dictature. En voici quelques extraits :

*Je vous informe de ma solidarité avec Madame Brigitte Bardot au sujet de la sauvagerie avec laquelle les moutons sont égorgés par les musulmans pour la fête (! ! !) de l'Aïd el-Kébir.*

*Je pense qu'au lieu de déposer plainte contre des propos soi-disant racistes (il faudrait d'abord définir le racisme ! ! !), vous feriez mieux de demander le respect de la loi Gramont sur la cruauté envers les animaux.*

*Je ne comprends pas du tout votre position à l'égard de Madame Brigitte Bardot qui soutient la défense des animaux. Je ne vois pas ce qui peut choquer votre sensibilité. Vous devriez abonder dans son sens pour abolir ce carnage. Par contre, je n'ai jamais compris votre silence absolu au sujet des propos de Monsieur Jacques Chirac concernant un Maghrébin de la Goutte d'or pour « et il y a les odeurs ! » Pour moi, c'est du racisme au premier degré. Si vous pensez le contraire, c'est que vous pratiquez l'injustice ; car si c'eut été Le Pen, il aurait été traduit devant les tribunaux. Modérez donc vos actions dans la légalité et l'égalité.*

*Grâce à vous, le FN va compter une voix de plus : la mienne. Vous n'inspirez que répulsion. De quel droit des individus qui se gobergent avec l'argent des contribuables (car vous percevez sûrement des subventions qui seraient beaucoup plus utiles pour secourir les Français en détresse) osent-ils nous dire ce qu'il convient de dire ou de ne pas dire ? Pour donner des leçons aux autres, il faut être soi-même parfait et pour détenir la vérité, il faudrait être d'essence divine, alors...*

*Brigitte Bardot a hélas raison, le prochain Beyrouth, c'est Paris... Et quel «courage» d'attaquer une femme !*

*Je reconnais bien là, la grande lâcheté des hommes de notre époque.*

*Quant au racisme, le jour où les Français ne seront plus agressés dans leur vie quotidienne, il disparaîtra et vous avec.*

Des lecteurs du *Figaro* également réagirent :

*Elle s'est émue des massacres de moutons à l'occasion des fêtes musulmanes. Traduite devant un tribunal, elle a redit tout haut à son juge ce que beaucoup disent tout bas. Que disent-ils de manière diverse ? Tout simplement qu'il appartient à l'émigré de s'intégrer et non pas à l'indigène de se transformer.*

*Il faut organiser une pétition pour soutenir Brigitte Bardot et demander que cesse le racisme anti-français.*

*L'Événement du Jeudi* ayant intitulé l'un de ses articles : « La France réac contre-attaque ; B comme Bardot », cette fois c'est le président d'une association pour la protection et la non-prolifération des chats qui prit sa plus belle plume pour voler dans celles des petits preneurs de grands raccourcis.

*Votre petit pavé signé P.G. sort du ruisseau car il sent l'écœurant mélange de politique et de haine des animaux. L'abattage façon musulmane et juive est indubitablement très cruel donc inadmissible dans un pays qui prétend admettre le nouvel ordre écologique. Si quelqu'un doit céder d'un chouïa c'est le dogme, car nous sommes en pays laïc. Les musulmans n'iront pas en enfer parce qu'on aura fait moins souffrir les bêtes sacrifiées.*

*Vous amalgamez tout ça maladroitement avec les idées politiques de Brigitte Bardot. Sachez, Messieurs, que, quelles que soient les futures humeurs de BB, elle restera pour toujours celle qui a fait le plus pour alléger les malheurs des animaux, non seulement en France ou en Europe mais DANS LE MONDE. Dans son domaine, elle a été plus efficace que Jeanne d'Arc dans le sien. Je suis loin d'être d'extrême-droite. Je me crois même socialiste. Je souffre de savoir que j'appartiens au parti des plus grands chasseurs, ennemis des lois limitant la honteuse jouissance qu'est la chasse. Je suis quand même socialiste à cause du « isme » et non des « istes »... Voilà pourquoi je refuse de chercher qui et pourquoi. C'est seulement quoi qui compte, d'où qu'il vient. Jamais, que je sache, Brigitte n'a motivé ou incliné sa lutte pour le bien des animaux par la politique. Les animaux d'abord, la politique après. Et si des gens qui ne nous plaisent pas politiquement sont du même avis parfois, TANT MIEUX POUR LES ANIMAUX, bravo. Votre Monsieur « P.G. » se fout royalement des animaux. Il a déconné. Et vous l'avez laissé faire. Brigitte Bardot vous dépasse de 10 000 coudées. Foutez-lui la paix et les animaux s'en porteront mieux.*

Arcady, ingénieur E.C.P.
Président de SOS CHATS

Comme on fabrique un coupable à force de le chercher, coller l'étiquette « raciste » ou « homophobe » à quelqu'un qui ne l'est pas pourrait être le plus sûr moyen pour qu'il le devienne. Être un raciste primaire implique d'être un parfait idiot. Ou un idéologue. Bardot n'est ni l'un ni l'autre. D'une manière générale, il est toujours très dur d'être accusé de ne pas aimer des gens qu'on ne déteste pas. Pour comprendre les êtres, il faut d'abord les aimer. Qui croit la connaître vraiment sait qu'à la base, même si la foule lui fait peur, Brigitte porte en elle l'amour de l'autre, au moins respecte-t-elle ses opinions, pour peu qu'on ne lui interdise pas d'exprimer les siennes, toutes en directe connexion avec son idéal de respect de la vie. Parce que la vie est plus importante que les hommes. Dans l'esprit de cette femme née en 1934 et ayant grandi sous les bombes et qui parle au nom de ses ancêtres, avec l'énergie de la mémoire, il est acquis que la France et l'Europe n'ont pas à s'adapter à l'islam, c'est au contraire à l'islam à s'adapter à la vieille Europe. En cela, elle est dans la logique du général de Gaulle : « La République est laïque mais la France est chrétienne. »

*Il ne faut jamais oublier que le passé est le ciment du présent et que tout ce qui est aujourd'hui s'appuie sur ce qui était hier,* aime à dire Brigitte. Un négationniste énervé serait forcé de reconnaître que c'est le christianisme qui a fait l'âme de l'Europe, sa conception de la vie et de l'Univers, ses principes de discernement et d'évaluation morale et jusqu'à son idée de la science.

Tout procède, dans ce que nous pensons et dans ce que nous sommes, de cette théologie occidentale, de ce monothéisme judéo-chrétien, « enrobé dans l'héritage de la culture gréco-latine » et qui a mis l'accent sur l'unité, sur la personnalité, sur la finalité de l'être : un seul Dieu, une seule humanité, et du même coup, une loi, une raison, une morale universelle et commune. « Cette résistance de la forme contre l'informe, de l'unité contre le chaos, voilà ce qu'on pourrait appeler les "limites créatrices" de l'Occident, a écrit Henri Massis. C'est parce qu'il croit au Bien absolu, au Juste en soi, à ces espèces intelligibles qui sont comme le reflet de la lumière divine dans la conscience humaine, que l'homme occidental a pu fonder la justice et le droit. » Voilà la vérité historique, factuelle et spirituelle, qui n'interdit pas de vivre ensemble entre gens de bonne volonté, dans la tolérance et le respect, l'échange et le partage, à la recherche infinie de l'autre. Brigitte est un exemple criant que l'on peut mourir à cause de l'autre, mais qu'on n'est rien sans lui. En dehors du bonheur ou du rejet que procure la vue d'un semblable, on étouffe à ne vouloir rester qu'entre soi. L'autre c'est moi et il est évident que les races n'existent pas dans la mesure où nous sommes tous les fruits d'une même branche déliquescente. Vrai aussi que les différences nous enrichissent (même celles de Bardot !) quand elles ne nous tuent pas.

*Qu'on me traite de raciste, ça me passe au-dessus de la tête ! Je trouve ça tellement con, surtout, et ça m'énerve. Je ne suis pas raciste du tout* [6].

De toutes les organisations dites « antiracistes », le Mrap qui veille à « l'éducation de l'opinion publique » est la plus déterminée contre Brigitte Bardot. Membre de la Commission Consultative des Droits de l'Homme, ce mouvement représente une force de proposition parfois écoutée, souvent entendue par les institutions politiques, au niveau du gouvernement, par exemple. En 1999, sur ma demande, Mouloud Aounit, secrétaire général du Mrap, avait consenti à me recevoir en son bureau parisien, dans le cadre du présent ouvrage. But annoncé de l'entretien : tenter de percer les véritables dessous du malaise entre Bardot et les associations qui l'accusent de racisme et qu'elle soupçonne de vénalité sous couvert d'antiracisme. Tâcher ensuite de comprendre pourquoi le Mrap a rejeté le rôle de médiation auprès des populations musulmanes, proposé par la Fondation Bardot, une main tendue dans le but de responsabiliser chacun et d'apaiser les esprits, ce dans l'intérêt de toutes les parties. Monsieur Aounit s'est retranché derrière cette explication : « Nous sommes un mouvement, dans un État de droit, chacun doit jouer son rôle. Pour ce qui est de Bardot, nous l'avons poursuivie, non pas sur un problème de fond, les moutons ça ne regarde pas le Mrap, mais elle a tenu des propos très clairs qui sont un véritable appel à la haine à l'endroit

6. *Allo*, décembre 1998.

des musulmans. Une stigmatisation de tous les musulmans, qui n'avaient rien à voir avec la problématique. Défendre les animaux est un combat tout à fait louable, mais au nom de ce combat, on n'a pas à tenir des propos qui sont de véritables appels au meurtre, à l'endroit d'hommes. Notre combat n'est pas contre sa cause, mais sur des choses très concrètes et globalisant l'ensemble des musulmans. » A-t-on déjà vu des bardophiles descendre dans la rue pour en appeler au meurtre ? Accuser la Fée des animaux de fomenter la haine, c'est carrément donner dans le grand boulevard ! Il est d'autre part cruellement injuste de parler d'un prétendu discrédit que BB ferait porter à l'ensemble de la communauté maghrébine au motif d'« amalgames » dont on use à son égard. Même si, au vu des nouvelles lois, ses propos jugés parfois « excessifs » – ils ne le seront jamais autant que les excès qu'ils dénoncent – ne passent pas, chacun sait parfaitement ce qu'ils traduisent, Brigitte ayant suffisamment de discernement pour comprendre la vérité de la rue. Elle manque parfois de tact mais non de cette intelligence active nécessaire pour comprendre et évaluer les événements, les situations et les hommes. Ainsi est-elle apte à établir une différence honnête entre des êtres volontaires et soucieux seulement d'être admis et les autres, les « nique la France ». Face à ceux-là, Marianne se dresse instinctivement à la manière d'un cerbère identitaire. Du reste, quand j'ai fait remarquer à Monsieur Aounit que lorsqu'elle taxe les Canadiens d'assassins, personne ne traîne Madame Bardot devant la 17e Chambre correctionnelle, il ne m'a pas répondu.

En matraquant systématiquement tous ceux qu'il estime nuisibles à l'avancée de ses idées, en qualité de flic de l'antiracisme unilatéral, le secrétaire général du Mrap est dans son *trip* comme Bardot est dans le sien quand elle défend le respect de la vie animale. Ce qui semble plus dérangeant et prête sévèrement à confusion, c'est le dramatique blasphème idéologique que le très médiatisé Mouloud Aounit devait jeter sur les Corses (« épurateurs ethniques ») en 2005, sûr de ne courir aucun risque juridique en s'attaquant à un peuple méprisé car non reconnu, donc voué à ne pas pouvoir disposer de lui-même et dont l'un des fils, Pascal Paoli, est le curateur de la Charte des Droits de l'Homme.

Plus troublant encore, l'attitude de Monsieur Aounit, en 2006, lors du drame des caricatures de Mahomet, cette série de mauvais dessins danois qui n'ont fait rire personne et qui ont coûté la vie à des centaines d'êtres humains en Orient et, en France, provoqué le limogeage arbitraire du directeur de *France Soir*. Voici ce qu'écrit Jean-François Khan dans le n° 460 de *Marianne* : « On décrète que le musulman doit nécessairement être intolérant, fondamentaliste, cagot, obscurantiste, la femme voilée… et le patron du Mrap est d'accord ! Pour lui, ce qui est "raciste", c'est le fait de dessiner Mahomet avec un turban en forme de bombe. Car, c'est évident, aucun acte de violence n'a jamais été commis et justifié au nom du prophète Mahomet ! Les appels au meurtre de Salman Rushdie et de Taslima Nasreen étaient des faux fabriqués par la CIA ; les islamistes, comme chacun sait, n'ont jamais tué personne en Algérie ; ce n'était pas eux ! Le 11 septembre 2001 fut l'œuvre du Mossad, n'est-ce pas ? Les égorgements télévisés, sur fond de versets coraniques, n'étaient qu'illusions d'optique. Mouloud Aounit en appelle donc à la justice pour obtenir l'interdiction du droit de caricature. »

Sur Liberty Voix, André Dufour a d'autre part accusé le patron du Mrap d'ambiguïté après les massacres de Bombay, fin 2008, reprochant à Aounit de n'avoir pas condamné sans équivoque ce carnage raciste en en désignant les auteurs, « chose qu'il aurait certainement faite si les assaillants étaient hindous, "sionistes" ou américains et les victimes musulmanes [...]. Du reste, sans doute par inadvertance, le communiqué du Mrap rappelle, comme allant de soi, que l'Inde est un "État multireligieux à prédominance hindoue" tandis que le Pakistan est bien un "État musulman" sans que cela ne dérange le Mrap. Cela n'empêche pas le Mrap de ménager l'État purement musulman et de culpabiliser l'Inde multiculturelle. Laissons donc le Pakistan pur à Mouloud Aounit, militant du multiculturalisme... en France ».

Dans le cadre d'un « Droit de savoir » consacré aux pseudos « dérives racistes de Brigitte Bardot », le mardi 9 mars 2004, un journaliste de *France Soir* s'étonna de l'attitude du Mrap « qui condamne Bardot pour ses propos racistes mais soutient Dieudonné malgré son sketch antisémite chez Fogiel ». Réponse d'Aounit : « Nous avons condamné son sketch, mais ensuite il s'est excusé et je suis convaincu qu'il n'est pas antisémite. Bardot, elle, est profondément raciste. » Il est troublant de voir à quel point Mouloud Aounit ne manque ni de flair ni de perspicacité… Lui qui manifeste en faveur du port d'insignes religieux à l'école, est-il également favorable au rétablissement du délit de blasphème aboli après la Révolution de 1830 ? Trouve-t-il normales les revendications de ceux qui exigent des bassins séparés pour les femmes dans les piscines et l'interdiction pour ces mêmes femmes d'être soignées par des médecins hommes, une ségrégation qui rappelle celle exercée aux États-Unis par les Blancs à l'encontre des Noirs, il n'y a pas si longtemps encore et que l'on n'a pu abolir qu'après des années de luttes ? Trouve-t-il séant que certains époux musulmans peuvent (comme cela s'est produit) traiter les infirmières de « salopes » (quand ils ne les giflent pas) et cassent la figure des médecins qui touchent « leurs » femmes ? À tort ou à raison, d'une manière plus générale, le Mrap fait l'objet d'autres suspicions. Un article du *Nouvel Observateur* (n° 2044) du 8 janvier 2004, montre que « des responsables provinciaux et des militants de ce mouvement, réunis en congrès le 13 décembre 2003 », semblent ne plus comprendre leur direction. « L'affichage du Mrap et de son secrétaire général avec le prêcheur islamiste Tariq

Ramadan ne passe pas. Comment le Mrap en est-il arrivé là ? Est-ce simplement une erreur de circonstance, résultant d'une mauvaise appréciation de la conjoncture, ou bien y a-t-il une vraie dérive, recelant une tendance plus lourde ? » Un rapport résultant d'un minutieux travail d'enquête mené par des indépendants et paru sur Internet le 4 juillet 2007, « Les liaisons dangereuses du Mrap », s'est proposé de répondre à cette question en tentant de décrypter ce que cache le discours officiel. Corédacteur de ce document, le Mouvement des Maghrébins laïques y insiste sur les dangers du communautarisme racial et religieux dans lequel les islamistes tentent d'enfermer les Maghrébins de France, et les Français d'origine africaine en général. Il s'y montre plus qu'attentif aux dérives effectives du Mrap et à sa complaisance tacite envers certains courants islamistes et négationnistes. Des enseignants ayant également contribué à cette enquête y dénoncent le rôle du Mrap dans la campagne orchestrée par les islamistes pour imposer la présence du voile dans les écoles. « Outre la légitimation qu'il a conférée à cette revendication, politique discriminatoire, sexiste et anti-laïque, l'accusation de racisme sous-entendue par la présence du Mrap et son action contre les enseignants appliquant les lois de la République les a scandaleusement atteints. »

Voilà pour les directeurs de conscience de Brigitte Bardot. À la lumière de tout cela, il apparaît clairement que l'antiracisme dans sa forme actuelle ressemble à un grand marché avec ses parts et ses domaines réservés à ne pas empiéter, à l'instar de ces grandes institutions humanitaires discréditées par la navrante concurrence sauvage à laquelle elles se livrent. « J'adhérerai à SOS Racisme quand ils mettront un S à Racisme, disait Pierre Desproges. Il y a des racistes noirs, arabes, juifs, chinois et même des ocre-crème et des anthracites. Mais à SOS-Machin, ils ne fustigent que le Berrichon de base ou le Parisien-baguette. C'est sectaire. » (*Fonds de tiroirs*, Seuil). Aussi, le « elle déteste les Arabes ! » de Mouloud Aounit, à l'égard de BB, apocryphe et diffamatoire, a-t-il été rudement mis à mal par Dalil Boubakeur, qui tient Brigitte en « haute et chaleureuse estime ». C'est donc que ce pieu musulman n'a pas perçu le prétendu ressentiment de BB envers les siens. Le 11 février 2004, devant une armada de journalistes et de caméras, il l'a reçue à la Mosquée de Paris, de la manière la plus officielle, avec ce sens de l'hospitalité tout méditerranéen. BB venue plaider la cause du respect des lois sur l'abattage rituel du mouton et qui fut entendue puisque Dalil Boubakeur fit savoir qu'il avait saisi l'essence et la justesse de son combat, mieux, qu'il le partageait. À l'issue de cette rencontre, le 29 avril 2004, dans une lettre chaleureuse adressée à l'ancienne actrice, l'élite musulmane lui renouvela son soutien et l'estime de sa communauté :

*Chère Madame la Présidente,*

*Je vous remercie pour l'envoi de votre dernier exemplaire de l'*Info-Journal *qui m'apporte, outre les* *échos des échanges que nous avons eus à la Mosquée de Paris, de nouveaux documents attestant des conditions horribles dont certains animaux sont traités dans les abattoirs.*

*Je crois vous avoir fait part des positions les plus actuelles de l'islam concernant le sacrifice, et je reste attentif comme vous et, comme le souligne l'islam, à toute souffrance inutile perpétrée à l'encontre de «nos amies les bêtes». Conscient que votre courageux combat est la marque d'une âme élevée et sensible, je me ferai un devoir de vous signaler toute nouvelle jurisprudence en cette matière si délicate des rites religieux.*

*Vous remerciant de la qualité confiante des rapports établis entre votre souci de l'animal et l'affinement de nos rituels, je vous prie de croire, chère Madame et éminente Présidente, en tous mes hommages les meilleurs.*

*(Avec mon souvenir respectueux)*

*Le Recteur de l'Institut musulman*
*de la Mosquée de Paris,*
*Dr. Dalil Boubakeur*

Le docteur Boubakeur, auteur de ces très belles phrases relatant son arrivée en France et de son installation à Paris, à la fin des années cinquante : « Gobelins… Que ce mot sonne bien ! Il est précieux, il est rond, il est beau. Je l'adopte tout de suite. Jamais je n'aurai pensé que le nom de la manufacture serait un jour celui de mon quartier. Moi, petit Algérois. Mais ça y est ! Ma vie est désormais à Paris où, un jour, je serai médecin. Mon rêve. La première image que j'ai de la mosquée est le minaret. De loin, je le vois se dresser fièrement. Je suis surpris. Un minaret à Paris ! Je pensais que les Français de France étaient comme ceux d'Algérie. Qu'ils faisaient tout pour éliminer l'identité musulmane. Je connaissais l'intolérance pied-noir. Je m'étais donc préparé à retrouver les mêmes sentiments. L'attitude du parisien Paul [la personne désignée par le père de Dalil, pour veiller sur les premiers pas de son fils en territoire français], la bienveillance des motards [deux policiers sur roues qui portèrent assistance au jeune homme] et l'existence de ce minaret me prouvent le contraire. Quarante-huit ans plus tard, je remercie la France d'être toujours restée ce qu'elle est. Un pays aimable et tolérant. » [7] Parce que sa bonté et son intelligence naturelle le prédisposent à la modération et à l'ouverture, Dalil Boubakeur a bien compris que ce que Brigitte désigne par « islamisation de la France » n'est pas un refus de l'autre, mais au contraire le refus du chaos de notre société, dont le rapport ministériel Obin, édifiant, fait état. Il n'est pas un magazine ou un journal qui, chaque semaine, ne planche sur l'intégrisme musulman devenu d'une actualité préoccupante, tant pour les musulmans modérés que pour les démocraties européennes.

7. *Paris Match*, août 2005.

Au reste, combien sont-ils à défendre Brigitte ! Un chauffeur de taxi kabyle me rappelait tantôt combien il se sentait solidaire avec elle : « Madame Bardot a raison de poursuivre son combat. Ce n'est pas pour cela qu'elle est raciste. Nous, comme les autres, devons respecter les lois de la France. Les Français ont beaucoup trop de complaisance pour les petits voyous qui brûlent des voitures et crachent sur les gens dans le RER. Ces gens-là nous font un tort terrible, à nous autres, la majorité silencieuse dont personne ne parle. De même que ces filles qui sortent dans la rue, couvertes de la cheville jusqu'au sommet du crâne. Et qu'on ne me parle pas de sentiments religieux comme il peut être question chez des femmes beaucoup plus âgées qui ont grandi avec ça et pour qui le voile est une tradition sincèrement vécue ! Ces comportements n'ont pour but que de soumettre le pays d'accueil. »

Leila el Fourgi l'a rappelé : au Moyen-Orient, BB passe aujourd'hui encore aux yeux de certains comme la plus grande putain que la Terre ait portée. Partant, elle n'aurait aucune raison de se montrer séduite par une civilisation où la femme ne vaut rien, l'animal moins encore et où « espèce de chien » constitue l'une des pires insultes. Du reste, l'une des représentantes des « Indigènes de la République », sur le plateau de Frédéric Taddéï, a déclaré que dans les quartiers, les « Français » (ce qu'elle appelle « les Blancs ») sont surnommés « les sous-chiens ». Brigitte n'empêche personne de s'inscrire à des cours de danse du ventre ou de céder à l'engouement pour le fascinant Orient, sauf qu'elle, ce n'est pas son truc. Donnez-lui plutôt une plage brésilienne, à Buzios, *petit paradis perdu entre ciel et mer, absolument authentique, sauvage, préservé, l'eau du puits, pas d'électricité, réfrigérateur à kérosène, la nature d'une beauté à couper le souffle, les plages désertes de Juan Fernandez ou de Fera-Duro, les petits bungalows de bois où l'on pouvait acheter de la Farofa ou du café dans des grands sacs de jute à même le sol et où les petits cochons noirs et les poules nous accueillaient, où nous trouvions aussi le pétrole pour nous éclairer et les bougies indispensables, le petit port de pêche où, pour trois sous, on nous vendait le poisson à peine sorti de l'eau, la petite église qui sonnait ses cloches matin et soir.* En 1964, elle y a laissé un peu de son cœur, de son nom et de ses formes puisque sur la plage de Buzios, une statue représente aujourd'hui BB assise sur un banc, plus vraie que nature, photographiée par les touristes du monde entier. *Personne ne m'y a jamais reconnue, j'y ai vécu les plus belles périodes de ma vie, sauvage, libre, heureuse, enfin loin de toute cette foire superficielle et atroce que je fuyais.*

Offrez encore à Brigitte une guitare et un groupe de Gitans, avec qui elle ferait la fiesta des jours entiers, les pieds nus, de fête en fête, de village en village, en oubliant son âge et son arthrose. J'ai rencontré Chico, ex-chanteur des Gypsy Kings et actuel leader de Chico et les Gypsy. Il m'a parlé de Brigitte Bardot avec des étoiles dans les yeux. « Brigitte, c'est mon amie ! » Au mitan des années soixante-dix, Chico faisait partie d'un groupe de Gitans inconnus : Los Reyes. Cet été-là, comme les autres, ils faisaient la manche à Saint-Trop, lorsque Chico, entrant dans un magasin pour acheter des cordes de guitare, se vit demander par le marchand si cela les intéressait de jouer pour un anniversaire. Sans savoir de qui il s'agissait, Los Reyes se rendirent à l'adresse indiquée. Ils se sont retrouvés sur une plage, à la « Cabane à Bambou », en compagnie de Brigitte Bardot pour qui ils ont chanté toute la nuit. « Elle était heureuse, se souvient Chico, elle a dansé pieds nus pendant des heures. Au moment de partir, elle nous a demandé combien elle nous devait. Je lui ai répondu que c'était à nous de lui demander combien nous lui devions. Du coup, elle nous a tous invités à déjeuner le lendemain à *La Madrague*. Ce jour-là, il y avait un photographe de *Jours de France* en reportage chez elle, elle a tenu à ce que nous soyons avec elle sur la photo. Tu imagines le coup de pub ! Elle est devenue notre marraine et ne nous a plus quittés. C'est une fille d'une simplicité désarmante, Brigitte. "Quand tu fais une soirée, appelle-moi, me disait-elle, je viens avec vous." » Il y a une anecdote que Chico aime bien raconter : « Un jour, je lui ai appris que nous avions été engagés à un mariage privé. "Je viens, m'a-t-elle dit, passe me chercher !" J'avais un peu honte, à l'époque j'avais une vieille voiture pourrie. Et elle : "Tu rigoles ou quoi ! Regarde-moi… Tu me prends pour qui ?" Je suis donc allé la chercher et pendant toute la soirée, les pieds nus comme toujours, elle s'est fait passer pour la danseuse du groupe. Les gens étaient intrigués, ils se disaient que cette fille ressemblait drôlement à Brigitte Bardot. Nous avons bien ri. Brigitte est venue souvent en Arles, à notre campement pour passer des soirées avec nous, au coin du feu. On se voyait aussi au campement de Saint-Tropez. Elle adore ce mélange de caravanes, de feu de bois, de guitares... Je crois que dans une autre vie, elle a dû être gitane. Depuis, elle m'a associé à chaque moment important de sa vie. Elle est venue souvent à mes anniversaires et moi aux siens. Je l'aime et je lui dois beaucoup, beaucoup, elle a été formidable avec moi. C'est une fille qui a le cœur sur la main et beaucoup en ont profité. » Chico n'aime pas l'espèce de cordon sanitaire dressé autour de Brigitte, ces dernières années. Comment lui faire gober, à lui, que Brigitte Bardot est raciste ! « Elle a le droit d'avoir des coups de gueule ! » la défend-t-il. Pour ceux à qui il faut systématiquement rappeler les origines d'une personne, au nom de la « diversité », Chico est moitié algérien, moitié marocain, mais avant toute chose c'est un type épatant, simple et gentil, comme Brigitte les aime. Et dans un pays où l'on prend plaisir à enterrer les gens, que l'on sache que Chico est toujours vivant et très applaudi partout où il se produit avec son nouveau groupe !

En résumé ou en conclusion, en dépit d'opinions et de ressentis personnels propres à chaque être humain, avec le courage en plus, BB n'a de contentieux qu'avec les gens qui bafouent sciemment le respect dû à l'animal ou avec ceux qui leur infligent des souffrances inutiles ou gratuites par intérêt, par jeu ou par obéissance à l'obscurantisme. Elle n'éprouve donc aucun antagonisme particulier envers les musulmans. Ni envers aucune autre communauté. Ce qu'elle réprouve, ce sont des actes. Les attaques de cette femme qui n'a jamais eu besoin de la religion pour parler à cette « force » à laquelle elle croit, ne sauraient-elles être dirigées contre des confessions en tant que telles, mais contre des pratiques inhérentes à l'interprétation que certains font de la leur. Elle sait d'instinct et d'expérience qu'en chargeant l'homme d'emblée d'une responsabilité, celle du premier ancêtre et celle de sa propre vie, les religions le mettent sous leur dépendance en se réservant le monopole des moyens de le sauver. Elle sait aussi que ce dont a parlé Leila el Fourgi quant aux mauvaises interprétations du Coran est également valable pour la Bible. La Genèse incite l'homme à dominer les animaux. Or domination ne veut pas dire indignité. Encore faut-il sortir de ces dogmes et apprendre enfin à réfléchir par soi-même, loin des polluantes religieuses. La pensée du cœur : première religion de Bardot, son principe fondateur. Même si partout il y a de beaux dévouements, ce qu'elle a dit de la cruauté des pays musulmans à l'égard des animaux, en citant Gandhi : « Le niveau d'humanité d'un peuple se mesure aux soins qu'il porte à ses bêtes », elle l'a dit de la France, dont l'incompétence délétère de ses hauts fonctionnaires en la matière lui fait honte, elle l'a dit du Canada, de la Chine et de bien d'autres pays encore, et même de la Corse, *cette île si belle et si cruelle envers les animaux.* Or la résonance n'est pas la même. Pour sûr, la religion musulmane apparaîtrait immédiatement plus sympathique à Brigitte si ceux qui l'interprètent mal renonçaient à faire souffrir inutilement et à une si grande échelle les moutons lors des abattages rituels.

Ce qui prouve encore que Brigitte ne confond pas tout ? Le fait qu'elle prenne aussi la défense d'Arabes, lorsqu'elle les pense en proie à la violence et à l'injustice. Le 31 juillet 2006, après avoir vu à la télévision des images d'horreur, elle écrivit au ministre israélien de la Défense, Amir Peretz, pour implorer le cessez-le-feu envers les Libanais victimes de bombardements [8].

8. *Monsieur le ministre, Je tiens, en mon nom propre et au nom de ma Fondation, à vous supplier de faire cesser immédiatement les attaques, les bombardements qui touchent et tuent le peuple libanais. Le monde retient son souffle, et nous sommes en pleurs à la vue des dizaines de civils, hommes, femmes et enfants, victimes des combats menés, sous vos ordres, par vos soldats. Vous le savez, la France condamne fermement les frappes meurtrières de Cana et je rejoins notre Premier ministre lorsqu'il affirme « la violence appelle la violence ». Vous vous présentez comme un « homme de paix », mais votre inflexibilité nous renvoie plutôt l'image d'un homme de guerre ! Il n'est pas possible de tolérer l'intolérable, de justifier l'injustifiable, non, l'homme doit faire preuve d'un minimum d'humanité. Bien sûr, votre peuple a terriblement souffert, mais cela ne lui donne pas le droit de semer la mort sans discernement. L'holocauste est la démonstration absolue de la folie de l'homme, sa capacité à massacrer d'autres hommes, sans aucun scrupule, aucune recherche de pardon... tout cela au nom d'un Dieu ou d'une religion ! Lorsqu'on a survécu au génocide, peut-on à son tour se conduire en tyran ? Je ne le crois pas, ou alors c'est que l'histoire n'a servi à rien,* [...]

Elle s'était d'ailleurs déjà positionnée contre la guerre en Irak [9]. Bien sûr, pour le Liban, on a aussitôt accusé Brigitte de partialité et de méconnaissance d'un problème certainement beaucoup plus complexe, mais elle a assuré n'avoir *réagi qu'avec l'émotion, rien de plus, celle d'une femme dévastée par la folie meurtrière qui anime le monde*. Ce qui relève de l'évidence. Comme les journalistes de Guysen News International (l'agence de presse francophone d'Israël et du Moyen-Orient) lui demandaient encore pourquoi elle n'avait pas écrit également aux adversaires d'Israël, elle a répondu ce qu'il fallait répondre :

*Croyez-vous vraiment qu'une lettre aux dirigeants du Hezbollah et du Hamas changerait quoi que soit ?*

[...] *que l'horreur est sans fin. En quelques jours, vos bombardements ont tué des dizaines d'innocents et ont provoqué la plus grande catastrophe écologique qu'ait connue la Méditerranée... Savez-vous où vous mènera cette surenchère meurtrière ? On me reprochera sûrement cette lettre, peu importe, se taire c'est être complice, paraît-il, et je ne veux, en aucun cas être complice de cette folie dévastatrice. Monsieur le ministre, le monde est tourné vers vous aujourd'hui, ne soyez ni aveugle, ni sourd, entendez nos appels au cessez-le feu. Etre un homme de paix, c'est bien plus que de le déclarer... Il faut aujourd'hui le prouver ! Je place mon espoir en vous et adresse mes prières aux victimes libanaises. Brigitte Bardot.*

9. *Il n'y a pas de guerre propre, ni de bombes intelligentes, la guerre n'engendre que destructions, souffrances, ruines, morts ! C'est pourquoi je trouve inadmissible qu'après les trop nombreuses guerres qui ont endeuillé le monde en faisant des millions de morts, des chefs d'Etats puissants, inconscients et cupides, puissent donner ordre d'anéantir un pays quel qu'il soit. C'est une question de morale, d'éthique, d'humanité* (Un cri dans le silence). Une sagesse inspirée de celle des auteurs grecs : « Pendant une guerre, ce sont les pères qui enterrent les fils, au lieu que ce soient les fils qui enterrent les pères ».

*Si j'avais le pouvoir d'arrêter les guerres, bien sûr que je m'y emploierais corps et âme, mais je n'ai pas ce pouvoir et je ne peux que témoigner ma révolte, ma détresse infinie de voir les hommes se déchirer, s'armer pour mieux se détruire... Si j'ai lancé cet appel à votre ministre de la Défense, c'est que j'ai vu hier encore des images terribles de victimes retirées des décombres. Il ne s'agissait pas d'intégristes du Hamas ou du Hezbollah, mais de civils libanais. Je devrais peut-être me taire, passer à autre chose, mais il ne semble pas anormal d'exprimer la peine profonde et l'écœurement que ces images provoquent en moi.* Face aux raccourcis, elle a également su employer les mots justes : *Lancer un appel au cessez-le-feu au ministre de la Défense ferait de moi une complice des terroristes du Hezbollah et du Hamas ? Ce n'est pas réducteur, c'est absolument ridicule. Évidemment, je condamne totalement et avec force les terroristes qui utilisent les civils ou les observateurs des Nations unies comme boucliers humains [...]. Enfin, ce n'est pas parce que je consacre ma vie à défendre les animaux que la détresse des hommes me laisse indifférente. En témoignent mes interventions contre les mises à mort par lapidation en Iran et au Nigeria, ou contre les condamnations à mort arbitraires au Texas. Certains de vos commentaires m'ont particulièrement touchée parce qu'ils sont l'expression d'une souffrance dont je n'avais pas suffisamment pris conscience.*

Voilà qui est clair et cohérent. Précis comme la guillotine. Et si toutefois, Brigitte avait été abusée par une vision d'un conflit prétendument tronquée par les médias français et occidentaux, c'est aux médias qu'il reviendrait de s'en prendre aux protestataires, non pas à une messagère de la paix.

Les interventions contre la lapidation, évoquées par BB, datent du début des années 2000. Voici sa lettre adressée à l'ambassadeur de la République islamique d'Iran à Paris, le 27 octobre 2004 :

*Monsieur l'Ambassadeur,*

*Ma démarche aujourd'hui auprès de vous est particulière, je n'interviens pas en effet au nom de ma Fondation mais en mon nom propre, au nom de la femme libre que j'ai représentée dans le monde, qui a prêté Mon image à Marianne, symbole de la République française, berceau des Droits de l'Homme.*

*Je suis horrifiée par la condamnation à mort, par lapidation, de la jeune Jila Izadi et de son frère qui pourrait, lui aussi, être lapidé s'il survit aux 180 coups de lanière en cuir qui lui ont été infligés. Le « crime » de ces deux enfants âgés de treize et quinze ans est d'avoir eu une relation amoureuse... Ces Roméo et Juliette des temps modernes seront enterrés pour mourir sous un jet de pierres, certaines coupantes pour déchirer les chairs, d'autres rondes pour casser les os... Comment une telle barbarie peut-elle être admise au* XXI^e^ *siècle ?*

*Moi je ne l'admets pas et je sollicite votre intervention auprès de votre gouvernement afin que l'Iran reconnaisse enfin des Droits aux Femmes, aux Enfants, aux Hommes tout simplement et qu'il condamne désormais la torture, les châtiments corporels et tous les traitements cruels.*

*Malheureusement, la petite Jila Izadi n'est pas un cas isolé et nous avons le devoir de réagir pour condamner toutes les injustices, les actes barbares que l'homme dans sa folie destructrice est capable de perpétrer.*

*Quel avenir peut espérer un pays qui massacre ses propres enfants ?*

*Vous connaissez peut-être ma détermination dans le combat que je mène en faveur des animaux, cette force je peux également la mettre au service d'une cause humanitaire lorsque le cas est à ce point révoltant car je ne peux, humainement, fermer les yeux face à une situation aussi insupportable, atroce.*

*Je compte sur votre intervention et vous assure, Monsieur l'Ambassadeur, de toute ma considération attristée.*

*Brigitte Bardot.*

Le 18 novembre, BB reçut une réponse de l'ambassade iranienne, sur un papier où figure la devise de la République islamique : « Au nom de Dieu ». L'ambassadeur qui affirme que « la peine de lapidation n'est plus appliquée en Iran », y dément « officiellement et formellement » la nouvelle de l'exécution de la fillette, « annoncée par la presse locale iranienne à tort », chante les vertus de la jeunesse iranienne grâce à laquelle « mon pays construit son avenir sur la base des valeurs nationales et universelles » et se saisit de l'occasion pour rappeler à Madame Bardot que pour la seule année 2003, « plus de cent mille femmes et enfants irakiens ont péri, directement ou indirectement, à cause de l'injustice et de l'oppression des forces d'occupation américaines ». Pour ce qui est de l'Irak, l'ambassadeur prêche une convaincue mais il n'en demeure pas moins que pour le reste, ses arguments vont en totale contradiction avec un rapport annuel d'Amnesty International précisant qu'en Iran, au moins « 108 personnes – dont des prisonniers politiques détenus de longue date – ont souvent été exécutées en public. Quatre personnes, peut-être plus, ont été condamnées à mort par lapidation ; au moins 197 autres ont reçu une peine de flagellation et 11 autres une peine d'amputation de doigts ou de membres ».

L'intervention de Brigitte lui a valu la reconnaissance et le soutien d'Élisabeth Badinter. « Elle m'a appelé à la Fondation pour encourager Brigitte et me dire qu'il ne fallait évidemment pas tenir compte de la réponse du gouvernement iranien, témoigne Christophe Marie. Ce n'était d'ailleurs pas la première fois que Brigitte s'impliquait pour condamner de tels actes, elle avait déjà intercédé en septembre 2003 auprès de Dominique de Villepin, alors ministre des Affaires Étrangères, pour lui demander d'agir au nom de la France contre la condamnation d'une jeune Nigériane, Amina Lawal, condamnée à mort par lapidation, après que son beau-frère l'eut dénoncée pour adultère. Malheureusement, le pays des Droits de l'Homme n'est pas intervenu auprès du Nigeria et l'appel de Brigitte n'a pas été entendu. »

À quand le Prix Nobel pour BB ? Cela ferait un beau doublé avec le Prix My way, qui lui fut décerné le 25 mai 2002, à Hagenbrunn, en Autriche, pour ses « mérites internationaux en matière de protection des animaux et pour l'exemple qu'elle donne », en présence du chef du gouvernement Erwin Pröll, de l'ambassadeur de France à Vienne et à l'initiative d'Ernst Fischer, curateur de cette manifestation. Pour l'occasion, Brigitte parcourut à pied les 800 mètres d'un « chemin de vie » créé en 1995 et composé de sept stations, œuvres de sculpteurs russes, japonais, autrichiens, français, allemands et américains. Les premiers lauréats du Prix My way avaient été le professeur Barnard, en 2000, pour la création de la Barnard Foundation (aide aux enfants de Minsk et des victimes de l'accident du réacteur de Tchernobyl) et l'acteur Karlheinz Böhm, pour sa Fondation d'aide à l'Éthiopie. Après Brigitte, en 2002, Lech Walesa, Jean-Paul II et la reine Rania de Jordanie devaient être récompensés.

Pour la présidente de la Fondation Brigitte Bardot, les Autrichiens, très stricts dans la programmation, avaient bien fait les choses : réception officielle, allocutions, conférence de presse, hommages, buffet dînatoire et, pour clore la soirée, un spectacle musical donné par le Ballet Olczykowski devant six cents invités et retraçant la vie de Brigitte Bardot, de son enfance jusqu'à cette journée qui la consacrait. Sur scène, des danseurs de tous âges rivalisèrent de grâce pour incarner en musique la métamorphose de « la femme créée par Dieu » en Fée des animaux, avec en guise de final des images d'animaux heureux évoluant sur un écran, accompagnés par la chanson de Louis Armstrong *Wonderful World*. Placé juste derrière Brigitte, Christian Zuber [10] filma tout le spectacle. « Elle était très émue, m'a-t-il raconté. Elle s'est retournée vers moi, des larmes plein les yeux, en me disant : *Et dire qu'il faut que je vienne jusqu'ici pour qu'on me rende l'hommage que mon pays me refuse…* »

Bien que très autoritaire et avouant un *caractère de cochon*, BB peut être une femme de dialogue. Elle l'a prouvé en tendant la main au Mrap et à Aounit, qui l'ont refusée. Présidents de la République ou dames-pipi, elle s'est toujours placée sur un pied d'égalité avec ses interlocuteurs. Dans ses Mémoires (*D'une étoile l'autre*, éditions n° 1), Roger Vadim raconte qu'il se promenait

10. Producteur et présentateur de la célèbre émission « Caméra au poing », auteur de plusieurs livres et films sur les animaux, le journaliste Christian Zuber faisait autorité en matière de protection animale. Membre de l'administration dans la Fondation Brigitte Bardot, BB l'aimait comme un frère. Il était également un ami de mon père.

un jour avec Brigitte dans les allées des Studios de la Victorine, à Nice, à l'époque du tournage de *Et Dieu créa la Femme*, lorsqu'ils croisèrent sir Winston Churchill, en compagnie du général Corniglion-Molinier. « Je saluai le général qui connaissait Brigitte pour l'avoir rencontrée rue de Varenne. Il nous présenta à Churchill. Brigitte restait toujours elle-même, qu'elle se trouvât en présence de son habilleuse ou de l'un des hommes les plus connus de l'univers.

*Vous me faisiez peur à la radio quand j'avais huit ans*, dit Brigitte, *mais je vous trouve plutôt mignon pour une légende.*

“Mignon”. Ça, on ne l'avait encore jamais dit à Churchill. Ce grand parleur resta sans voix. Deux jours plus tard, Corniglion-Molinier me téléphona. Brigitte avait beaucoup amusé Churchill. Il souhaitait la revoir et avait chargé le général de l'inviter chez des amis communs à l'occasion d'un dîner. Brigitte, au dernier moment, refusa de s'y rendre. Je soupçonne qu'elle avait rendez-vous ce soir-là avec Jean-Louis Trintignant… »

Libre, BB ! Libre et farouchement jalouse de son indépendance. L'épisode du « Vieux Lion » laissait déjà présager de la désinvolture avec laquelle la jeune actrice accueillerait quelques années plus tard la demande de rançon des racketteurs de l'OAS. Vers la fin de l'année 1961, par lettre, l'organisation clandestine lui réclama la somme de 50 000 nouveaux francs. Céderait-elle comme tant d'autres personnalités ? Bravant le danger, dans un premier temps, la jeune mère à laquelle on avait promis d'enlever son fils expédia celui-ci en Suisse, puis elle porta plainte pour extorsion de fonds, avant de transmettre à Jean-Jacques Servan-Schreiber la lettre de l'OAS, en lui demandant de la rendre publique. Un mot de Brigitte accompagnait cet envoi au rédacteur en chef de *L'Express* :

*Je vous la communique pour que vous l'utilisiez de la manière la plus efficace dans le cadre de votre combat contre cette organisation... Je suis persuadée, en effet, que les auteurs et les inspirateurs de ce genre de lettre seront rapidement mis hors d'état de nuire s'ils se heurtent partout à un refus net et public de la part des gens qu'ils cherchent à terroriser par leurs menaces et leurs attentats. En tout cas, moi, je ne marche pas, parce que je n'ai pas envie de vivre dans un pays nazi.*

Confondus par un tel cran allant droit dans le sens de leurs sentiments anticolonialistes, les intellectuels de gauche, indifférents au drame des pieds-noirs, tentèrent alors de récupérer Brigitte. Sans comprendre que, loin d'être consciemment politique, son geste était celui d'une femme d'instinct, ennemie de la guerre et de la violence, opposée à toute forme de manipulation, de quelque bord qu'elle émane. Deux ans plus tôt, en 1959, l'écrivain italien Elio Vittorini avait écrit dans *L'Express* : « Les virtualités de résistance des Français au fascisme se trouvent symbolisées par tout ce que Brigitte Bardot représente (qu'elle le veuille ou non) comme liberté de mœurs françaises. De ces libertés dépendent d'autres libertés. » BB avait défini sa ligne de conduite à venir, à laquelle jamais elle ne dérogerait, en dépit de l'adversité. Son courage lui valut bien quelques attaques, mais des lettres de soutien lui arrivèrent par milliers des quatre coins du pays. On parla d'une « réaction virile » et de Gaulle en personne s'estima conquis. Or lorsque l'actrice demanda à être protégée par la police, les pouvoirs publics firent la sourde oreille et elle dut financer de sa poche les services de gardes du corps privés engagés pour surveiller l'entrée de sa résidence parisienne de l'avenue Paul Doumer. On voulait bien applaudir à son courage, à condition qu'elle en assume seule la responsabilité. Brigitte assuma. Elle a toujours assumé. Voilà pourquoi ceux qui ne partagent pas ses convictions et le font savoir avec véhémence n'auront jamais aucune chance d'impressionner la Fée des animaux. Même si le combat des moutons de l'Aïd est un combat qu'on ne peut pas lui laisser gagner parce qu'il est avant tout politique.

*Un homme qui est beau est un homme qui me plaît.*

Brigitte BARDOT (1963)

*Mes autres mariages ont été des brouillons avant d'arriver à Bernard.*

Brigitte BARDOT
(*Paris Match*, octobre 1992)

*Même quand j'étais avec un homme, il n'y avait pas d'homme dans ma vie et je portais la culotte. Aussi bien pour prendre les décisions que pour pousser les brouettes. Je crois bien que, toute ma vie durant, j'ai été l'homme de ma vie.*

Brigitte BARDOT
(*Paris Match*, mai 2003)

# 4

## *Laids ! Laids ! Divorçons-les !*

Autrefois, c'était les photos de BB que l'on se refilait sous la veste, aujourd'hui ce sont ses livres. En la condamnant moralement, les églises étaient dans leur rôle. Comme peuvent estimer être dans le leur les ligues bien-pensantes. Ce qui ne signifie pas que les églises comme les ligues bien-pensantes aient été ou soient dans une logique de vérité absolue. Le contexte a changé mais la Brigitte de 1972 qui raconte à José Luis de Vilallonga qu'elle avait été *une jeune fille de bonne famille, pétrie de traditions bourgeoises, gavée de principes, d'idées reçues, comme les chiens de Pavlov pour un peu on m'aurait sifflée et je serais venue,* en expliquant qu'elle s'est rebellée *non par esprit de provocation mais parce que les tabous qui ordonnaient la vie des gens de mon milieu me semblaient d'une bêtise presque inhumaine, parce que la connerie organisée m'étouffait,* est bien la même que celle qui déclare aujourd'hui rejeter l'enfermement dans une société liberticide où la manière de penser est devenue un crime.

Après la première salve de haine des années cinquante, que les vicissitudes avaient presque fini par ensevelir, la deuxième vague de diabolisation, née en 1992, semble promise à un bel avenir. À cette époque, la Fée des animaux venait d'annoncer son mariage avec Bernard d'Ormale, accessoirement présenté comme un homme d'affaires proche de Jean-Marie Le Pen et de son épouse Jany, d'origine grecque. C'est d'ailleurs en leur présence que Bernard et Brigitte se sont rencontrés, lors d'une soirée intime chez l'avocat tropézien de Bardot, maître Bouguereau, que lui avait conseillé le célèbre maître Dreyfus. Brigitte, qui n'avait pas envie de sortir ce soir-là, n'y avait consenti que sur l'insistance de son amie Yvonne, qui tenait absolument à connaître Le Pen [1]. « Nous avons parlé de tout sauf de politique », m'a avoué Bernard qui, de son côté, avait failli ne pas venir à cette soirée. Aucun des deux ne devait le regretter. Or en s'embarquant vers un ultime exil amoureux avec une *persona non grata*, sans plus d'égards pour les conventions, les règles et autres limites fixées par le vivant qui tue, une nouvelle fois la Mythique sortait des sentiers battus.

1. BB et Le Pen s'étaient quant à eux déjà rencontrés, en 1958. Alors rapporteur du budget de la Défense, Jean-Marie Le Pen (que Brigitte ne connaissait pas) avait sollicité (par le biais d'un danseur de l'Opéra) de la jeune actrice au faîte de sa gloire, sa présence au Val de Grâce au chevet des blessés de la guerre d'Algérie. Bardot y avait consenti. Un sourire, des mots, un mouvement de poitrine et des braves types définitivement guéris.

Aux confluents de la calomnie est Régine. Un soir, chez Anne Sinclair, à l'émission « 7 sur 7 », la sœur de Maurice Bidermann se livra en direct à l'une de ces petites équations qui ne donnent pas toujours les meilleurs Einstein : « En épousant d'Ormale, BB a épousé le FN ! » Ce, après que Brigitte, partisane de ce que l'amour ne se cache pas, qu'il est une victoire du bonheur que l'on défend et que l'on impose, eut fait la une de *Match* avec le nouvel homme de sa vie. BB = FN : l'amalgame était trop pur et trop tentant. Naturellement, élaborée avec les moyens du bord et portée à tous les échos à peu de frais, la mathématique de la « reine de la nuit » (beaucoup plus drôle quand elle raconte qu'elle a fait vingt-cinq ans de danse classique) fit mouche sans trop de résistance. On pouvait ainsi taxer délibérément Brigitte de « raciste », d'« homophobe », d'« antisémite » : tous ces ça + ça + ça + ça qui font la panoplie complète du parfait chasseur de parfaits fachos, réels ou fabriqués. Ce fut le levier initial d'une violente campagne de diffamation et d'une série d'actes de malveillance enregistrés dans les locaux de la Fondation Brigitte Bardot, alors située rue Franklin, tels que l'apparition de tags sur les murs, ou/et des chewing-gums dans les serrures, des bidons d'huiles renversés dans la cour intérieure et autres petites misères que se refuseraient des rats de caniveau. À l'annonce de ce mariage surprenant survenu après sept années d'une solitude aliénante pour Brigitte, les *just married* reçurent parallèlement une quantité impressionnante de lettres de félicitations. « Votre bonheur est le nôtre », etc. Mais aussi, perdue dans le flot, quelques missives injurieuses ou désobligeantes. Dans l'une d'elles, une adhérente de la FBB, qui accusait l'ex-actrice de reverser le fruit des cotisations pour les animaux au profit du FN, signifia à sa présidente sa désolidarisation. Atteinte dans son âme et son intégrité, Brigitte fit ressort :

*J'ai pris connaissance de votre courrier et bien que je déplore le systématisme de votre décision, j'en conclus que la sélection naturelle se fait, entre la médiocrité de vos réactions et la générosité de mes sentiments. Pour information, je rappelle que ma Fondation reconnue d'utilité publique par le Conseil d'État en date du 21 février 1992 est soumise à des contrôles extrêmement stricts de comptabilité. Trois représentants des ministères de l'Intérieur, de l'Agriculture et de l'Environnement veillent à ce que chaque « sou » sorti des caisses serve à l'amélioration de la condition des animaux.*

*Je prends note également du fait que le racisme et autres contrevérités dont vous avez l'audace de m'accuser sont des sentiments qui vous sont intimement personnels puisque vous en usez à mon encontre alors que depuis toujours je suis apolitique et que j'ai l'intention de le rester vu le dégoût que tout ce milieu m'inspire.*

*Si les animaux doivent être encore les victimes de la « mesquinerie » de certains, c'est que ceux qui portent en eux cette dégradante et misérable « mesquinerie » ne sont pas dignes de les défendre.*

*Alors tout est bien qui finit bien.*

*Brigitte Bardot*

Lorsqu'elle était ministre de l'Écologie et en dépit des lettres de remontrances de BB peu amènes envers sa politique, Dominique Voynet avait souligné le sérieux irréprochable de la FBB. Et son indispensabilité quand on sait que les pouvoirs publics débordés s'en remettent de plus en plus souvent à elle, ainsi que les Directions départementales vétérinaires, pour recueillir par exemple les nombreux moutons saisis à l'occasion de l'Aïd el-Kébir, certains atteints d'ecthyma purulent. Jamais la justice n'a soupçonné la Fondation Brigitte Bardot de détournements de fonds et d'abus de confiance. Aveuglée par sa haine, sa bêtise, ou simplement son erreur, l'ex-adhérente accusatrice avait peut-être dû confondre avec ces associations mieux siglées dans les affaires desquelles la justice, quand elle vient y mettre le nez, croit bon devoir s'attarder un peu, aussitôt relayée par les médias qui crient haro sur le baudet avant même qu'une quelconque culpabilité ait été établie. « Les médias pourrissent tout ce qu'ils touchent », déclara Michel Rocard, sans aparté, à la journaliste Pascale Clark, sur Canal +, le 16 octobre 2006, rappelant les débordements sans limites que peut générer une telle force, le seul pouvoir, en France, sévissant sans contre-pouvoir.

C'est peu de dire que le traitement infligé à Bardot par les Rouletabille français est inéquitable en rapport au tapis rouge déroulé à des gens que nous ne citerons pas et qui ne mériteraient pas même un paillasson. L'exemple le plus récent est celui du magazine télévisé « 50 Minutes inside » qui, le 2 mai 2009, donna la parole à un ex-employé de la Fondation Brigitte Bardot licencié pour « faute grave » par la direction et qui, le 19 avril précédent, s'était préalablement plaint dans *Le Parisien* des « conditions inhumaines » dans lesquelles il travaillait depuis plus d'un an, à la Mare Auzou, dans l'Eure, le refuge animalier de la FBB. Seule la version de cet homme fut prise en compte par l'équipe de « 50 minutes Inside », alors que, selon Madame Calmels-Bock, directrice générale de la Fondation Brigitte Bardot, « plusieurs des informations délivrées dans le reportage sont fausses ou manquantes et le traitement réservé à la Fondation extrêmement désavantageux, face aux multiples coupes réalisées sur l'interview de maître Kélidjian, avocat et porte-parole de la FBB […]. Des informations délibérément occultées, de manière à ne donner qu'une version tronquée au téléspectateur. » La Fondation avait effectivement accepté de jouer la transparence en laissant pénétrer les caméras dans le refuge, démontrant ainsi que ce qui avait été décrit comme une « cabane au milieu d'un enclos pour chiens », dans laquelle l'employé avait choisi de dormir alors qu'il avait un logement à Paris, était au contraire un bungalow fonctionnel équipé de W-C individuels, d'une douche, d'une télévision, d'un coin kitchenette avec four à micro-onde et réfrigérateur. Un habitat de dépannage uniquement destiné à rendre gracieusement service de manière épisodique à des stagiaires ou à des bénévoles devant passer la nuit sur place ou à des employés empêchés de rentrer chez eux à cause de la neige.

Entendant solliciter réparation du préjudice causé par les « propos excessifs et dénués de pertinence » tels que rapportés notamment dans *Le Parisien* et dans « 55 Minutes inside » attaqués en diffamation, plusieurs autres médias (*Gala* et *Ici Paris* notamment) qui s'étaient faits le relais de l'article du *Parisien* tout en y ajoutant des commentaires dénués de tout fondement, ont fait l'objet de poursuites. Mais une fois de plus la calomnie, la méchanceté gratuite et la désinformation tracèrent leur sillon et c'est Brigitte qui en fit les frais, alors qu'elle avait accueilli cet homme à la Fondation et lui avait offert un travail, après que son secrétaire lui eût signalé qu'il faisait les cent pas dans la rue, avec son chien, très « amoureux » d'elle et désireux de la rencontrer. *Le pauvre, fais-le monter !* Très affectée, Brigitte a fait paraître le communiqué suivant :

*Alors que bon nombre de combats de ma Fondation mériteraient de faire la une des médias, ces derniers n'ont d'yeux que pour de sombres affaires dans lesquelles des individus malfaisants tentent d'extorquer de l'argent et profitent de ma notoriété pour en faire des affaires médiatiques sordides. Je savais les médias plus enclins à relayer des informations nauséabondes qu'à informer les citoyens sur des histoires qui en valent la peine, mais j'avais encore la faiblesse de croire que journaux et télévisions tentaient au moins de dire la vérité de façon objective et professionnelle. Là encore, je me suis trompée et saurai m'en souvenir !*

Au sein de notre société artificielle et siliconée où l'image et la façade dament le pion au fond véritable et où la dernière des enflures s'en sort comme un malabar, pourvu qu'il sache recouvrir ses châteaux de merde par des fruits confits et fasse le bon clin d'œil au bon moment, à la bonne caméra, Bardot la médiévale, Bardot la rescapée du scalpel, Bardot la spontanée, Bardot la « pense-bête », Bardot la vraie gentille est grillée d'avance et comme par extraordinaire ceux qui ne savent rien sont les premiers à la fustiger par ouï-dire. À la condamner par contumace. Il faut lire les aberrations qui courent sur son compte sur le Net ! Des hystériques la croient même à la solde de mouvements sionistes, c'est dire ! BB, à tellement d'années-lumière de la chose politique et des guerres d'intérêts que se livrent depuis la nuit des temps de vieux salauds d'habitués… Le 2 novembre 2006, alors qu'elle était une nouvelle fois inquiétée par la justice, Radio-Islam intitula l'une de ses chroniques : « L'affaire Brigitte Bardot : un piège juif pour manipuler et instrumenter l'islam ». Que dire ?

Que faire ? N'existe-t-il pas aujourd'hui encore tout un courant de pensée qui exige que l'Homme du 18 juin fût unc taupe de la Wermacht ? À la saison des cornichons, le gros sel se vend bien. Par chance, on ne peut empêcher les chauves-souris de voler au-dessus de nos têtes, mais on peut éviter qu'elles fassent leur nid dans nos cheveux, en refusant de se laisser désinformer.

*Cela arrange beaucoup de gens de me diaboliser. De tout temps, il a fallu des têtes de Turc. J'en suis une et c'est dommage. Je dérange parce que je ne marche pas au pas, parce que, politiquement, je ne suis pas correcte, et parce que j'énonce des vérités dans le seul but de défendre des êtres vivants qui ne peuvent s'exprimer et qui sont sources de profits pour des soi-disant chercheurs de labos, des fourreurs et d'autres hommes à l'affût d'argent.* [2]

Elle entend par là que la diabolisation dont elle fait l'objet est un arbre destiné à cacher toute une forêt. Celle de la vérité des faits et de leurs conséquences. Soit raciste, paye et tais-toi ! « Elle fait scandale parce qu'elle nie toute l'infrastructure morale du monde », s'émouvait déjà Marguerite Duras, dans les années soixante. L'écrivain fut la première à avoir institutionnalisé l'actrice devenue mythe. Imitée en cela par Simone de Beauvoir, François Nourissier, Françoise Sagan, Jean Cocteau. *Pourquoi tous ces gens perdent-ils leur temps à parler de moi ?* se demandait alors

2. *Télé 7 jours*, octobre 1999.

Brigitte. *Ils ne me connaissent pas. Ils ont seulement légendé mon image, ma légende, avec tout leur talent, toute leur intelligence, mais je ne vois qu'une seule personne pour dire la vraie vérité sur Bardot : moi.* [3]

L'honorable assemblée faisait cortège à la nouvelle égérie nationale, propriété de l'universel, chacun obéissant à ses propres fantasmes, mais avec une élégance qui manque au débat actuel et dont feraient bien de s'inspirer ceux qui, aujourd'hui comme hier, pour des raisons différentes et somme toute étrangement identiques, continuent de pendre l'effigie de « l'infâme » à la potence de l'opinion publique. Les Wisigoths de la morne « pensée U », qui, par la terreur, l'abus de pouvoir, le péché d'amalgame et la censure, imposent leur griffe au plus grand nombre. À un point tel que dans certains magazines, télé ou presse, dont un, fameux, l'un des premiers magazines féminins français auquel l'ex-actrice apporta fortune et renommée, certains « rédacs en chef », chevauchant des sièges plus éjectables que ne le sera jamais le trône de la « Reine Bardot », font programme commun pour lui fermer colonnes et antennes. BB outragée. BB brisée. BB martyrisée. D'où viennent les ordres ? « Le sifflet peut avoir tort ou raison, la censure a toujours tort », disait Victor Hugo.

Le 2 juin 2008, sur France 2, Laurent Delahousse lui aussi avait présenté un documentaire orienté et truffé de clichés, avec des intervenants sortis du chapeau et

3. Radioscopie, Jacques Chancel.

annoncés, pour certains, comme des « amis de Brigitte Bardot » — *C'est bien connu, j'ai couché avec tout le monde et je suis l'amie de tout le monde !* — avec en *guest star* un Roger Hanin qui déclare en substance que Brigitte a beaucoup reçu sans jamais beaucoup donner. Un Roger Hanin absent du quotidien de Brigitte et qu'elle n'avait pas revu depuis de nombreuses années ! Peu après la diffusion d'« Un jour, un destin », Hanin débarqua par surprise à *La Garrigue*, le refuge tropézien de BB. Brigitte, qui n'admet jamais personne dans cet antre très privé, était en train d'écrire une lettre à Lech Walesa, lorsque soudain…

— Bonjour Brigitte, c'est moi, Roger, tu ne me reconnais pas ?

— *Si, je te reconnais, mais je n'aime pas le donneur de leçons, alors je te dis bonjour et au revoir, on ne vient pas chez les gens sans prévenir.*

Elle le repoussa avec sa béquille. L'inspecteur Navarro repartit, horriblement vexé. « Tu prends ! Tu prends ! »… Certes, la liberté suppose une grande part d'égoïsme mais Brigitte a su rendre au centuple ce qu'elle a reçu. Hanin devrait se souvenir que c'est elle qui a permis à son épouse de s'affirmer dans la profession en lui signant un contrat en blanc, au début de sa carrière. Pour l'anecdote, Brigitte n'a récupéré que très récemment les sommes qui lui revenaient sur certains films où elle était en participation avec la société de Christine Gouze-

Rénal. Ce, grâce à l'intervention de Bernard d'Ormale et de la société Olen-Art-Productions.

Lui aussi objet de tant de calomnies, Bernard était absent le jour de la visite d'Hanin. J'ai rencontré le compagnon de Brigitte de manière tout à fait fortuite. La première fois à la Fondation où il m'est arrivé de travailler de manière sporadique en qualité de bénévole, la seconde aux éditions du Rocher, où j'ai publié une biographie de Tino Rossi. J'ai découvert un Italien d'origine suffisamment râleur pour être « bon Français », ce qui ne gâte en rien l'ouverture d'esprit, la gentillesse et la grande sensibilité. Un garçon sympa, Bernard, cultivé et foncièrement drôle, d'un commerce très agréable : voilà l'image qu'il offre de prime abord. Des qualités qui séduisent beaucoup de monde, toutes sensibilités confondues. À l'instar de Brigitte. Lui qui refuse depuis toujours de se laisser envahir par les problèmes, compte parmi ses amis des gens qui ne partagent pas forcément toutes ses idées, comme le journaliste Henry-Jean Servat, qu'il surnomme non sans humour « le prince rouge », ou encore des êtres de la qualité de Michel Drucker [4]. Lorsqu'en septembre 2008, Michel m'invita à venir parler en avant-première de mon livre

4. Lors d'un précédent « Vivement Dimanche Spécial Brigitte Bardot », programmé le 26 décembre 2004, Drucker avait déplacé ses caméras pour venir tourner à La Madrague, avec une quarantaine de techniciens, machinistes et autres assistants d'assistants, tous très jeunes. Admiratifs et impressionnés par la gentillesse de Brigitte, ils furent aux petits soins pour elle. Ils sont repartis enchantés. En échange, elle leur fit livrer à chacun un panier garni, avec du bon champagne.

*Piaf la vérité*, sur Europe I et que je me suis permis de lui transmettre les bons sentiments de Brigitte et de Bernard, il a eu ce cri du cœur : « Voilà des gens épatants ! »

> *Cela fait cent longs hivers*
> *Que j'use le même corps*
> *J'ai eu cent ans hier*
> *Mais qu'est-ce qu'elle fait la mort ?*
> *[...]*
> *Alors j'ai des gardiennes*
> *Que des nouveaux visages*
> *Des amies de passage*
> *Payées à la semaine...*

Parmi ces gens « de passage » mis en vers par Linda Lemay dans sa bouleversante ode à la vieillesse, un homme ne rentre pas chez lui le soir, prisonnier volontaire d'un amour singulier entre un lion sans griffes et une étoile écorchée : Bernard, bien sûr. Son rôle auprès d'une femme sublime et ô combien attachante mais trop axée sur le malheur des autres et de surcroît aujourd'hui dépendante d'une infirmité douloureuse qui la ronge et nous l'enlève un peu plus chaque jour, n'est pas facile, mais il faut l'avoir entendu évoquer Brigitte pour comprendre ce qu'est la pureté de son amour pour elle. Quant à Brigitte, c'est de Bernard qu'elle parle inconsciemment dans ses Mémoires, quand elle monte au créneau pour défendre Théo Sarapo, dernier soleil d'Édith Piaf : *Abandonnée à elle-même, à la maladie, à la détresse, à la solitude de l'âme, cette femme comblée n'a eu qu'un homme pour l'aider à mourir. Cet homme, Théo Sarapo, qui mourut quelque temps plus tard et fut victime de tant de sarcasmes. Lui dont on a dit tant de mal, lui avait l'air de l'aimer ! Théo Sarapo devenu « Tora Sapo » ! Décidément, l'âme humaine est bien dégueulasse !* [5]

Car Brigitte sait parfaitement ce que Bernard lui doit et ce qu'elle doit à cet homme qui l'a pour partie débarrassée des parasites et autres tapeurs qui profitaient de sa vulnérabilité et de sa solitude – Brigitte ne supporte pas d'être seule — pour se faire offrir voitures et motos. De son propre aveu, Bernard lui est d'un précieux soutien dans son combat. « En épousant BB, d'Ormale a épousé sa cause » : voilà ce qu'aurait pu déclarer Régine chez Anne Sinclair, au lieu de fariboles extrapolatives sur fond de méchanceté, qui font cher la redevance. Ce que m'a dit Bernard, passionné par l'Histoire de France, amoureux des grands espaces africains et connaissant parfaitement les gens et le monde pour l'avoir sillonné en tous sens, la première fois que je l'ai vu : « Peu importe la couleur de la peau ou la religion, ce n'est pas cela qui fait la valeur d'un individu. » Suffisant en soi pour laver notre pécheur des procès d'intention qu'on lui intente sans lui donner sa chance.

5. *Initiales BB*, Grasset, 1996.

Point n'est besoin d'avoir partagé les draps de « la femme créée par Dieu » pour savoir qu'elle s'est toujours prise de passion pour des seigneurs comme pour des sans-le-sou, petits mecs ascendants gigues, sans jamais aucun *a priori* sur leur culture, leur religion, leur condition sociale ou leur couleur politique. Toujours, il sembla naturel à la *fille de paille* d'aimer selon son cœur et sans préjugés racistes ou politiques. Entre autres amours et amants, « Sidonie » déclare (au moins) un Allemand, (au moins) un Brésilien, (au moins) un Yougoslave, (au moins) un Italien et parmi ceux qui ont le plus compté pour elle, la plupart sont juifs (Roger Vadim, Sami Frey, Sacha Distel, Serge Gainsbourg, Bob Zagury, un Juif marocain, etc.) « BB va devenir juive par amour ! », avait même titré *France Dimanche*, le 3 décembre 1963. Le journal laissait entendre qu'après Rita Hayworth, Liz Taylor ou la Bégum, l'actrice allait se convertir à son tour pour épouser Zagury. Interrogé, « papa Pilou » leur aurait répondu : « Par amour, ma fille est capable de tout. » Or Brigitte m'a confirmé que jamais elle n'aurait consenti à un tel sacrifice pour un homme. Même par amour. Surtout par amour. « Aimer, c'est donner à quelqu'un le pouvoir de vous tuer », a écrit Freud dans *Malaise dans la civilisation*. On a vu que d'aucuns s'arrangeraient bien de voir la Fée des animaux tomber dans le piège de l'antisémitisme, manque de pot, n'était la loi sur l'abattage rituel qu'elle aimerait bien voir modifier, en France, pour les Juifs également, elle n'a jamais nourri aucune espèce de prévention envers les fils d'Abraham en tant que tels. Bien au contraire. Nous mettons d'ailleurs quiconque au défi de relever une seule parole susceptible de ressembler de près ou de loin à de l'antisémitisme dans la bouche de Brigitte. Lorsque dans les années cinquante, elle milita en faveur du couple Rosenberg, que ces gens aient été juifs ou athées, coupables ou non, n'a fait pour elle aucune différence, elle pensait tout simplement insupportable la mise à mort d'êtres humains, dans de telles conditions de surcroît [6]. Brigitte était alors farouchement contre la peine de mort. Elle le confie à Jean Baroche dans un livre très rare édité chez Contact Éditions en 1961 et préfacé par Jean Cocteau [7]. Dans le même ouvrage, elle se définit comme enthousiaste mais non optimiste (*il y a une grosse différence*), avoue détester le mensonge et l'hypocrisie, concède être timide, ne jamais rien regretter et ne fixer de limite à rien, dévoile sa devise du moment, *Bien faire et laisser braire*, avant de répondre malicieusement à la question de Baroche : « Quel fut votre premier cachet ? » : *un cachet d'aspirine !*

Bardot est un électron libre. Autant qu'on peut l'être ici-bas. Libre de communiquer son numéro de téléphone à un inconnu qui lui écrit pour la première fois et à la

---

6. À ce jour, il est prouvé que l'Américain Julius Rosenberg était bel et bien un espion à la solde de Moscou, donc traître à son pays, même s'il ne fut pas coupable de l'ensemble de ce dont on le chargea et qui le conduisit à la chaise électrique. Elle aussi exécutée, sa femme Ethel est totalement réhabilitée.
7. *Vedettes au microscope*.

branche duquel elle se raccroche, quitte à ne plus rien trouver à lui dire la semaine suivante ; libre de déclencher un scandale dans un magasin parce qu'elle trouve les prix exorbitants ou d'avoir envie de repartir avec le vendeur ; libre de refuser un autographe un jour de grisou ou de dédicacer des photos à tour de bras quand le soleil revient, à des gens qui les revendent ensuite à prix de gros sur Internet ; libre de dire qu'elle déteste l'humanité et de dépenser une fortune pour secourir un anonyme qui lui a touché le cœur ; libre de dire non à une Arlette Chabot (elles s'adorent) qui la supplie d'accepter de venir « faire » le 20 Heures sur France 2, à l'occasion de la promotion des vingt ans de sa Fondation, préférant aller chez Bouvard montrer au petit bout d'homme qu'elle est toujours à la hauteur de ses réparties ; libre de refuser l'invitation d'un chef d'État qu'elle admire (Lech Walesa en l'occurrence) qui brûle de la rencontrer, parce qu'une de ses chiennes est mourante et que la santé de ses animaux passe avant n'importe quel humain élevé au rang de sommité ; libre de vilipender publiquement un homme politique et de l'appeler ensuite au secours pour qu'il intervienne ici en faveur d'une mère de famille injustement jetée en prison, là pour l'alerter sur les défaillances de la Convention de Washington censée protéger les espèces animales en voie de disparition ; libre de dire qu'il ne faut pas diaboliser Le Pen et de déclarer ensuite qu'elle n'en a rien à faire du Front National ; libre de s'interdire de parler de ses actions charitables en faveur des humains, et de déclarer à la volée que *mon cul à l'heure actuelle est encore ce qu'il y a de moins moche*[8], sans perdre de son crédit, ni de sa superbe. Libre ! Libre ! « Y'en a même qui disent qu'ils l'ont vue voler »…

Or un anarchiste qui fait exploser sa bombe sans déranger la société est un anarchiste impoli. Aussi, pour ceux qui s'obstineraient à la croire sous influence, voici une interview accordée au *Figaro Magazine*, en janvier 1986, soit six ans avant la rencontre avec d'Ormale, qui secoua les cocotiers, et dans laquelle Bardot étale déjà en toute liberté sa vision de la société. Titre du papier : « BB : Tout ce que j'ai sur le cœur… »

— […] *Le chômage est un scandale national ! Quand je cherche quelqu'un pour travailler, pour de menus travaux, ici, à Saint-Tropez, je ne trouve personne. Les gens acceptent de travailler « au noir sinon rien »* […]. *Saint-Tropez est devenu Saint-tropédé (à croire que le maire les couve !)* [Un jeu de mots, le maire de Saint-Trop étant alors Jean-Michel Couve]. *Il y a les touristes, de vrais envahisseurs… Ils se croient tout permis parce qu'ils sont à Saint-Tropez. On se déshabille, surtout si l'on est moche, on se promène tout nu partout, on entre dans les propriétés privées. Tout ce joli monde pratique le naturisme à tous les coins de rue, alors que chez lui, il vit en chemise de nuit et bonnet de coton. C'est la débauche des gens qui ne sont pas dans le coup et qui, pour l'être, sont prêts à n'importe quoi.*

---

8. *La Revue du Liban*, décembre 2000.

— Question nudité, vous avez donné l'exemple…

— *Ah ! Pardon. Je ne me suis jamais mise nue sur une plage devant tout le monde, marchant avec un sac à dos, des chaussettes et un chapeau ! On m'a vue très pudiquement nue dans certains films. De dos, et encore ! Il faut respecter une certaine dignité dans la vie. À Saint-Tropez comme ailleurs.*

— On va vous trouver très moraliste ?

— *Non, je ne suis pas du tout moraliste, mais comme il y a de moins en moins de gens normaux, je parais peut-être démodée par rapport à ce qui est communément répandu. On est en pleine décadence ! Regardez l'humanité… Elle est horrible ! La masse des gens n'a plus rien d'humain. Je déteste tout ce qui n'est pas vrai. Je déteste la laideur physique et morale. Au lieu de rechercher la beauté, on recherche la laideur : des cheveux rouges ou verts, des boucles aux narines, des crânes rasés. Ce sont les gens atteints par la décadence qui font le plus d'enfants. C'est redoutable ! Nous sommes trop nombreux sur cette Terre. Et je ne vous parlerai pas des mères porteuses et des bébés-éprouvette, cela m'horrifie ! Pourquoi faire du commerce de sperme congelé ? Pourquoi ne pas adopter un enfant à l'Assistance publique ?*

[…] *La Légion d'honneur fut une très belle décoration, qui, telle notre époque, ne veut plus rien dire. Si on me la remet sous ce régime socialiste, c'est que tout le monde peut l'obtenir.*

[…] *Si j'étais Dieu, je ferais une dépression nerveuse, puisque l'homme a été fait à son image… Quel résultat !* […] *Je ne suis pas allée au cinéma depuis douze ans et je n'ai pas perdu grand-chose. Quant à la télévision, à quelques exceptions près, c'est une catastrophe nationale !*

« Je n'aurais jamais cru que Brigitte, cette jeune femme tellement heureuse, insolente devant la vie, tellement intelligente, en avance sur son temps, inattendue et, au non-sens du mot, "tendrement anarchiste", se cristallise sur une image d'elle-même comme elle le fait, confessa Vadim à Dany Jucaud, dans *Paris Match*, trois mois après l'interview. Autant, je trouve qu'elle a intelligemment arrêté de faire du cinéma à l'époque où il le fallait, autant je la trouve bizarrement victime d'un personnage qu'en fait elle n'est pas. Quand une dame comme Brigitte explique pendant des années qu'elle est pour l'amour libre, qu'elle n'a cessé de parler publiquement de ses amants, qu'elle a même fait profession de foi en disant qu'une femme ne doit pas avoir honte de son corps, de ses amours, et que, brutalement, elle change d'opinion, ça n'a pas de sens. »

Bardot s'est expliquée en déclarant qu'elle avait toujours bravé les courants, prônant l'amour libre quand les autres se mariaient, ne songeant plus qu'à se marier à une époque où la libération sexuelle n'était plus à conquérir.

*Un jour, Vadim a dit devant moi une phrase qui m'a beaucoup frappée : « En France, un homme qui a des maîtresses, c'est un Don Juan. Une femme qui a des amants, c'est une pute. » Je me suis dit qu'il fallait à tout prix enterrer des idées comme celle-là. Et j'ai été la première à montrer qu'une femme pouvait très bien mener la vie d'un homme sans être pour cela une fille publique* [9].

Quelque part, Brigitte a conscience de s'être parfois perdue en allant d'un amant l'autre, comme on se raccroche à un fil qui casse à chaque fois. Des types en marge de l'amour et de ses amours, qu'elle rencontrait les soirs de naufrage parce qu'elle était belle et qu'elle était BB, une et divisible. À cet égard, on ne peut pas penser à cinquante ou soixante-dix ans comme on le faisait à vingt ans. Or sur l'échelle des valeurs de Brigitte, libération n'a jamais égalé voyeurisme à tout prix et abrutissement collectif obligatoire. Elle est contre la dépravation du bon goût par la culture de masse, déplorant que dans notre société de consommation l'émotion ne soit plus le but de la contemplation esthétique d'une œuvre d'art, par exemple, fût-elle païenne ou religieuse. Celle qui fut une Diane universellement admirée, qui trouvait l'érotisme *beau* à condition *de ne pas le vendre sur le marché comme des légumes,* parce que *l'érotisme ça ne se galvaude pas* [10], celle-là ne se reconnaît plus

9. Confession à José Luis de Vilallonga.
10. Radioscopie, Jacques Chancel.

dans cette surenchère de trivialité, dont on nourrit le monstre audimat. Avec BB, on fut très loin en effet des *plus grandes putasses de ce siècle décadent*, de ce *sperme verbal éclaboussant* [11] qu'elle dénonce avec une emphase volontairement outrancière, supportée en cela par Gina Lollobrigida, autre légende du cinéma du temps jadis où le petit et le grand écran maîtrisaient l'art de suggérer en préservant le mystère. Chez Ardisson, Gina a déploré la « pornographie » à la télévision. Grace Kelly, devenue princesse de Monaco, s'était elle aussi plainte de la détérioration de l'image au cinéma. En 1976, six avant sa tragique disparition, elle déclara à l'écrivain Donald Spoto : « Tous ces acteurs et ces actrices d'aujourd'hui sont laids et dépenaillés et puis, regardez-nous, Cary Grant et moi, dans *La Main au collet*... Enfin, vous voyez ce que je veux dire »...

Davantage de *fair-play* et de modestie chez Brigitte. Sans rien renier de son opinion sur le cinéma français actuel, *de la merde molle,* à un journaliste libanais qui, en 2000, essayait de lui faire avouer que les nouvelles stars de cinéma n'étaient rien d'autre que des clones de BB, copiant plus ou moins inconsciemment ses manies et ses tics, elle répondit sans détours, avec cette sportivité qui la caractérise : *Il y a de superbes femmes vedettes comme Isabelle Adjani, Sophie Marceau, Arielle Dombasle, Emmanuelle Béart, qui ont chacune leurs*

11. *Un cri dans le silence*, Le Rocher, 2003.

*propres personnalités et ne copient en rien mes tics ou mes manières.*

Objectivement, les quatre additionnées ne donneront jamais une demi-Bardot en ce sens qu'elles ne sont pas mythiques. Aussi, au lendemain de l'émission chez Fogiel, où Brigitte fit le panégyrique d'Arielle Dombasle, plusieurs téléspectatrices lui signalèrent-elles leur étonnement. « Malgré ma sympathie pour elle, il est pour moi impossible de faire une comparaison avec vous, je ne vois vraiment pas le rapport avec votre super physique et votre courage », lui écrit cette dame. « Très déçue que vous ayez pu dire qu'Arielle Dombasle puisse vous remplacer, s'offusque carrément cette autre. Ce robot "artificialisé" de la tête aux pieds, qui cache son intelligence, si elle en a une, autre que celle de BHL, cette poupée de cire, minaudant, n'ayant de talent que sa vanité imbécile. Vous si naturelle, si authentique ! Vous ne serez jamais remplacée, vous êtes unique, si belle et si humaine. Si vraie. » Les femmes sont impitoyables ! Arielle qui a dit des choses si touchantes sur Brigitte à qui elle reconnaît un « cœur pur » [12]… Or BB qui a toujours su qui elle était, sans jamais abuser de sa position, prêtant même souvent aux autres sa gentillesse, sa grâce et sa simplicité, ne demande à personne d'épouser ses jugements de valeur ou de partager ses « amours, ses amis, ses emmerdes ». Fin 2003, quelques mois après la polémique autour de

12. Panique dans l'oreillette, juin 2009.

la sortie *d'Un cri dans le silence*, lorsque Laurent Ruquier qui s'était défoulé contre elle avec une violence surréaliste lui fit remettre le « diplôme de la femme la plus détestée de l'année », trouvant le principe de bonne guerre, Brigitte l'accepta. Bluffé, Ruquier ne put que s'incliner. D'une manière générale, BB surprend toujours favorablement les petits joueurs qui la croient des leurs. Elle continue à regarder Ruquier, appréciant particulièrement la pertinence d'Éric Zemmour.

Le régisseur, Jean Pieuchot, donna quarante années de sa vie à ce que nos grands-parents appelaient le cinématographe. Œuvrant aux côtés des plus illustres metteurs en scène, il eut à côtoyer dans leur intimité tous les éternels d'un Septième Art alors en son sommet. Dans ses Mémoires d'une singulière richesse [13], cet homme dont j'ai pu apprécier l'humilité et la discrétion démontre la pudeur de Bardot, en racontant notamment comment Brigitte refusant de se baigner nue dans un étang pour les besoins d'une scène de *La Lumière d'en face*, il prit l'initiative d'arrêter une très belle fille dans les rues de Nice pour lui demander de doubler la jeune actrice. C'est ainsi qu'après l'accord arraché aux parents, Maguy devint la doublure « officielle » de BB. Jean Pieuchot nous livre surtout une anecdote vieille de *La Femme et le Pantin* (1958) et très évocatrice de la nature de Brigitte, de son sens du respect de soi, travesti en « immoralité » par de mauvais interprètes,

13. *Régisseur de cinéma*, Dualpha.

avec la complicité de ceux que cette image tronquée servait financièrement :

« Brigitte Bardot avait parfois des rapports difficiles avec Jean Duvivier, d'autre part elle répugnait à se montrer nue devant ces vilains messieurs :

— *Je ne veux pas me montrer à poil devant des vieux cochons de figurants,* me dit-elle. *Va le dire à* ton *metteur en scène* !

J'effectuai quelques allers et retours entre la loge de Brigitte et le plateau du maître. Il me disait :

— Avertissez Brigitte qu'elle m'ennuie et qu'elle n'a qu'à faire ce que je lui demande.

Réponse de Brigitte :

— *Va dire à ton metteur en scène qu'il m'emmerde...*

Lassé de servir de boîte aux lettres, le régisseur, très attaché à Brigitte, lui prit gentiment la main pour la conduire sur le plateau.

— Viens répéter toi-même à *ton* metteur en scène ce que tu m'as dit.

Mis face à face, leurs paroles s'adoucirent et ils s'acheminèrent vers un accord. Duvivier accepta de tourner le plan en deux fois : un plan avec Brigitte, sans les figurants, et un contrechamp avec les figurants, sans Brigitte. »

Ce témoignage conforte les propres déclarations de BB à la presse, au début de l'année 1959, dans *France Dimanche*, où elle se disait carrément *écœurée du sexe* et de l'image qui était donnée d'elle. « Son manque de discipline avait pour origine le fait qu'elle avait fini par prendre en horreur, très profondément, la part d'exhibitionnisme qu'il y a dans le métier d'actrice, a expliqué Louis Malle à Catherine Rihoit, en 1986. Cette nécessité d'être une autre, de faire des choses qu'on n'a pas envie de faire, d'exposer des sentiments qu'on voudrait garder pour soi, c'était quelque chose qui la dégoûtait moralement. » Françoise Sagan, à son tour, apporta son eau au moulin de Brigitte. Dans un livre paru chez Flammarion, en 1975, celle dont BB s'estimait la « jumelle », fustige le système pervers de la société qui a voulu broyer son amie « soumise à un destin de flashes, de star et de bête curieuse, mais plus soumise encore à son instinct d'animal femelle parfaitement libre de son sang et de ses impulsions ». « On tenta de lui imposer des devoirs chrétiens : travailler, épouser, aimer son métier, élever, etc. Elle ne s'y trompa pas, elle refusa. Elle prit les droits naturels de sa beauté, de sa nature, et refusa les faux devoirs avec une belle énergie de guéparde [...]. Même pour cette société pourrie et fascinée, elle refusait de jouer à ce jeu dérisoire et baroque du devoir et du droit. De mesurer. Elle était résolument anarchique. Elle était le succès, l'argent, l'amour et elle ne voyait pas pourquoi, ni à qui rembourser. Bref, elle n'avait pas honte d'elle-même. Elle ne s'excusait pas de son complet triomphe, alors que tant d'autres s'excusaient de leur demi-succès. Et c'est pour ça qu'elle scandalisa. »

BB ne s'excuse pas non plus de ce qu'elle est aujourd'hui et qui est une continuité de ce qu'elle a toujours été : une femme libre, donc vulnérable et exposée. Dans une certaine France, où même les pots de yaourts doivent avoir lu le *Concept d'angoisse* de Kierkegaard et les arbres savoir réciter du Schiller, c'était déjà faire fausse route que de chercher à l'intellectualiser. Quant à la peindre sous les traits d'une idéologue... Au mépris de Goethe qui estimait que l'aisance à se transformer est une condition de richesse et que l'être n'échappe à la sclérose qu'en abandonnant sur la route les « peaux » de ses « mues » successives, sous ses mèches rebelles, Bardot a toujours gardé ses idées bien en ordre. C'est son droit. Son chemin. Du moment qu'elle n'empêche pas les autres d'exprimer leurs états d'âme. Que Brigitte abhorre la Révolution française, sous laquelle il fallait être sans culotte ou sans tête (+ génocide vendéen) et le communisme (100 millions de morts) ne fait pas d'elle une fasciste. Elle se souvient que naguère, en Yougoslavie, Tito faisait censurer ses photos, et que sur le territoire de l'Empire soviétique, qui se faisait prendre avec une image du diable français sur lui risquait l'envoi aux camps, avec quelque chance de n'en jamais revenir. « Brigitte n'a pas de culture politique à proprement parler, m'a expliqué Bernard d'Ormale, elle s'en fout complètement, seul son bon sens la guide. Elle qui rêve d'un monde idéalisé où l'harmonie régnerait enfin entre l'homme et l'animal, elle fait partie de ces gens qui ont peur de la surenchère de violence qui remplit les colonnes de journaux et monopolise les débats télévisés. Alors que ces mêmes gens sont tout à fait capables de s'attacher à des êtres différents d'eux par leur culture ou leur religion. »

Et quand bien même, elle qui a soutenu Jacques Chirac (dont elle a été très déçue), puis Nicolas Sarkozy, se déclare-t-elle de droite par éducation autant que par ce *bon sens français* qu'elle revendique, alors qu'il n'y a pas plus à gauche qu'elle dans le sens de la générosité du cœur, nul n'a le droit de lui en adresser le reproche. *Je me situe à droite d'une droite ramollie. Ce qui ne veut pas dire que je suis une extrémiste, pas plus que de Gaulle en était un* [14].

C'est précisément parce qu'elle n'a pas varié, alors que presque tous ont renié les pensées du Général, qu'elle se sent aujourd'hui en porte-à-faux avec des choix de société dont son combat animalier ne lui a montré que des effets pervers. « Il est toujours beaucoup plus facile de s'engager à gauche qu'à droite, a fait remarquer Serge Lama, auto-qualifié de conservateur progressiste, lors d'un Forum *Paris Match*, en mars 1986. Quand on se dit de gauche, on donne l'impression d'avoir du cœur et une moralité au-dessus de tout soupçon. Or, il y a autant de salauds et d'enfoirés à gauche qu'à droite. Je peux d'ailleurs vous dire que les chanteurs de gauche payent beaucoup moins bien leurs musiciens que les chanteurs de droite ! » De la même

14. *La Revue du Liban*, décembre 2000.

manière, Brigitte a toujours considéré un Dieu auquel elle ne croyait pas et dont elle s'est rapprochée, comme une sorte de Père mais non par précepte ni par commandement. *Je ne fais pas certaines choses parce que j'estime que je ne dois pas les faire, et non parce qu'on m'a appris à ne pas les faire. Voilà !* [15]

Brigitte a déclaré qu'elle ne votait pas Front National. En cas contraire, elle l'aurait dit. Un sondage IFOP/VSD passé inaperçu et réalisé par téléphone les 28 et 29 mai 1998, auprès de 1 001 personnes représentatives de la population, âgées de quinze ans et plus, a d'ailleurs révélé que les sympathisants du FN ne lui témoignent aucun intérêt particulier, « les électeurs de gauche la citant même un peu plus souvent que les autres ». Il est fort à parier que les quelques remarques obligeantes de Brigitte sur l'érudition de Le Pen (les mêmes remarques que le réalisateur de gauche Serge Moati [16]) relèvent

15. Radioscopie, Jacques Chancel.

16. Chez Fogiel, au printemps 2002 : « Le Pen est un type qui a parcouru le siècle, qui a vécu plein de choses, donc c'est vrai que c'est un personnage intéressant. On le dit tout le temps mort, il ressuscite. C'est un personnage très très cultivé. D'ailleurs, François Mitterrand disait à propos de lui : "Entre Le Pen et moi, il n'y a rien. Nous sommes les deux seuls à savoir encore parler français". C'est quelque chose de vrai. L'ENA, tout ça, le formatage, ça ne donne pas plus de cent mots dans les discours. Le Pen parle avec des imparfaits du subjonctif, comme Mitterrand il ne prend pas ses lecteurs pour des imbéciles. Il y a comme ça, une tradition de la politique qu'incarne Jean-Marie Le Pen maintenant, qui fait que les gens, quand ils viennent à ses meetings, ont l'impression de se retrouver dans une sorte de show culturel ». Partageant l'étonnement de la journaliste Marine Jacquemin sur « l'espèce de caricature de l'électorat du Front National » faite entre les deux tours des Présidentielles, Moati [...]

davantage d'un pied de nez aux chasseurs de voix qui la promènent depuis des années et ne l'ont jamais aidée dans son combat (les animaux n'ont pas de cartes électorales), que d'une déclaration amoureuse envers un être totalement absent de son quotidien, Brigitte ne fréquentant aucun homme politique.

Contrairement à feu Mouloudji, le poète kabyle, ou bien encore à Alain Delon qui n'a pas caché son amitié pour Le Pen et à qui pourtant personne ne vient chercher des crosses, Brigitte n'est pas une amie proche ou lointaine du président du FN. En déclarant qu'Arlette Laguiller et lui sont respectables dans la mesure où ils ont su rester fidèles à leurs convictions, elle ne fait pas la propagande de l'un ou de l'autre. Elle a d'ailleurs écrit des choses beaucoup moins amènes sur le Front National, comme elle en a écrit sur d'autres partis. Personne n'a voulu en tenir compte car on ne raisonne pas avec des contempteurs systématiques qui par haine ou par jalousie nient

[...] précisa : « C'est scandaleux, vous voulez dire ! Je déteste qu'on diabolise les électeurs de Le Pen. On n'a pas le droit de dire que 20 % des français sont antisémites, nazis, c'est dégueulasse. D'abord, c'est faux, c'est se moquer de la gueule des gens et c'est vraiment faire peu de foi de la démocratie [...]. Jean-Marie Le Pen n'est pas le ministre du vice et de la vertu, du moins à ma connaissance. Il faut toujours essayer de comprendre. Même le pire ». Ce que disait déjà Yves Montand (*Paris Match* 1983) à une époque où Anne Sinclair, tout sourire, se laissait photographier avec le clan Le Pen, dans leur maison de La Trinité. Les a-t-on pour autant diabolisés ? En septembre 1985, Claude Nougaro qui n'était pas non plus FN avait déclaré au Forum de *Paris Match* : « Le Pen dit certaines choses qui sont vraies. La vérité ne m'inquiète pas. C'est le mensonge qui m'inquièterait ». A-t-il été ennuyé pour cela ? Lorsqu'il s'agit de Bardot qui n'en dit pas le quart, c'est le tollé, mythe oblige.

toute espèce de qualité chez l'être qui leur déplaît. Brigitte s'est même disputée avec son mari, en 1996, lorsqu'elle apprit par voie de presse qu'elle était invitée au Salon du Livre de Toulon par la municipalité désireuse de lui remettre un prix pour ses Mémoires, en lieu et place de Marek Halter préalablement choisi. Brigitte refusait de recevoir un prix si c'était pour prendre la place d'un autre, désobligeant ainsi Jean-Marie Le Chevalier, maire FN de Toulon. Elle téléphona donc à Marek Halter pour lui proposer de partager ce prix et d'arriver bras dessus bras dessous au Salon du Livre. Mais il refusa, alors elle l'invita à venir dans sa ferme de Bazoches pour y goûter ses clafoutis aux cerises. L'écrivain et militant gauchiste à la biographie contestée lui envoya son livre dédicacé et un somptueux bouquet de fleurs. « Bardot : l'affront fait au Front », titra *France Soir*, au lendemain de l'incident.

Seule page du journal à trouver grâce aux yeux de BB : celle des mots croisés. *Je lis rarement le journal, je n'ai pas le temps, tout ce qu'on y étale m'emmerde royalement, que ce soit politique ou histoire de clocher, sport ou star, je m'en bats l'œil.*

C'est dire à quel point s'égarent ceux qui la croient politisée jusqu'à la moelle. À l'exemple de Caragiale, elle a compris que les journaux « écrits par des idiots » sont destinés à être lus « par d'autres idiots ». En revanche, elle aime beaucoup les romans paysans, ce sont ses seules lectures. À un journaliste qui lui demandait pourquoi cette écologiste de vieille date ne s'engageait pas politiquement, aux côtés des Verts, par exemple, elle avait répondu : *Si vous vous présentez à des élections, vous vous retrouvez pieds et poings liés, obligé à un moment ou à un autre de faire de la politique et de magouiller. L'un va avec l'autre, et comme je ne fais pas de magouilles, je ne fais pas de politique.*

Le seul parti de Brigitte est celui des animaux. Son seul crime. En définitive, son premier vice pourrait bien être sa franchise déroutante. Et son cœur. Sa force et sa faiblesse. Au lieu de la blâmer, ne devrait-on pas au contraire saluer l'intelligence qu'elle a mise à ne jamais se laisser récupérer par Pierre, Paul ou Jacques ? BB restera toujours une fille inféodée à sa seule conscience. Nul n'est parvenu et ne parviendra à la mettre sous cloche. Ni poing levé, ni salut romain, ni folle d'Allah, ni pom-pom girl du sionisme, Brigitte Bardot est de la caste de Coluche (suspecté de racisme par la Licra, au début de sa carrière) [17] et de Le Luron, faux époux d'un jour. Du rang d'un Gainsbarre, amour de toute une vie. De la veine d'un Jean Edern-Hallier, botté en touche parce qu'il était trop grand. À la justice des hommes, elle dit préférer l'autre, celle de *son* Dieu. « Brigitte Bardot a toujours provoqué les cons, autrefois avec son cul, aujourd'hui avec ses mots », disait Pascal Sevran. Tant il est vrai qu'à chaque époque de sa vie, elle aura servi de défouloir aux « brav'gens qui n'aiment pas que l'on suive une autre route qu'eux ». Son ami Brassens pour sûr, s'il était encore parmi nous, ferait merveille pour cingler ceux qui rêvent de jeter BB avec l'eau du bain.

---

17. Interview de Coluche dans *Judéoscope*, en janvier 1986.

*On a rarement vu autant de vulgarité et d'obscénités à certaines heures d'écoute.*

Michel Drucker (*Gala*, n° 643)

*Donnez-moi une phrase hors contexte, je vous fais condamner à mort !*

*Quand on est con, on meurt con, à moins d'un miracle, mais je ne crois pas trop aux miracles. Ce qui me permet de dire que je ne suis pas trop con ? Quand je regarde autour de moi et que je vois de vrais cons. Et Dieu sait si nous sommes environnés !*

Brigitte Bardot
(*BB, Telle quelle*, 1983).

# 5

## *Un soir chez Fogiel*

Le 24 février 2003, Alain Delon devant être reçu par Marc-Olivier Fogiel pour un « On ne peut pas plaire à tout le monde » exceptionnel, BB lui avait adressé un mot que l'acteur se fit un fin plaisir de lire sur le plateau : *Ramène-moi les oreilles et la queue de ce jeune loup !* « Brigitte regardait parfois cette émission, révèle Frank Guillou, son secrétaire à la Fondation, l'impertinence de Fogiel n'était pas pour lui déplaire. Au lendemain de la soirée Delon, l'animateur m'a appelé ; lui aussi avait un message à faire passer à Madame Bardot : "Alain n'a eu ni mes oreilles ni ma queue ; je les tiens à votre disposition." Brigitte m'a demandé ce que j'en pensais. Je lui ai répondu qu'effectivement, ça pourrait être pas mal. "Ok, m'a-t-elle dit, après quelque réflexion, à condition que nous nous rencontrions d'abord." Brigitte fonctionne à l'instinct, elle a besoin de sentir les gens. Avec son accord, j'ai donc emmené Fogiel à *La Madrague*, avec Ariane Massenet et quelques membres de leur staff. Ça s'est très bien passé, au-delà même des espérances de Fogiel,

Brigitte l'ayant reçu comme elle sait le faire, avec chaleur, délicatesse et simplicité. Tous ceux qui la rencontrent, même les journalistes à la base très hostiles à son égard, ressortent transformés après une interview en tête à tête avec elle. Elle possède un magnétisme inexplicable. Je me souviens que dans l'avion du retour, encore éblouis par la merveilleuse journée qu'ils venaient de passer, Marco, avec qui j'avais sympathisé, ainsi qu'Ariane, ne tarissaient pas d'éloges. Ils n'en revenaient pas, me confiant tous deux avoir rencontré beaucoup de superstars, mais jamais avec une telle aura alliée à une si grande gentillesse. » Rendez-vous fut donc pris pour le 9 mai 2003, date à laquelle Brigitte affronterait à son tour l'arène d'« ONPP ».

La nouvelle rendue publique, des amis producteurs conseillèrent vivement à l'ancienne actrice de renoncer à cette entreprise : « Il va te passer de la pommade pendant toute la soirée et au moment où tu t'y attendras le moins, il te plantera son dard. » Les premiers ennuis se profilent quelques jours avant l'émission, lorsque Fogiel apprend que BB s'apprête à publier un pamphlet néo-libertaire, dont elle n'avait pas jugé séant de lui parler à *La Madrague*. Selon Frank Guillou, l'animateur aurait alors joint Brigitte par téléphone pour lui demander un exemplaire du livre. Refus de l'auteur, ce bouquin risquait de tout gâcher et le but de la soirée était de divertir en se divertissant, non de créer une polémique. Fogiel insista, en lui promettant que tout se déroulerait au mieux ; ne l'avait-elle pas si bien reçu à

*La Madrague*, il n'y avait donc pas de raisons que, etc. Sous l'avalanche des arguments déployés, Brigitte aurait fini par céder en donnant pour consigne à son éditeur de faire passer quelques exemplaires de son *Cri dans le silence* à l'animateur. Cette histoire l'embêtait mais, après tout, ils pourraient peut-être parler de ce livre sans avoir à se déchirer. En son sein, Brigitte n'était pas rassurée, mais elle s'était engagée à faire cette émission et elle n'a jamais été de celles qui renoncent. Qui vivrait verrait…

Le « piège » s'ouvrit, qui se refermerait sur elle, en temps et en heure. Frank Guillou affirme qu'après avoir lu le livre, Fogiel appela Brigitte pour lui dire qu'il ne pouvait plus à présent ne pas en parler. « Il le lui a redit le jour du tournage, à quelques minutes de l'antenne, en lui spécifiant qu'ils en parleraient en fin d'émission. Il lui donna même les thèmes qu'il souhaitait aborder, dont l'homosexualité et les sans-papiers. » Espérant sans trop y croire qu'il reviendrait sur sa décision, Brigitte demanda explicitement deux choses : que l'on ne parle ni de son fils Nicolas ni de Jean-Marie Le Pen. En aparté, Fogiel confia à Frank Guillou qu'en lisant ce livre qui lui est « tombé des mains », il n'avait pas reconnu la femme qui l'avait accueilli chez elle. C'est tout dire de la manière avec laquelle cette émission a été préparée, car enfin ! Brigitte n'avait écrit à ce jour que deux ouvrages : *Initiales BB* et *Le Carré de Pluton*, les tomes I et II de ses Mémoires, estimés par l'actrice et la militante comme son testament. Dès lors, n'était-il pas indiqué de s'en imprégner avant toute chose ? Ce que Brigitte étale dans *Un cri dans le silence* n'est qu'un condensé de ce qu'elle avait déjà exprimé dans ses Mémoires. Ce livre n'était donc pas une franche surprise, Brigitte n'ayant jamais maquillé ses opinions, ni sa vision du monde tel qu'il lui apparaît.

Fogiel a livré sa version des faits dans *Paris Match*, écoutons à présent le témoignage de Jean-Paul Bertrand, l'éditeur de Brigitte, accusé d'avoir voulu faire d'« ONPP » un élément de promotion : « C'est faux ! Au départ, Brigitte ne voulait pas que l'on parle de ce livre. Elle s'est fait avoir par Fogiel qui l'a suppliée de lui en fournir un exemplaire trois jours avant la sortie, en lui promettant qu'il n'en parlerait pas pendant l'émission. J'ai dit à Brigitte qu'il n'en fallait rien faire. Elle m'a répondu : *Vous avez raison, Jean-Paul, il ne faut pas lui envoyer*. Et puis, relancée par Fogiel, elle m'a rappelé le lendemain : *Quand même, on pourrait lui en envoyer un, un seul, il a promis qu'il ne l'utiliserait pas*. Dès le début, elle ne voulait absolument pas parler de ce livre. Elle acceptait de faire l'émission à la seule condition d'évoquer sa carrière. Elle voulait un programme de divertissement. Elle savait que ce livre ne plairait pas et qu'elle risquait de se faire écharper. Fogiel s'est donc empressé de le lire et, très vite, il en a demandé plusieurs autres exemplaires pour que son équipe puisse se préparer, notamment le psy qu'il avait choisi pour descendre Bardot. Or lorsqu'un psy parle comme ça d'une manière contentieuse, on doit savoir qu'il faut au moins attendre la réponse du "patient". On aurait donc dû avertir Brigitte de manière à ce qu'elle aussi soit préparée. Là, manifestement, le but était de la cueillir à froid. Quand on est arrivés là-bas, mon attachée de presse était très contente : "Vous allez voir, ça va être une émission formidable." J'ai été moins confiant lorsque Fogiel a déclaré à Brigitte : "On va parler à la fin de l'émission d'un livre que vous avez commis et avec lequel je ne suis pas d'accord." J'ai senti venir le coup fourré. "Ne dites pas ça", tenta de me rassurer mon attachée de presse. "Je ne serai tranquille qu'à la fin de l'émission", lui ai-je répondu. »

Une émission enregistrée dans les conditions du direct, selon le *desideratum* de Brigitte, trois jours avant la diffusion et qui commença avec énormément de retard. Contrairement à ce qu'a allégué Fogiel, le public n'était pas composé du fan-club de BB, seulement des gens qui l'ont aimée au temps de sa splendeur cinématographique et qui sont restés fidèles à sa vérité. J'étais présent à ce tournage et pour avoir patienté plus que de raison parmi ces gens, je puis bien dire qui j'y ai vu : des « petites mamies », des mères de famille, des jeunes filles impressionnées par le mythe Bardot, quelques couples gays, de simples curieux, une grosse lesbienne avec un badge fluo « Je ne mange pas de viande », des personnes de couleur, une très belle Américaine qui avait fait spécialement le déplacement depuis New York, etc. Public très hétéroclite. Après plus de deux heures d'attente, avec une Brigitte souffrant le martyre dans sa loge, à cause de sa hanche, une clameur retentit au moment où la vedette de la soirée, soutenue par Delon et Fogiel, apparut au bas des escaliers conduisant au plateau. La foule applaudit à leur passage en lançant des encouragements à Brigitte. Dans la loge, Delon avait demandé à son amie et ancienne partenaire si elle avait signé un contrat.

— *Quel contrat* ?

Le vieux loup entendait par là un contrat bouclé par un avocat, classique dans le métier, selon lequel un animateur s'engage à ne parler que de ce qui sied à l'invité.

— *Je n'ai pas besoin de contrat ! Je fais confiance à ce type, il est venu chez moi.*

— Ma pauvre, tu vas te faire manger !

La première partie de l'émission se déroula sans encombres, Fogiel coula du miel sur le mythe Bardot et les témoignages admiratifs fusèrent, tant de la part d'Arielle Dombasle, qui se risqua à chanter *Harley-Davidson* sur un vieux modèle du genre, que de celle de Pascal Sevran, de Valérie Lemercier, des Gypsy Kings ou d'Hortensia, *la grosse blonde qui m'imite chez Michou* [1]. Invité par Brigitte, Jean-Claude Brialy, alors en tournage loin de Paris, s'était décommandé à contre-

1. BB, qui apprécie le spectacle transformiste quand il n'est pas vulgaire, n'a jamais autant ri qu'en allant voir *La Cages aux folles*, au théâtre, dans les années 1970.

cœur. Tout se dégrada lorsqu'en fin de programme, l'animateur en arriva à son point fixe. Brigitte, qui venait dc passer un moment exceptionnel, n'avait pas envie de tout assombrir et fit donc savoir à Fogiel qu'elle n'était pas d'accord pour parler d'un livre qui jetterait le trouble sur une si belle soirée. Elle indiqua qu'« ONPP » n'était pas une émission littéraire et qu'il était prévu qu'elle s'explique sur *Un cri dans le silence* chez Guillaume Durand. Ici, le mélange des genres ne prendrait pas. Devant l'insistance obsessionnelle de Fogiel, le public se mit à réagir : « Sors, Brigitte, tu es en train de te faire piéger ! », cria une femme. « Mais non, je ne me fais pas piéger », répondit Brigitte. Or Fogiel ne désarmait pas. Sentant le public contre lui, il proposa de le faire sortir. « Si le public sort, je sors avec lui ! », prévint Brigitte. C'était donc qu'elle se défaussait, qu'elle était lâche ! Classique. BB resta et Fogiel força le dernier passage. Dès lors, ce fut un déferlement de petites phrases choisies à dessein et livrées sans notices explicatives. Celle notamment où Brigitte parle de l'occupation des églises par les sans-papiers. *On n'a plus le droit d'être scandalisés quand des clandestins ou des gueux profanent et prennent d'assaut nos églises pour les transformer en porcheries humaines, chiant derrière l'autel, pissant contre les colonnes, étalant leur odeur nauséabonde sous les voûtes sacrées du chœur ; souvent sous l'œil hypocrite d'un curé ou d'un évêque politiquement correct mais religieusement infâme et lâche.*

Tant sur la forme que sur le fond, cet extrait mis en exergue a fait couler beaucoup d'encre, mais la justice ne l'a pas sanctionné. Ennemie de la dentelle diplomatique, Brigitte Bardot s'est toujours bien (ou mal) débrouillée pour provoquer le scandale, mais le scandale vient avant tout de ce qu'on a perdu l'habitude de laisser les gens s'exprimer. Parce que porteuse d'un chromosome aussi gros qu'une orange, celui de la Liberté, ses colères pétulantes lui arrachent souvent des formules abruptes et non argumentées qui, extraites de leurs contextes et tombées dans la nasse de la récupération, lui portent fatalement préjudice.

Outre le fait que, dans un pays laïc, les églises ne doivent pas systématiquement servir de cible et de réceptacle à des opérations politiques, Brigitte ne s'en prend pas à des individus quand elle parle des sans-papiers, mais au côté pernicieux de tout un système mafieux. Car l'immigration clandestine est avant tout un édifiant commerce, une nouvelle traite des esclaves qui trouve son point de départ en Afrique noire. Là, sillonnant les camps de la misère, des rabatteurs se mettent en quête d'un maximum de clients potentiels. À grands renforts de boniments, ils leur vendent les vertus de l'Eldorado européen, avec un travail, une voiture et une maison pour chacun. La naïveté des uns faisant le jeu des autres, les candidats au bonheur se retrouvent ensuite taillables et corvéables à merci de leurs recruteurs qui les livrent aux passeurs des pays du Maghreb. Avant leur arrivée en Europe, dans des conditions rocambolesques, pour ceux qui auront eu la chance de ne pas périr en chemin. L'Europe des dures réalités. « Aucun nombre de bombes atomiques ne pourra endiguer le raz de marée constitué par les milliards d'êtres humains qui s'élanceront un jour de la partie méridionale et pauvre du monde, pour faire irruption dans les espaces relativement ouverts du riche hémisphère septentrional, en quête de survie, a dit le président algérien Houari Boumediene, en 1974 [...]. Et ces milliards d'êtres humains ne viendront pas en amis. »[2] Il est particulièrement malhonnête de pointer du doigt une Brigitte Bardot qui a le courage de ses opinions, car à un moment ou à un autre, tous les politiques, d'Alain Juppé à Max Gallo, en passant par Georges Marchais, François Mitterrand et Jacques Chirac, particulièrement virulent[3], se sont fendus de déclarations très claires sur l'immigration clandestine ou contre l'immigration tout court. Ce n'est pas Bardot qui a confessé à Alain Peyrefitte : « Tout ça ce sont des billevesées. Si l'on fait l'intégration, dans vingt ans mon village ne s'appellera plus Colombey-les-Deux-Églises

2. Paru dans le *Washington Post* en 1974 et cité dans *Paris Match* (15 février 1985) par l'historien Jean Raspail.

3. « Je reproche aux socialistes une idéologie et un laxisme qui ont créé en France une crispation à propos de la présence des étrangers sur notre sol. Ils ont arrosé la détestable graine du racisme. Les choses étant ce qu'elles sont, nous démantèlerons et nous sanctionnerons tous les réseaux clandestins d'immigration [...]. La natalité des Français d'origine s'effondre. Les thérapies doivent être adaptées aux maux. Je ne serais donc pas opposé à ce que les prestations à caractère nataliste bénéficient essentiellement aux Français. Il faut aider au relèvement de notre démographie [...]. Les immigrés qui violent nos lois doivent être expulsés et remis [...]

mais Colombey-les-Deux-Mosquées », mais de Gaulle,[4] le Général s'étant étendu plus avant sur le sujet, en des termes beaucoup plus catégoriques. Faire le procès de BB implique donc logiquement que l'on fasse d'abord celui du Grand Charles. Ensuite, la France comptera ses mythes. S'il lui en reste. À l'heure où les repentances font école, tout est à redouter. Quel compagnon de casier judiciaire de choix pour la *fille de paille* ! Et ce scoop pour les journalistes : « L'Homme du 18 juin condamné à titre posthume pour incitation à la haine raciale ! »

Sur le plateau d'« ONPP », l'atmosphère festive du départ était devenue électrique. Jean-Paul Bertrand : « La salle était très en sa faveur [il y avait également des gens placés juste derrière Brigitte, de manière à la huer] mais la méthode de Fogiel est un peu le reflet d'une certaine méthode qui a fait ses preuves : on pose une question sans attendre la réponse et on continue. Cela fait penser à un "petit juge", si vous voulez : j'ai un pouvoir, je suis le patron de cette émission, je fais

[...] à la justice de leur pays. Cela pose des problèmes avec les Etats d'origine. Mais ceux-ci n'ont pas intérêt à voir se développer chez nous la xénophobie (...) Quant aux chômeurs immigrés, il est souhaitable qu'ils retournent dans leur pays. Le gouvernement socialiste, en 1981 et 1982, à régularisé massivement la situation des clandestins et ainsi provoqué l'entrée d'autres clandestins. C'est une grave faute. Bien entendu, il faut pouvoir dépister ces clandestins. Les socialistes en ont retiré les moyens à la société. Nous rétablirons les contrôles d'identité. » (*Le Figaro*, février 1986).

4. Cité par Alain Peyrefitte, *Paris Match*, en novembre 1985.

ce que je veux. Quand Fogiel a annoncé qu'il parlerait du bouquin au final, elle a voulu répondre, on lui a dit non, non, vous répondrez plus tard. Cela fait partie de la méthode et c'est très, très grave. À la limite, c'est un jeu et Brigitte a accepté de venir, mais une personne de cet âge, très mal installée, quand on songe à ses difficultés et aux douleurs causées par sa hanche... Elle a quand même tenu. »

Pour ne pas donner le sentiment de détester à vide, Bardot avait prévenu : *On ne peut pas comprendre mon livre, je dis bien comprendre et non pas forcément partager mes propos, si on ne tient pas compte du combat dans lequel je suis engagée 24 heures sur 24, des efforts que je déploie et du découragement qui me saisit. Je n'ai jamais vu quelqu'un occupé à se battre pour une cause humanitaire me faire des commentaires désagréables. En revanche, tous ceux qui ne font rien sont spécialistes pour donner des leçons. Je n'empêche personne de choisir un combat et de se battre* [5]. Elle savait également à quoi s'attendre : *Certains bien-pensants, gauche caviar ou girouettes tournant selon le sens du vent, m'accableront, me traîneront dans la boue, me traiteront de vieille ronchonne, obsolète, ridicule, rétrograde. J'assume ! On ne fait pas d'omelette sans casser des œufs* [6].

5. *Paris Match,* 2003.
6 *Un cri dans le silence, op. cit.*

Or en acceptant d'honorer de sa présence le plateau d'« ONPP », BB était loin de penser qu'elle se retrouverait sur le tournage de « Jamais sans mon psy », coincée par un gamin mal élevé certainement pas aussi méchant que son ambition [7], mais certainement plus crédible quand il pouffe en commentant l'Eurovision [8] que lorsqu'il s'essaye à deviser des « choses de la vie » en compagnie de grandes personnes. « Il y a ceux qui savent et ceux qui ne savent pas », sifflait la Sagan. Comment expliquer autrement qu'une blague inoffensive sur les « Sans sexes fixes », si vaseuse qu'elle méritait de rester en l'état, ait été l'un des principaux points de lecture stigmatisés ce soir-là par un irrévérencieux formaté qui « trouve intelligent et cultivé un artiste dès qu'il a lu trois livres. » (*dixit* Grégory Protche, « L'Imbécile ») ? Le délit en question : *Aux dernières nouvelles, un herbicide très employé aux États-Unis,*

---

7. Dans *Entrevue* (septembre 2003), on apprend que la marge bénéficiaire de la société montée par l'animateur, fin négociateur, est énorme. Parti de Canal + avec 150 000 euros d'indemnités, après avoir fait ses classes auprès de Patrick Sabatier, Fogiel s'est installé sur France 3 où il produit d'autres émissions en plus d'« ONPP » (24 000 euros mensuels), dont « Le Fabuleux destin » (40 000 euros par jour), ainsi que « Le Bonheur est dans le pré », pour la Cinquième, fournissant en parallèle des sujets à « + Clair », l'émission de Canal. Ajouté à cela les soirées spéciales, dont les présentations de l'Eurovision : pour la seule année 2002, le chiffre d'affaires de Paf Productions a été estimé à plus de 8 millions d'euros.

8. En juin 2003, une téléspectatrice a écrit dans *Détective* : « M. Fogiel est un goujat. Il l'a déjà prouvé lors du concours de l'Eurovision en traitant une chanteuse de "grosse vache". Moi qui côtoie ces ruminants toute la journée, je les trouve moins bêtes que lui. »

*l'Altrazine, serait responsable du changement de sexe des grenouilles. Voilà qui donne un espoir pour le futur et pourrait, de par son coût extrêmement faible, renflouer le gouffre de la Sécurité Sociale, de plus cela éviterait les épilations coûteuses et douloureuses à tous ces hermaphrodites en herbe !* Un trait d'esprit lourd et inutile, une blague déplacée et très maladroite, mais en aucun cas porteuse de haine ou d'une quelconque idéologie. Un truc à trois euros CFA pondu entre deux bulles de champagne. Brigitte a toujours eu la cote tant auprès des putes que des transsexuels, elle est pour eux une petite sœur de cœur, ainsi qu'en témoigne cette lettre émouvante postée en banlieue parisienne, le 27 mars 2000 :

*Chère Brigitte*

*Je me décide à vous écrire après bien des hésitations. Je suis une grande fan de vous ! Gardant toutes vos photos et articles, vos passages à la télé enregistrés, etc. [...] Je relis votre deuxième tome, j'aime tellement vous lire ! Il faudrait que vous écriviez encore un livre. N'arrêtez pas ! Brigitte, je suis extrêmement malheureuse. J'ai cinquante ans et suis transsexuelle. Non seulement c'est une situation difficile vis-à-vis de ceux qui me «reconnaissent», mais en plus, depuis cinq ans maintenant, on me traite de raciste, alors que je ne le suis pas ! Je vis une injustice au quotidien* [On peut facilement imaginer la situation d'une transsexuelle en banlieue...]. *Grâce à mon amour immense pour les animaux, je tiens le coup. J'ai un petit chien, un York, et une chatte-chien, comme ceux que vous avez. [...] Je suis membre de votre Fondation depuis 1993 et en 1999 je suis allée militer 25 fois en tout dans Paris, pour faire signer des pétitions, à des endroits pleins de monde, comme Opéra, Saint-Lazare, Champs-Élysées, Rivoli, etc. En 1999, j'ai récolté plus d'un millier de signatures à moi toute seule ! J'adore faire ça et je tiens grâce à cela. Car seule, sans amis et sans travail, entourée d'un voisinage hostile, c'est dur comme vous vous en doutez...*

Néanmoins, après *Un cri dans le silence* et l'épisode Fogiel, la déception s'installa chez certains de ces êtres fragilisés. À l'un (e) d'entre eux (elles), Brigitte fit la réponse suivante :

*Adorable X,*

*Votre lettre m'a beaucoup touchée car vous ne m'avez pas agressée et pourtant vous auriez pu. Je n'ai rien contre les transsexuelles, contrairement à ce qu'a pu faire croire Marc-Olivier Fogiel, j'ai simplement souligné que la Sécurité Sociale remboursait cette opération au détriment d'autres plus graves. Je connais Coccinelle depuis cinquante ans, elle m'aime et je l'aime.*

*Je voudrais surtout que vous ne me teniez pas rigueur car quelque part j'admire le courage qu'il faut pour sauter le pas. Et puis j'en balance sur bien d'autres problèmes qui me semblent beaucoup plus importants.*

*Je vous embrasse tendrement.*

En février 2009, mariée depuis et projetant de publier cette lettre dans un livre en projet dans une maison d'édition parisienne, X demanda à Brigitte et obtint d'elle l'autorisation de publier sa lettre.

Marc-Olivier Fogiel donnant des leçons de compassion à Brigitte Bardot : pour beaucoup, il y a un aspect qui peut sembler surréaliste, compte tenu du côté parfois corrosif du personnage. En avril 2004, soit un an après l'émission, dans *Paris Match*, Stéphanie de Monaco ne s'y trompa guère : « Il serait temps de redevenir un peu plus religieux, de manifester plus de compassion, ce qui n'est peut-être pas la qualité de Monsieur Fogiel. » En quoi un gamin qui parle trop vite en négligeant les liaisons lorsqu'il se fait roquet ou « passe-plat promotionnel », selon la puissance de son interlocuteur, était-il habilité à demander à la Bardot des comptes qu'elle n'avait manifestement pas à rendre, ni envie de rendre, surtout pas à lui ? Désarçonnée par la disproportion entre ce qu'elle avait écrit et le roman noir qu'on en faisait, Brigitte se retrouva à cours d'arguments parce qu'elle n'avait rien préparé et qu'elle ne prépare jamais rien. Elle aurait pu insister davantage sur le fait que Bernard, son compagnon, eut toutes les peines du monde à retrouver son immatriculation à la Sécurité Sociale, à laquelle depuis des années elle ne faisait plus appel parce qu'elle estimait avoir suffisamment d'argent et qu'elle avait honte d'abuser de ce précieux service public qu'elle a vu naître en 1946. Elle n'en bénéficie que depuis 2005. Il a fallu refaire un dossier ; les agents de la Sécu n'en revenaient pas !

Réagissant aux attaques attendues du milieu homosexuel radical, beaucoup de gays manifestèrent par lettre leur soutien à Brigitte. Ce qui n'étonne guère Frank Guillou : « Brigitte est pour moi une seconde maman. Lorsqu'en 1996, après treize ans de vie commune, X, mon ami, m'a appris qu'il avait rencontré quelqu'un et que nous allions nous séparer, ce n'est pas ma mère que j'ai appelée en premier mais Brigitte. Elle a tout fait pour me réconforter. Elle ne m'a pas seulement dit les choses que l'on dit dans ces moments-là : "Ne t'inquiète pas, mon chéri, c'est un mauvais moment à passer, après tu verras, on oublie…", elle m'a invité à *La Madrague* : "Tu vas voir, ta petite mère va s'occuper de toi." Ce qu'elle a fait. Tous les étés, X et moi allions passer au moins une semaine chez Brigitte. Elle le connaissait donc très bien. Elle ne l'a jamais sali. Elle aurait pu me dire par exemple : "C'était un con, il ne te méritait pas." Elle ne l'a pas fait parce qu'elle ne le pensait pas et que, du reste, ce n'était pas la vérité. Par chance, peu de temps après, j'ai rencontré mon actuel compagnon. Quand les choses ont commencé à devenir sérieuses, j'en ai parlé à Brigitte qui m'a aussitôt demandé de le lui présenter. "Venez passer une semaine à *La Madrague*, je te dirai ce que j'en pense." Elle et lui se sont adoptés d'emblée. Depuis, il travaille avec moi à la Fondation. Brigitte n'a pas pour autant coupé les ponts avec mon ex, ni moi d'ailleurs, puisque nous sommes restés très amis. Mieux encore, le garçon pour qui X m'a laissé entra également dans notre cercle amical, un graveur sur verre à qui Brigitte a demandé de refaire les vitraux de sa petite chapelle, à *La Garrigue*. Brigitte a toujours été entourée d'homos. Je me souviens de séjours mémorables dans sa maison de Bazoches, avec Patrick et d'autres amis gays. Nous jouions aux Ambassadeurs et Brigitte nous préparait des gâteaux. Un jour, elle avait ramassé des fruits très mûrs dans son verger et elle avait inventé une recette de tarte avec un mélange de fruits et de caramel. "Elle a un goût doux, ta tarte", a lancé quelqu'un. Tout le monde s'est mis à rire. Du coup, les fois suivantes, Brigitte nous disait : "Vous allez être contents, je vous ai fait la tarte goût doux !" Qu'est-ce qu'on a pu rire avec ça… »

Jean-Claude Brialy : voilà un autre gay qui plaçait « Bardot-la-magnifique » bien en exergue dans son cabinet de curiosités. Homosexuels ou pas, BB a toujours laissé les groupies professionnelles et autres squatters d'étoiles tirer le miel de sa propre gloire dont, à l'automne de sa vie, elle mesure la futilité. Il en va du restaurateur de l'Île Saint-Louis comme de ces gentils mondains un tantinet « grandes dames », qui, pour avoir un temps fréquenté Brigitte, jurent ici et là, dans la presse ou les dîners en ville, être des intimes de *La Madrague*, alors qu'ils n'y ont jamais mis les pieds. « Elle a un instinct fulgurant pour juger les gens en face desquels elle se trouve, confia un jour la réalisatrice

Nina Companeez. Ça ne l'a jamais empêchée de s'entourer de gens médiocres, avec une lucidité totale sur ses propres faiblesses, sur le besoin qu'elle avait de la médiocrité des autres, sur le confort que ça pouvait lui rapporter. »[9] Un jour, au milieu des années quatre-vingt-dix, dans un restaurant, l'un de ces gentils papillons, ancien animateur sur TF1, rapportait à Brigitte que sa « grande amie », une illustre diva du cinéma italien des années cinquante, n'avait plus de cheveux et portait perruque, lorsqu'elle le brisa dans son élan : *Stop ! Tes histoires de bonnes femmes ne m'intéressent pas. Ce n'est d'ailleurs pas à ton honneur de parler ainsi dans le dos de personnes qui t'accordent leur confiance, car lorsque tu es avec elles, qu'est-ce que tu dois déblatérer sur mon compte !*

Parce qu'elle ne supporte pas qu'on la pense homophobe, quelques jours après l'émission, BB adressa une lettre ouverte à la « communauté gay », publiée dans *Tribu Move* :

*C'est bizarre mais tout ce que je dis ou fais depuis toujours est matière à polémiques en tous genres. Dans mon dernier livre, je ne me suis pas « étendue », si j'ose dire, sur les homosexuels qui sont pour moi des êtres comme les autres, avec leurs qualités et leurs défauts et parmi lesquels se trouvent mes meilleurs amis. J'ai écrit cela en toute simplicité, sans chercher à déclencher un scandale [...]. Je trouve dommage pour tous*

9. Cité par Catherine Rihoit.

*les homos que certains se marginalisent, revendiquant des droits (mais lesquels et pourquoi, puisque l'homosexualité existe naturellement depuis la nuit des temps ?), en ridiculisant et en parodiant lors des Gay Pride une préférence sexuelle qu'heureusement plus personne ne conteste. Cette manifestation, comme beaucoup d'autres, tourne parfois à l'outrance et à l'exhibition, laissant une mauvaise image au public, ce qui n'est pas le but recherché pour cette fête. Chacun fait ce qu'il veut et chacun est en droit de « baiser » avec qui il veut mais point n'est besoin de nous en faire toute une tartine ! À part mon mari qui tournera peut-être un jour sa veste, je ne suis entourée que d'homos. Ils sont, depuis des années, mes appuis, mes amis, mes soutiens, mes fidèles et mes confidents. Personnellement, je trouve le Pacs inutile, mais encore une fois je m'en tamponne, chacun se pacse avec qui il veut. Par contre, je trouve préjudiciable l'adoption d'enfants par des couples homosexuels, car pour moi les enfants doivent être élevés dans l'harmonie d'un couple comprenant une femme et un homme. Enfin, je n'ai jamais fait l'amalgame avec la pédophilie que je condamne très sévèrement. C'est une horreur ! Parmi les 14 000 lettres de soutien reçues à ce jour, beaucoup sont écrites par des homosexuels qui m'aiment, m'embrassent, me demandent des photos dédicacées, tentent de me consoler de l'affront que j'ai subi. Parmi les plus célèbres, Michou et Hortensia furent les premiers à m'écrire. Vous, les homos, vous manquez parfois d'humour, vous prenez tout de travers alors qu'il n'y a pas de quoi fouetter un chat (aïe, aïe, je n'aurais pas dû dire ça, on va croire que je fouette mes chats !)*

*Homosexuels, mes amis de toujours, je vous aime ! Restez tels que vous êtes et continuez de m'accepter telle que je suis avec mon pire et mon meilleur. Je vous embrasse de tout mon cœur.*

*Brigitte.*

Nous sommes loin des propos d'une Sylvie Vartan, par exemple, qui, dans une interview accordée à *Confidences*, en janvier 1987, qualifia l'homosexualité de « fléau ». D'autre part, plutôt que de postillonner sur la pauvre Brigitte, Fogiel aurait dû s'en prendre à un ancien ministre gay de ses amis, qui vote contre le Pacs pour ne pas déranger son camp. Cela dit, pour beaucoup d'homosexuels, il n'est effectivement pas prouvé que le fait de se planter des godemichés dans le derrière sous l'œil des caméras, ou bien d'investir des églises — jamais des mosquées pour protester contre le traitement infligé aux homosexuels dans les pays arabes ou contre les propos de Tariq Ramadan qui dénonce l'homosexualité comme une « perturbation » contre-nature — en criant des obscénités à la face du Christ fasse avancer le débat. Le bouleversant *Brokeback Moutain*, réalisé en 2005 par l'Américain Ang Lee, où l'histoire d'amour impossible entre deux cow-boys du Wyoming, dans les années soixante, est certainement plus susceptible de mieux faire passer le message. Tout y est dit sur la difficulté, dans certaines circonstances et dans certains endroits, de vivre son homosexualité quand on n'a pas le courage de surmonter la bêtise, l'intolérance et l'hypocrisie de la société.

En juillet 2003, un autre journal gay, *Ex'ist*, prit la défense de BB d'une manière tout à fait inattendue pour qui ignore les sentiments filiaux reliant Brigitte aux garçons qui aiment les garçons. « Certes, l'ex-sex-symbol n'a jamais été une reine de la diplomatie et on se doutait bien que ses propos ne donneraient pas nécessairement dans la finesse. Néanmoins, globalement le livre nous a quand même plutôt séduits car à la fois sincère et directe, BB ne se contente pas de dire des vérités, ou plus exactement de dire ses vérités, mais elle explique les motifs de l'évolution de sa propre mentalité. Ainsi, quand elle aborde le problème de la peine de mort, elle confirme elle-même qu'elle était absolument contre il y a de cela quelques années et que, si aujourd'hui elle est pour, c'est uniquement face à l'horreur des crimes perpétués contre les enfants ; à ce titre, qui ne serait pas d'accord avec elle ? De là à en conclure, comme Fogiel, que Bardot est pour la peine de mort est évidemment un raccourci un peu trop facile. Fogiel l'a particulièrement agressée en expliquant qu'elle était raciste et anti-pédé. Là encore, à la lecture de son bouquin, force est de constater que ce n'est pas du tout ce qu'elle explique. En effet, elle rappelle que *la plupart de mes amis, mes vrais amis, sont des homosexuels et je les adore mais ils gardent une dignité, ne se répan-*

*dent pas en se trémoussant le derrière, le petit doigt en l'air avec des voix de châtrés, sur les méfaits que leur font subir ces dégénérés d'hétéros,* ce qu'elle complète par : *certains homosexuels ont toujours eu un goût et un talent plus subtils, une classe, une envergure, une intelligence, un esprit, un esthétisme qui les différencient du commun des mortels.*

En conclure que Brigitte Bardot est anti-pédé est un raccourci parfaitement ridicule et totalement infondé. Mais ne faut-il pas distinguer les effets télévisuels et médiatiques délibérés d'un habile journaliste manipulateur et la réalité des choses ? Dès lors, faut-il vraiment blâmer BB de ses positions ? Quand elle écrit : *Au nom de l'égalité des sexes, que de conneries ! Une femme se doit de rester une femme, elle ne sera jamais un homme, c'est physiologique.*

Certes, ce n'est pas de la grande littérature mais il n'y a pas de quoi condamner son auteur ! De la même façon, quand elle évoque le problème de la téléréalité, elle écrit : *C'est le comble d'un voyeurisme pervers, moralement porno, prenant le spectateur débile en otage, complice d'une bassesse intime poussée à outrance.*

Si on comprend évidemment qu'elle n'est pas favorable à ce genre d'émissions, on ne saurait néanmoins l'en blâmer puisque même les aficionados arrivés au Loft Story 5 ne pourront que vomir ces images devenues ennuyeuses ! Ce livre est finalement à peu près le reflet de Brigitte Bardot, sincère, authentique, sans doute excessif, parfois vulgaire, mais somme toute assez distrayant. Dès lors, le déchaînement médiatique et associatif qu'a dû essuyer Brigitte Bardot depuis, sur des propos qui ont été sortis de leur contexte et déformés pour lyncher une mamie retirée des affaires, nous paraît disproportionné et sans aucun intérêt. Mais il est vrai qu'il est plus facile de s'attaquer à une vieille dame isolée qu'à une égérie en pleine gloire. Fogiel en sort-il grandi ? C'est peu vraisemblable. »

Plus de six millions de téléspectateurs ayant suivi l'émission (soit 30,7 % de parts de marché), Fogiel en récolta les fruits sonnants et trébuchants. Devant les persécutions infligées à Brigitte, douloureusement ressenties par la France entière, Bernard d'Ormale, sentant le coup venir en coulisses, ne put s'empêcher d'entrer sur le plateau, trompant l'étroite surveillance exercée sur lui par l'un des gardes du corps de Fogiel, pour venir chercher sa compagne que sa hanche malade faisait terriblement souffrir. Fogiel s'est alors permis de lui parler d'une façon qui a choqué les téléspectateurs. Campé derrière Brigitte, d'Ormale n'eut pas à intervenir, l'émission ne tardant pas à se terminer. Une fin en nœud de boudin, faut-il avouer, Fogiel hué par le public et Brigitte au bord des larmes, perdue, fatiguée et cruellement déçue. Des gens se sont précipités pour l'embrasser, une jeune fille, prise au jeu de l'animateur, lui a lancé qu'elle ne l'aimait plus. Fogiel s'est plaint qu'on l'avait insulté. Un moindre mal comparé à ce que beaucoup estiment qu'il aurait mérité. La

« grosse lesbienne » badgée fluo, qui se trouvait être ma voisine, était hors d'elle. Il a fallu la retenir : « Je ne bouffe pas la viande, mais je sens que ce soir, je vais faire une exception ! »

Sur le prompteur de Fogiel, quelqu'un en régie avait inscrit : « Parle-lui de son fils ! » Fogiel savait que s'il entrait dans ce jeu, l'émission étant enregistrée, il risquait purement et simplement l'interdiction de diffusion par le juge des référés. Soit la perte sèche d'une somme d'argent considérable. BB s'était déjà expliquée sur ses relations avec son fils. Quant à ce qu'elle écrit sur lui dans ses Mémoires et que Nicolas a attaqué, Frank Guillou affirme que lorsqu'il prit connaissance de la prose de sa mère, à *La Madrague*, l'été 1996, après que celle-ci lui eut demandé de la lire, il n'avait manifesté aucune opposition. « Il n'a rien dit. Il a simplement demandé à Brigitte de retirer des photos de lui qui ne lui plaisaient pas. Nicolas est un très gentil garçon, sans doute un peu trop influençable. » Pour clore ce douloureux chapitre sur BB et son fils, il faut savoir que lorsque Brigitte revendique et déplore à la fois de ne pas avoir l'instinct maternel, elle n'obéit qu'à sa nature et non à des diktats, comme ceux prêchés par le Congrès maçonnico-féministe du 16 novembre 1922 : « Il faut détruire dans la femme le sentiment instinctif et égoïste de l'amour maternel… La femme n'est qu'une chienne si elle aime les enfants. » L'histoire entre Brigitte et son fils est une histoire gâchée, que BB a fait le choix contesté de raconter avec des mots qui ont heurté, mais qui au fond ne concerne que les intéressés. L'absence d'instinct maternel est un sentiment naturel puisqu'il existe. A tout prendre, mieux vaut une mère qui avoue son incapacité à élever son fils, mais qui s'assure qu'il sera heureux auprès de son père, plutôt que ces femmes qui pondent une fois l'an pour toucher les allocations familiales et abandonnent ensuite leur progéniture dans la rue, où les gosses livrés à eux-mêmes commettent fatalement des bêtises. Dans son inconscient, Brigitte a reproduit avec son fils ce qu'elle a vécu avec ses parents, répétant un « forfait » émotionnel sans doute vieux de plusieurs siècles, et qui se transmet de génération en génération. Ce qui explique que cette mal-aimée ait mis tant de désespoir à se chercher des familles de substitution à travers ses hommes et ses animaux. À Jacques Chancel qui, dans une Radioscopie de 1969, demandait à Brigitte s'il était possible qu'un jour on lui propose un rôle de mère de famille, elle eut le courage de sa sincérité : *Avant de pouvoir jouer les rôles de mère de famille, il faut déjà accepter d'être cette mère-là dans la vie.*

L'émission fut diffusée le lundi suivant, 13 mai, dans son intégralité, sans aucune coupe, conformément à la volonté de Brigitte qui s'en assura par le biais d'un avocat. Jean-Paul Bertrand : « Un des dirigeants de France 3 m'a expliqué qu'il n'avait jamais reçu autant de lettres, il y a eu un tollé contre le comportement de Fogiel. "Je n'ai jamais vu ça de ma vie", m'a-t-il dit.

Des sacs postaux entiers arrivaient. Comment avait-il osé traiter ainsi une telle femme ! Encore une fois, que Fogiel dise je ne suis pas d'accord, c'était son droit le plus strict mais qu'il joue les imprécateurs, là il est sorti de son rôle et ça, c'est mal passé. Certains m'ont dit : "C'est formidable, vous avez réalisé un formidable lancement pour votre livre." Le lancement du livre n'avait pas été prévu de cette façon. Nous n'avions pas besoin de Fogiel et de son émission qui avait été programmée bien avant ce projet de sortie de livre. Nous n'avions pas besoin non plus de cette polémique. Ce qui est terrible, c'est que ça a fait très, très mal à Brigitte. Même si à la fin de l'émission, dans la loge, Fogiel a essayé de se dédouaner en lui disant qu'il avait peut-être été un peu dur mais qu'il n'avait pas du tout aimé son livre, ce à quoi elle lui a répondu :

— Vous m'aviez fait un beau cadeau en m'invitant, vous avez tout gâché [10]!

— C'est vous qui avez tout gâché ! a-t-il répondu.

Effectivement, nous avons tous eu la soirée gâchée. Je crois que Brigitte a passé une très mauvaise nuit. Heureusement, le public a répondu favorablement en plébiscitant la vente du livre, mais il faut savoir qu'il y a eu énormément de libraires qui ont refusé de le vendre, sans l'avoir lu. C'est vous dire l'image que ces gens-là donnent de la démocratie. Beaucoup de gens condam-

10. Brigitte à Ariane Massenet : *Vous, je vous adore, vous n'y êtes pour rien.* À quoi Ariane, sincèrement désolée, a répondu : « Quel dommage ! »

nent sans lire, à notre époque c'est comme ça. Des associations ont mêmes écrit aux grandes surfaces pour appeler au boycott. »

Le journal *Ouest-France* du 2 juin 2003, fait effectivement état d'une tentative « d'intimidation » de la part du comité central du Mrap. « Ses propos sont durs, écrit Véronique Liber. Dans une lettre ouverte adressée le 26 mai au directeur de Champion, Jacques Declomesnil, président du Mrap, critique la mise en rayon, sous l'appellation best-sellers, de cinq exemplaires du dernier livre de Bardot. "L'auteure [...] a déjà été condamnée à trois reprises suites à des plaintes du Mrap pour des propos racistes", écrit-il [...] "Nous ne doutons pas que ces idées vous révulsent et que vous récusez toute complicité dans leur amplification". Et la journaliste de s'interroger si la seule "attitude citoyenne" à adopter serait de boycotter l'ouvrage. À quoi Magali Miramond, une responsable du rayon littérature et sciences humaines à Planet R, répond qu'elle n'est pas d'accord : « *Un cri dans le silence* est classé sous l'appellation "Économie et politique", à côté du *Françoise Giroud* de Christine Ockrent. Je n'abonde pas du tout dans le sens de Brigitte Bardot, mais c'est quelqu'un qui a le courage d'aborder des sujets qui choquent. Ceux qui souhaitent la combattre devraient entrer en dialogue avec elle plutôt que tenter de l'ignorer. Et puis, il y a tellement de livres autrement plus intéressants qui, eux, mériteraient un tapage médiatique. » La journaliste conclut son article en précisant qu'à Intermarché, le livre est devenu introuvable. « Même chose depuis vendredi à Champion. Rupture de stock ou décision de ne plus le vendre ? Les directeurs de ces deux magasins sont restés “injoignables”, malgré nos efforts »...

Quant aux syndicats SNRT-CGT et SNJ-CGT de la chaîne publique France 3, dans une déclaration à l'AFP du 14 mai 2003, ils estimèrent qu'il était « irresponsable et plus que douteux de la part du service public » de faire la promotion de Brigitte Bardot et de son livre à l'antenne. « L'audimat aurait-il dû en souffrir, la CGT déplore qu'en dernière minute, l'émission de Marc-Olivier Fogiel n'ait pas été déprogrammée. L'honneur de notre direction et la fierté de ses salariés pour France 3 s'en seraient trouvés grandis. » Des bruits coururent que les techniciens syndiqués de France 3 se mettraient en grève si Guillaume Durand recevait BB...

« Ce fut donc très, très virulent, reprend Jean-Paul Bertrand. J'ai été interviewé sur RMC, France Inter et un certain nombre de radios qui me disaient : “Comment avez-vous osé publier un livre pareil !” Je leur ai répondu : “Je crois que vous ne l'avez pas lu”. Par exemple, lorsque dans ce livre, Brigitte dit que les gens qui chient dans une église, c'est un scandale. “Oui mais vous vous rendez compte, elle insulte les musulmans”. Je leur ai opposé que si on faisait ça dans les synagogues et les mosquées, ça susciterait un tollé. Si les églises, les mosquées ou les synagogues sont des lieux spirituellement protégés, on peut effectivement penser qu'il existe peut-être d'autres solutions. J'ai répondu surtout très simplement et très sereinement. Notamment à la personne de SOS Racisme qui m'attaquait. Ainsi qu'au journaliste qui, évidemment, était contre moi. “Vous vous rendez compte, me disait-il, vous faites de l'argent avec ça”. Je lui ai répondu : “Mais, Monsieur, à partir du moment où vous m'interviewez sur une antenne qui fait de la publicité, vous vivez aussi de cette publicité et vous faites également du commerce”. Il était très agacé du fait que je lui réponde sans me départir de mon calme. Je lui ai dit qu'à titre personnel, je ne partageais pas obligatoirement tout ce que dit Brigitte Bardot mais que mon métier était d'éditer des livres qui puissent faire débat et apporter matière à réflexion. Au lieu de vouloir tuer et jeter l'opprobre, commencez par vous interroger pourquoi Brigitte a écrit ce livre, avec courage, du reste, sachant qu'elle allait avoir tout le monde contre elle. »

À l'annonce des intentions du Mrap et comparses de poursuivre Brigitte, fort de la devise du *Figaro* – « Sans la liberté de blâmer, il n'est pas d'éloge flatteur » – le 16 mai 2003, Ivan Rioufol écrivit ceci dans son Bloc-notes : « Une fois de plus, des organisations censées être respectables vont donc contribuer à faire douter un peu plus de la liberté d'expression en France, en se comportant comme des “flics de la pensée”. Le Mrap et la LDH (Ligue des Droits de l'Homme) devraient plutôt s'inquiéter de la banalisation des discours antisémites. Lundi, vers 20 heures, j'ai entendu dans un taxi une radio parisienne destinée aux Maghrébins, qui accablait longuement Enrico Macias à cause de ses origines juives. » Dans la même édition du *Figaro*, un lecteur rappelle à Fogiel que « Tout aimer, c'est ne rien aimer » et que « Appeler un chat un chat, n'a jamais tué le chat (ce qui serait un comble) ».

Jean-Paul Bertrand : « Vous savez peut-être que j'ai attaqué Fogiel et Stéphane Bern. C'est surtout Bern qui était en cause. Il y a dû avoir connivence entre les deux car le lundi, jour de la diffusion qui avait été enregistrée le vendredi précédent, Bern, voulant annoncer la soirée spéciale Brigitte chez Fogiel, demanda à ses auditeurs de boycotter *Un cri dans le silence*, ainsi que tous les livres publiés au Rocher. » Le terme d'« acte militant » fut même prononcé… « J'ai engagé un procès qui a duré deux ans et demi mais il n'a pas été plaidé. Entre-temps, j'ai vendu le Rocher et la nouvelle équipe a décidé d'abandonner pour rester en bons termes avec les deux animateurs, dont ils pouvaient avoir besoin. Acceptant de servir la soupe à Fogiel, Bern avec qui je me suis réconcilié a été d'une rare virulence envers Brigitte. Dans son dos, puisqu'elle n'était pas là pour se défendre. Quand on attaque quelqu'un, on le fait devant la personne. Quand j'ai entendu ça, en tant que patron du Rocher, je n'ai pas pu laisser passer. J'ai d'ailleurs écrit à l'ensemble de mes confrères pour leur dire que c'était un scandale. Deux ou trois ont eu la gentillesse de me dire qu'ils me soutenaient. D'autres m'ont répondu : "Moi, je n'aurais jamais publié Bardot." Quelques mois plus tard, voyant le succès qu'avait généré

*Un cri dans le silence*, ces mêmes personnes ont toutes essayé d'avoir le numéro de Brigitte pour lui demander d'écrire un nouveau livre. Je peux d'ailleurs vous révéler que la directrice littéraire d'une très grande maison d'édition parisienne, qui avait refusé le *Cri dans le silence* parce qu'en réalité elle pensait qu'il ne se vendrait pas, est la même que celle qui a harcelé Brigitte en lui demandant ensuite un autre livre. Alors qu'elle avait préalablement déclaré qu'elle ne pouvait pas publier "un livre comme ça" ! Les gens ont la mémoire courte. Voyez un peu la mentalité ! C'est un peu : courage, fuyons ! Nous avons vendu plus de 280 000 exemplaires mais c'est dommage, ce succès aurait dû être beaucoup plus grand s'il n'y avait pas eu boycott de la part de certains libraires et de certaines grandes enseignes. Je regrette aussi que quelques-uns de mes auteurs aient quitté ma maison après la publication de ce livre. Je pense à X à qui j'avais fait obtenir le Prix Renaudot. J'ai eu en revanche de superbes témoignages d'auteurs qui m'ont assuré de leur solidarité : "Ce livre est formidable, c'est bien ce que vous avez fait, si vous avez besoin d'aide, de témoignages..." Parce que les gens confondent tout. J'ai publié 4 500 ouvrages, des livres souvent contradictoires. Mon métier n'est pas de publier 4 500 fois le même ouvrage. On prend les gens pour des cons, mais ils ne sont pas si cons que cela et ça, c'est bon signe. On ne peut pas être en dehors du politiquement correct sans devenir un facho. C'est la réputation qu'on m'a faite. »

Ce que peu de gens savent, c'est que *Un cri dans le silence* a été édité grâce à Marc Edouard Nabe, un écrivain lui aussi un peu sulfureux et que l'on a souvent mis au pilori, dont Jean-Paul Bertrand a publié plusieurs ouvrages. « Il m'avait dit, voilà, j'ai rencontré Brigitte, je lui ai parlé de votre courage d'éditeur, elle souhaite vous appeler. C'est moi qui l'ai contactée. Elle n'était pas là, j'ai laissé mes coordonnées. Un beau jour, Brigitte appelle et tombe au standard sur une intérimaire.

— *Je voudrais parler à Jean-Paul Bertrand, s'il vous plaît.*

— Bien sûr, qui dois-je annoncer ?

— *Je suis Brigitte Bardot.*

— Et moi, je suis le pape !

— *Je vous assure, Mademoiselle, que je suis bien Brigitte Bardot.*

— Oui, ça va, ça va, pas à moi, les blagues ça suffit.

La fille n'a jamais voulu croire qu'il s'agissait réellement de BB. Elle lui a raccroché au nez. Heureusement, aussitôt après j'ai rappelé Brigitte et on a ri comme des fous. Elle aurait pu dire : "Qu'est-ce que c'est que cette maison !" C'est comme ça que tout a commencé. À quoi tiennent les choses… »

L'ancien patron du Rocher se souvient de longues et âpres discussions pour essayer d'obtenir de Bardot qu'elle accepte de remplacer un mot par un autre. « Lorsque par exemple elle dit : *Ce sont tous des cons* !

Brigitte, essayez de le dire autrement. Elle n'a pas l'habitude de toutes ces obligations d'ordre juridique.

— *Mais c'est comme ça que je parle* ! m'opposait-elle.

Parfois, cela durait des heures. J'étais alors obligé de lui expliquer que j'étais un des rares éditeurs à monter au créneau pour elle, j'ai un côté Pont d'Arcole, avec le drapeau, mais elle ne pouvait pas me demander en plus de me faire tirer dessus à la première salve ! Elle a compris, la métaphore l'a d'ailleurs beaucoup amusée. Ce qui ne l'a pas empêché de râler : *On ne peut plus écrire ce qu'on veut !* Alors qu'aux États-Unis, par exemple, le débat est plus large. Ici, on est obligés de faire des livres aseptisés. Ça empêche de vrais débats. La loi est faite de plus en plus pour qu'on la ferme. Ne surtout déranger personne. Si les gens finissent par penser par eux-mêmes, où allons-nous, on ne pourra plus les gouverner. »

Conséquences de l'émission en termes de ventes : le lendemain, à midi, le premier tirage du *Cri dans le silence* était épuisé. Des libraires, manifestement opposés à ce qu'en France l'expression soit libre, l'avaient d'abord refusé. Devant l'afflux de demandes, ils se découvrirent une soudaine fibre démocratique et le livre de « l'infâme » fut placé en exergue par piles entières. D'autres s'obstinèrent dans la voie de la censure. Après avoir été si mal traitée, Brigitte eut la double consolation d'être ensevelie sous les encouragements. Beaucoup d'articles de journaux en sa faveur. Et des lettres ! Des lettres ! 20 000 (avec, dans certaines, des chèques pour la Fondation, d'un montant atteignant parfois 1 000 euros) ! La destinataire en pleurait de bonheur et cet engouement fit beaucoup pour son moral. « En France, on se relève de tout, même d'un canapé », disait Victor Hugo. BB en avait vu d'autres. Quelques jours après l'émission, suite à une interview radio dans laquelle elle relata que dans leurs lettres les gens traitaient Fogiel de « petit con », celui-ci s'en remit à la justice, mais il fut débouté et condamné à rembourser à Brigitte ses frais d'avocat. Du reste, *a posteriori*, il devait regretter sa démarche, car s'il en est une qui avait toute légitimité pour déposer plainte, c'était bien BB, dont la santé mentale fut publiquement mise en doute par « un psy aux yeux de fou furieux » [11], ce qui est interdit par la déontologie et par l'éthique. À cet égard, Marc Rioufol a écrit dans le *Figaro* du 16 mai : « Fogiel n'est pas coupable. Il s'est comporté comme l'élève appliqué de l'idéologie officielle qui, au nom du respect des différences, impose un discours policé, docile, complaisant, consensuel. Il est remarquable que quelques éditeurs courageux osent encore publier des livres refusant ces règles. Car l'arasement de l'esprit critique est tel que

11. Il s'agit de Philippe Grimberg, ainsi « analysé » par Mme M., de Valbonne. Dans la préface d'un ouvrage intitulé *Pas de fumée sans feu*, le psychiatre avait été le premier à stigmatiser ce à quoi il s'est prêté chez Fogiel, à savoir le charlatanisme de « la psychiatrie dite "appliquée", attachée de manière caricaturale. »

celui qui rechigne à se plier n'est pas loin d'être considéré comme mentalement déséquilibré, comme à l'époque stalinienne. C'est d'ailleurs un psychiatre qui a été invité, à la fin de l'émission, à commenter le “cas” Bardot. Elle a évité de peu l'enfermement. »

On a également accusé Brigitte d'avoir signé un livre écrit par son mari. Fadaises ! Voici un exemple qui vaut aussi « révélation exclusive », comme disent ces messieurs de la presse. À la page 155, dans un chapitre où elle vient de faire un sort aux ligues bien pensantes, BB change son fusil d'épaule et commence à tirer sur les politiques : *Je nique Mamère et sa grande gueule ! Il porte en lui une méchanceté qu'il enrobe dans le papier de soie de ses discours interminables sur des sujets radicalement politiques où aucune compassion concernant l'écologie à proprement parler n'apparaît.* Sur le fond, Bernard n'a pas désapprouvé, tant il est évident que l'ancien journaliste de France 2 est à l'écologie ce que nos grands-mères sont à la Tektonik. Or, le jeu de mots lui a paru des plus douteux et il a conseillé à Brigitte de le retirer. Laquelle lui a répondu en riant qu'elle considérait au contraire son « Nique Mamère » — une allusion au groupe NTM – comme une trouvaille des plus désopilantes. Et quand Bardot décrète que *c'est rigolo*… Bernard redoutait le procès en diffamation ; il n'y eut qu'une sanction verbale, un lieu commun prononcé par Noël Mamère dans *France Soir* : « La haine est une seconde souffrance. »

Et parce que tout est bien qui finit bien, voici quelques échantillons de lettres et lettres-pétitions les plus représentatives reçues par Bardot, qu'un de ses amis classa par paquets de 100. Toutes font de Fogiel le grand perdant de ce que beaucoup considèrent comme un « guet-apens » tendu à Brigitte, héroïne nationale et indéboulonnable mythe. Mères de familles, célibataires, retraités, adolescents, conseillers généraux, artistes peintres, professeurs de musique, journalistes, médecins écrivant sur des ordonnances, artisans, pêcheurs, docteurs en psychologie, avocats, profs de yoga, magistrats, coiffeuses, secrétaires, employées à la Sécu, juifs, cathos, athées, Français, étrangers, fils d'immigrés, anciens résistants, cocos, socialos, nationaux : tous ne sont pas obligatoirement des admirateurs de l'ancienne actrice, ni même forcément d'accord avec l'ensemble de ses idées, certains appréciant tel propos et rejetant tel autre, mais tous, amis des animaux et partisans de la démocratie, accordent à une femme qu'ils savent profondément humaine le droit de s'exprimer, reconnaissant qu'elle « dit tout haut ce que tout le monde pense tout bas ». Beaucoup la remercient à ce titre.

Premier enseignement : tous ceux qui, en France, approuvent les pensées de Brigitte Bardot sont loin, parfois très loin de l'électorat de Jean-Marie Le Pen :

*Je partage totalement vos idées et pourtant je précise que je suis totalement opposée à celles du Front National. J'insiste car la presse souligne que seuls les gens de ce parti vous soutiennent. Faux ! Beaucoup de braves gens d'autres partis ou sans opinion sont derrière vous. Pour les sans-papiers et autres occupants d'églises, entièrement d'accord avec vous. Vous ne supportez pas cette France décadente, moi non plus. Vous êtes scandalisée par le sort réservé aux moutons de l'Aïd égorgés dans les baignoires, je le suis aussi. Alors, je suis raciste comme vous ? Sans doute, puisque j'ai recueilli cinq enfants de couleur (marocains, algérien, sahélien, cambodgien, désormais adultes) que j'ai élevés seule avec un petit salaire et sans aucune aide, car ils n'étaient que recueillis, avec passeports à renouveler et à quels prix ! Combien M. Fogiel a-t-il recueilli d'enfants de couleur, lui, le scandalisé, l'écœuré ? J'ai longtemps vécu dans les pays arabes et ai toujours défendu leur dignité et reconnais, admirative, leur sens de l'hospitalité. J'ai discuté avec plusieurs d'entre eux, scandalisés qu'on ose souiller un lieu de culte, ils m'ont dit fort justement, imaginez qu'il en soit ainsi dans une mosquée. Allez, M. Fogiel, uriner dans une mosquée, imaginez-le un instant. Qu'a-t-il fait, lui, le pur Fogiel, pour les émigrés ? Qu'a-t-il fait pour les homosexuels ? Ce pauvre type ne vous arrive pas à la cheville, chère Brigitte, et c'est pour cela qu'il est si stupidement agressif. Il sent bien qu'il n'est* RIEN. *Sûr, Brigitte, que Mme de Fontenay* [Fogiel s'est vanté qu'elle l'avait soutenu] *(au titre de noblesse usurpé) crève de jalousie face à vous, elle qui n'a été qu'une miss d'une année, sûr qu'elle a rêvé d'être une BB, mais ne l'est pas qui veut. Vous restez inégalée. Soyez rassurée, chère Brigitte, vous êtes pour toujours la plus grande, la plus vraie et on vous aime ainsi. (Mme K, Montigny-le-Roi)*

*Par la présente, je voudrais vous apporter mon soutien dans l'épreuve que vous avez subie. <u>Je suis communiste</u> et je peux vous assurer que sans partager toutes vos idées, je vous les laisserai exprimer. Je vous admire ! La FRANCE vous admire. Vous resterez dans mon cœur. Je vous joins copie de la lettre adressée à «marc fogiel» minuscule. Recevez, Madame, l'assurance de mon admiration indéfectible. (M. G., Saint-Chamond)*

*Je ne suis pas sympathisante du FN, je suis socialiste, mais je partage <u>toutes</u> vos idées. Les animaux, cela fait une éternité que je me penche sur leurs abandons, leur détresse, leurs souffrances. J'ai des fins de mois difficiles, mais je continue le combat. Et je suis outrée de voir le laxisme dont on fait preuve envers les immigrés, sans se rendre compte de la montée dangereuse de l'islamisme. (Mme T., Retraitée de l'enseignement. Palmes académiques)*

*Je suis bouleversé et révolté. Cet individu, reflet de la société française actuelle, s'est cru tout permis en vous harcelant. Qu'a-t-il fait dans sa vie, ce sinistre individu ? Pour qui se prend-il ? Peut-être est-il commandité par certaines associations, soi-disant humanitaires et qui ne protègent que les voyous [...]. En 1978, j'ai eu la joie de rencontrer Pierre Bérégovoy avec qui je suis devenu ami. Il disait : « Le socialisme c'est l'amour du prochain, l'appel à la raison, le refus de la haine. » Pierre était un homme profondément juste que l'on a poussé à la fin tragique qui fut la sienne. Qu'en est-il de cet idéal ? Depuis, j'ai quitté le parti socialiste, formation qui protège les délinquants et les paresseux. (D.P., Maubeuge).*

L'indignation contre Fogiel apparaît dans son écrasante majorité. La sanction envers son comportement est très forte, émanant de toutes les franges de la population. La plupart des correspondants évoquent le courage de la star et sa dignité face aux attaques de l'animateur. Nombreux sont d'avis que Brigitte aurait dû quitter le plateau. Ils fustigent la « lâcheté » de MOF, rappelant que si Delon était resté, le « petit animateur qui aboie quand il sait qu'il ne risque pas de prendre un coup de poing dans la figure », aurait fait profil bas [12]. Ce n'est pas le fond de cette affaire qui a choqué, mais la forme et la bassesse d'un procédé mettant en situation une femme seule livrée à une « meute de chacals ». Aussi, les femmes ont-elles réagi en masse, horrifiées. *Via* Bardot, ce sont elles que Fogiel a blessées. « Petit con » n'est pas le seul titre qu'elles lui décernent avec délectation ou regret. La notion de petitesse

12. Au lendemain de l'émission, Delon qui n'avait pu rester jusqu'à la fin, téléphona à Brigitte pour lui assurer que lui présent, les choses ne se seraient pas terminées de la même façon.

revient avec récurrence. Mme E., de Colleville Montgomery, suggère d'ailleurs que Fogiel aille apprendre son métier avec Michel Drucker, « avant de prétendre jouer dans la cour des grands ». « Je ne comprends pas qu'on le laisse faire de telles choses », se plaint Mme M., de Bayonne. Plus acide, Mme R. traite l'animateur comme une femme blessée se croit en devoir de traiter un homme qui bafoue à ce point le respect dû aux dames – Fogiel avait employé le terme « bouffie » devant Brigitte. Elle dit par ailleurs à ce « petit qui se prend pour Zorro » que « Zorro avait du savoir-vivre et du respect », ce qui ne semble pas être son cas. Elle dit aussi que si un jour il se retrouve à la SPA, abandonné, personne ne viendra le chercher, suggérant « qu'il se déguise en Brigitte Bardot, ce sera trop drôle ! »

Il est à craindre que ce soir-là, le « petit homme qui se tord la mâchoire pour avoir le dernier mot » (*dixit* M. F., de Charbonnières les Bains) a perdu au moins 20 000 clients, fidèles, occasionnels ou potentiels. Brigitte, en revanche… « Bien que tout au long de votre carrière, Madame, je vous ai jugée avec une certaine indifférence, votre comportement très digne durant cette prestation télévisée m'amène à réviser mon jugement à votre égard. » (M. F.A., Vouzon). Et encore : « Jadis, ni hostile ni fan de BB, j'ai appris à mieux vous connaître et je voulais simplement vous dire combien j'ai été, avec beaucoup d'autres, offusqué des attaques vociférantes dont vous avez été l'objet en fin d'émission. À votre place, j'aurais traité l'animateur de facho ! Vous avez préféré garder votre dignité. Bravo BB. » (M. X., Rouen).

Toutes ces missives sont pour la plupart intelligentes et parfaitement bien argumentées. Même les homosexuels mettent un carton rouge à Fogiel et à ses méthodes :

*J'ai cinquante ans, marié à vingt-deux ans, quatre enfants, puis divorcé, je vis depuis six ans avec un homme également divorcé et père de trois enfants. Nous n'avons absolument pas été choqués par vos propos sur les gays ou les travestis ou la Gay Pride, chacun a le droit d'avoir ses propres opinions. L'éventail de nos amis va de couples hétéros, de couples gays ou célibataires, à de jeunes amis de nos enfants et votre livre a été le sujet de discussions de nombreuses soirées. Arrivés avec les préjugés entendus à la suite des propos de certains journalistes (qui ne doivent certainement pas assumer leur homosexualité car bizarrement tous les trois sont gays), je vous assure qu'ils avaient changé d'opinion en repartant. Je leur ai expliqué qu'avant de parler d'un livre qu'ils n'avaient pas lu, je leur proposais d'en lire quelques passages durant seulement un quart d'heure afin de se faire une idée et non de parler sur des phrases sorties de leur contexte par les journalistes. Eh bien, c'est plus d'une heure parfois que cet exercice a duré. Finalement, ils étaient tous d'accord avec vos propos, les jeunes comme les plus âgés, j'ai même été étonné par la fille de mes voisins qui vivait à l'époque avec un jeune Beur depuis deux ans. Tous ont reconnu que vos propos sur l'art, la publicité, les nouveaux vocabulaires, les hôpitaux, etc., sont véridiques, malheureusement pour nous.*

En voici une autre :

*J'ai vingt-quatre ans, je vous admire depuis longtemps déjà. J'écoute vos chansons depuis tout petit et je vous découvre peu à peu en tant qu'actrice. Je tiens également à vous féliciter pour ce que vous faites pour les animaux. Vous êtes l'une des seules personnalités françaises à vous investir totalement dans un combat sans rechercher la médiatisation, cela vous honore. J'ai lu votre dernier livre,* Un cri dans le silence*, avec grand intérêt. J'adhère en grande majorité à ce que vous dites, notamment sur les gays. Étant moi-même gay et vivant à Paris, je trouve le Marais et les Gays Prides déplorables. Comment les gens de province peuvent-ils avoir une autre opinion que l'image de folles tordues que ces gays véhiculent par le biais de la télé ? C'est tout simplement lamentable. Tout le reste de votre livre sonne juste : l'islamisation en France, les sans-papiers souillant notre patrimoine culturel, l'Éducation Nationale d'aujourd'hui, les grèves... À ce jour, au vu des actualités, la France déconne vraiment. Où va-t-on ? Moi qui aimais bien Marc-Olivier Fogiel, je l'ai trouvé odieux à la fin de l'émission. Je ne regarderai jamais plus ses émissions et lui ferai part de mon point de vue par mail. Vous me touchez énormément par votre personnalité. Moi aussi* *l'humanité me dégoûte et les gens me touchent individuellement. Le seul sujet sur lequel nous ne pourrions être d'accord est qu'apparemment, vous soutenez le FN* [sic]. *Je ne peux pas adhérer à ce parti vis-à-vis de ma condition de gay et sur le fait que M. Le Pen nous considère comme des déchets de la société. Je trouve ça inadmissible. Mais comme vous l'avez dit dans votre livre, lui au moins n'a pas retourné sa veste et reste fidèle à ses opinions. Je ne juge pas les gens sur leur appartenance politique mais à ce qu'ils ont dans le cœur. Et vous, Brigitte, vous avez un cœur énorme, encore une fois blessé injustement par un petit con de journaliste de France 3 ! Courage. (P.A., Paris)*

Et tandis que Laurent Gerra récupère la balle au bond : « Fogiel est le seul phoque que BB n'aime pas », Brigitte reçoit le soutien plus solennel d'anciens Résistant(e)s, que l'attitude de Fogiel a ramené à de mauvais souvenirs :

*J'ai quatre-vingts ans et j'ai participé à la Résistance à Lyon. Je suis fière de vous, vous êtes la seule femme que je vénère, avec Marie Curie. Pour moi, vous êtes une sainte, votre âme est lumineuse. Votre corps était pudique, votre beauté sans vice. Avec Marilyn, vous serez inoubliable. (Mme B., Nice)*

*Je suis entièrement de votre avis et j'approuve votre façon de juger la situation catastrophique de la France, j'admire votre honnêteté et votre courage, suis outré de voir de quelle manière vous avez été traitée. Ancien Résistant du maquis d'Auvergne, je ne vois pas à quoi ont servi tous nos sacrifices et suis très pessimiste sur l'avenir. Avec toute mon admiration. (M. H., Bois Guillaume)*

Des étrangers lui écrivent en nombre, ou des Français d'origine étrangère, fils d'immigrés. Comme cette dame qui lui dit : *Je suis américaine, mariée à un Français depuis vingt ans. Je peux vous assurer qu'on vous aime aux USA où les talk shows ne se passent pas de cette manière agressive. Exigez pour des interviews, comme le font les autres vedettes, par exemple Madonna, si elle ne sait pas exactement les questions, no deal ! Vous êtes franche et droite. Beaucoup de personnes pensent comme vous mais n'osent pas le dire.*

D'autres encore :

*Je suis fils d'immigré italien du Val d'Aoste, qui était hier fier d'être français, fier que parmi tous les immigrés Val d'Aostains, «pas un ne soit passé en cour d'assises». Il avait adopté sans réserve les lois républicaines. Il nous a enseigné la tolérance, le respect de l'autre, le sens des vraies valeurs et aussi que les droits que nous avons impliquent des devoirs. J'ai très bien compris votre mouvement d'humeur et grâce à MOF, par son intolérance et sa position de donneur de leçons, je vais acheter votre livre. Vos indignations ne sont qu'une réaction de simple bon sens et c'est cela qui choque le politiquement correct dont nous sommes saturés. (J., cinquante-sept ans)*

*Je suis né au Liban, n'ai pas lu votre livre mais j'ai très bien saisi ce qu'il vous a été donné d'exprimer au cours de cette émission. En effet, si la «Suisse du Moyen-Orient», que vous avez visitée en 1964, est méconnaissable aujourd'hui, c'est bien à cause de la tradition d'accueil et d'hospitalité qui l'a longtemps caractérisée. Le pays du cèdre a ouvert un peu trop ses portes aux «visiteurs» des pays voisins et il l'a payé très cher. Toutes ses communautés ont souffert, mais aucune ne se sent aujourd'hui autant menacée dans son existence même que la communauté chrétienne à laquelle j'appartiens, et qui a pourtant été le pilier principal de ce pays. Vous n'êtes pas la seule à constater la décadence de nos sociétés contemporaines, mais vous y êtes plus sensible que la plupart d'entre nous parce que vous avez beaucoup plus de recul que nous qui sommes au cœur de cette incessante et vaine agitation et qui finissons par ne plus la voir. Soyez assurée que nombreux sont celles et ceux qui vous approuvent sans penser à vous écrire. Mais quelle que soit l'ampleur du soutien dont vous bénéficiez, le principal est que vous soyez en accord avec vous-même, car, comme vous le dites si bien, ce n'est pas parce qu'ils sont nombreux à avoir tort qu'ils ont nécessairement raison. (M. N., Paris)*

Une fille de Harkis, chrétienne, fait part à Brigitte de son émoi devant ses propos, elle dont le père s'est battu pour la France, lors de la Seconde Guerre mondiale et ensuite en Indochine et en Algérie. Elle lui dit qu'elle est contre l'immigration mais que ce n'est pas aux immigrés qu'il faut s'en prendre, mais aux gouvernements successifs qui les ont laissés entrer. Elle lui demande enfin pourquoi elle ne parle jamais de l'immigration de l'Est ou d'Asie, « des gens fourbes sous leurs airs polis, qui font leurs coups en douce et sont à l'origine de beaucoup de trafics ». On la sent très émue à l'évocation du massacre par le FLN de sa mère et son petit frère, sous ses yeux, alors qu'elle était âgée de cinq ans. « Longtemps, je me suis sentie responsable de leur mort car j'avais assisté à leur agonie sans rien pouvoir faire, mais qu'est-ce qu'une petite fille de cinq ans pouvait faire contre des barbares ? Ils m'ont volé mon enfance et ma jeunesse et une partie de moi est morte avec ma mère. » Cette femme qui, en dépit du racisme, a élevé son enfant avec une exemplarité qui lui vaut les éloges de ses professeurs, défend son honneur en disant qu'elle n'a jamais rien demandé à l'État français. Elle s'indigne de la façon irrespectueuse dont quelques unes de ses collègues de stage parlent de la France. « Certaines d'entre elles sont mariées avec des Français de souche et ce sont celles qui sont les plus virulentes à l'égard de la France. Je me suis permis de leur faire remarquer qu'elles devraient être reconnaissantes envers ce pays qui les a accueillies et qui leur permet de suivre une formation de 15 000 francs par personne, car ce n'est pas leur pays qui finance cette formation, mais la

France. Alors elles ont commencé à me traiter de raciste, la plupart d'entre elles sont originaires d'Afrique noire. »

Discours identique, tenu par une foule de correspondants confrontés à ce genre de situations et qui se plaignent de discrimination et d'autres problèmes évoqués par Brigitte dans son livre :

*C'est la première fois que j'effectue une telle démarche. J'ai beaucoup apprécié votre courage. J'ai cinquante et un ans, mariée depuis vingt-huit ans et mère de trois gentilles jeunes filles. Il est triste de voir par exemple que, de nos jours, on nous regarde de travers lorsqu'on dit que nos enfants suivent le catéchisme ou que l'on va à la messe ; mais ces mêmes personnes qui nous critiquent trouvent normal qu'il y ait de plus en plus de musulmans et qu'il faudrait construire des mosquées. (Je respecte néanmoins la religion musulmane et ses fidèles qui font preuve d'une très grande foi.) Je vous renouvelle mes remerciements pour votre intervention. (Mme B., Verneuil)*

*J'ai trente-neuf ans, mariée, deux enfants. Révoltée par l'émission de Fogiel. Je suis d'accord avec vous. Je suis conductrice de bus à V. et je suis bien placée pour voir qu'on est en train de se faire «bouffer». Pendant que je roule durant huit heures dans les rues avec mon bus, pour gagner un salaire à peu près décent et que je passe dans certains quartiers et que je vois toujours les mêmes personnes, les mains dans les poches autour de leurs superbes voitures, payées sans effort ou assis à la terrasse de café toute la journée, je suis révoltée. Lorsque Le Pen est passé au 1er tour, nous avons eu beaucoup de problèmes : agressions, insultes, etc. Ils se baladaient avec des tee-shirts marqués «Algérie» ou «Maroc» pour nous narguer. Où est la tolérance ? Qui sont les racistes ? Lorsqu'ils vont aux Assedics ou aux allocations familiales, là ils sont bien français. On dirait que les gens qui les défendent ne se rendent pas bien compte de la situation dans laquelle on est, je ne les mets pas tous dans le même sac, car heureusement certains sont bien intégrés, mais c'est loin d'être la majorité. Si ça continue, nos filles seront obligées de porter le foulard. Je suis obligée de mettre mes enfants dans un collège privé, car les autres subissent le racket et la violence au quotidien. Est-ce normal ? Vous dites tout haut ce que les autres pensent tout bas. J'en viens à vos idées sur les animaux, je suis de tout cœur avec vous, je ne supporte pas de les voir souffrir. Ne changez pas, Madame. (Mme B., V.)*

*Je suis un patron pêcheur professionnel marseillais qui parle au nom de tous les pêcheurs marseillais qui, après avoir suivi ton passage à la télé, ont été de tout cœur avec toi et qui approuvaient tes dires, car on pense tous comme toi. Nous aimons les animaux et approuvons ton combat contre la vivisection, ceux qui font ces expériences il faudrait leur faire à eux pour voir ! On va tous acheter ton livre car tout ce que tu dis est vrai, la majorité des Français le pense. Tous les gouverne-*

*ments n'ont rien fait pour régler le problème de l'immigration, sinon l'amplifier et les régulariser. Le Français n'a plus de droits chez lui et toutes les taxes que l'on paye vont dans leurs poches. Toi, Française, tu as dit que tu n'avais pas la Sécurité Sociale, eux, ils l'ont pour toi, ils ont la CMU, ils ne payent pas les médicaments, tout est gratuit pour eux. Beaucoup d'acteurs et d'actrices pensent comme toi et n'osent pas le dire de peur d'être pointés du doigt par les médias. Nous sommes de tout cœur avec toi. Tous les pêcheurs marseillais te font de grosses bises. Continue ton combat pour les animaux. Un animal qui te montre son affection n'a pas d'arrière-pensée, chez l'homme il y a parfois un coup de couteau derrière. Chez nous, dans le Midi, on dit que celui qui aime les animaux aime les gens. Reste comme tu es, ne change pas et garde tes idées. Excuse les fautes, je t'écris avec mes mots, je n'ai pas fait de hautes études mais le cœur y est.*

Cette mamie, en revanche, tout en mettant un carton rouge à Fogiel (« mauvais comme la gale ») se permet de remonter les bretelles de Brigitte :

*C'est vrai, il a gâché une émission qui était très agréable, et vous aviez raison de vouloir la terminer en beauté. J'ai lu vos précédents livres, pas encore le dernier, et je me demande si je le lirai. Vous savez, sans doute, que quelques phrases de votre livre sont pour le moins malheureuses, et de votre part m'ont étonnée. Je suis une vieille dame de quatre-vingt-trois ans, mais je ne les ai pas du tout dans ma tête. J'admire votre combat pour les animaux de toutes sortes, je trouve aussi que nous avons un peu trop d'immigrés, mais c'est nous qui sommes allés les chercher pour reconstruire, après la guerre de 40. Vous dites : je suis française de souche* [13]. *Mais si vous relisiez l'Histoire, avec toutes les guerres et invasions que nous avons subies, il n'y a pas un Français qui n'ait une goutte de sang germanique, espagnol, slave ou arabe ! Quant à l'église Saint-Bernard... Elle aurait dû être évacuée beaucoup plus rapidement ! Passons sur l'école, les profs et autres sujets, que nos gouvernants successifs n'ont pas su ou pu traiter. Terminons sur un point qui m'a surprise, vraiment. Vous qui avez incarné la liberté sexuelle, qui recevez chaleureusement Pascal Sevran, qu'est-ce que ça veut dire cette position homophobe ? Certes, je*

13. Un terme effectivement employé par Brigitte sur le plateau d'ONPP et qui hérissa Fogiel. Aussi, un ancien vendeur qui avait eu l'occasion de servir BB dans un magasin chic du seizième arrondissement de Paris, se mit-il en peine d'envoyer à l'animateur une étude de l'immigration en France, depuis les origines de la Gaule. Il fait ressortir les différentes émigrations qui eurent lieu après l'an 1000 (Lombards, Espagnols, Anglais, Allemands, Tziganes, Juifs, Polonais, Austro-Hongrois, Italiens, Tziganes, etc.) en rappelant qu'en 1911, tous ces émigrés ne représentaient que 2,86 % de la population française. « Cela pour vous dire que, malgré cette émigration, depuis plus de mille ans, une identité s'était forgé en France, en cette occurrence, celle du Français. Ce qui donne le droit légitime à des millions de Français, dont les ancêtres remontent à plusieurs siècles, de dire, "Je suis un Français de souche". Je ne comprends décidément pas pourquoi on le reproche à ces Français. C'est un peu comme si l'on vous reprochait d'être le fils de vos parents. Ce serait aussi stupide. »

*n'aime pas du tout la Gay Pride, mais l'homophobie en 2003 ! Quant aux transsexuels, ce sont des malades, c'est douloureux à vivre et nous n'avons pas à juger ! Nous ne vivons plus à l'époque de notre jeunesse. Tout a changé, le monde aussi, il faut nous adapter, ou nous risquons de passer dans la catégorie «vieux croûtons» et cela, je m'y refuse ! La télévision ne suffit plus de nos jours, il faut aller sur Internet, c'est passionnant et on apprend beaucoup de choses ! (Mme F., Paris)*

Mais voilà qu'une adolescente surgit à la rescousse de Brigitte :

*J'ai dix-sept ans. Je n'ai pas pu regarder l'émission de Fogiel, mais j'ai entendu Fogiel chez Bern et chez Morandini, puis sur RMC Infos, il y a deux animateurs qui ont parlé du livre, à les entendre, vous êtes un monstre. Quelle bande de nuls ! Bravo pour tout ce que vous avez osé dire, personne n'a à vous faire changer d'avis. Vous dites juste la vérité, il n'y a rien de grave. Par contre, ce que je trouve très choquant, ce sont toutes les paroles que les animateurs disent sur vous, en particulier les deux animateurs de RMC Infos, avec leurs phrases « Faut-il faire taire BB ? » J'ai trouvé ça dégueulasse. Puis ils ont osé dire que vous faisiez « gerber ». Sur une autre radio, un autre animateur a dit que vous étiez une « truie ». Je trouve ça horrible, comment osent-ils parler de vous comme ça ? C'est comme Ruquier qui ne veut pas dire le titre de votre livre pour ne pas vous faire de la pub, c'est complète-*

*ment débile, même moi qui ne peux pas sortir, je connais le titre… Je suis sûre qu'il y a des associations qui vont vous faire des procès car ils sont bien contents que vous ayez dit quelques petites choses qui les arrangent, ils vont faire de l'argent sur votre dos, mais j'espère très fort que vous ne serez pas condamnée car je trouverais ça écœurant, l'argent doit servir aux animaux, pas à ces associations-là. Ps : Si je pouvais, je serais votre avocate, j'interviendrais sur toutes les radios qui vous insultent, je vous défendrais bec et ongles sortis !*

Moins de griffes, mais une pareille indignation de la part d'un défenseur de l'ombre auquel Brigitte ne s'attendait peut-être pas :

*Je suis chasseur (en Alsace) et je ne mets jamais les pieds dans un cinéma. C'est la première et dernière fois que j'écris à une vedette mais je suis poussé par les nombreux amis d'Alsace et d'ailleurs. J'ai été indigné par la véritable agression de Fogiel à votre égard. J'ai regretté l'absence de Delon et j'ai arrêté la TV. Je pense que vous auriez dû en faire autant : laisser tomber ce petit con et partir. D'autre part (et surtout), cette histoire est pour moi l'occasion de vous dire que je soutiens votre combat pour les animaux. Je ne vois aucune opposition entre la chasse correcte et la défense des animaux. Il y a simplement de chaque côté des intégristes et de sombres crétins. Bien sûr, pas la peine de répondre, ma lettre est juste un petit coup de cœur. (M. B., Lalaye)*

Etc.

La voilà, « l'armée des simples gens », chantée par Goldman. En déclarant avoir reçu de son côté près de 2 000 mails d'encouragement, Fogiel a oublié d'évoquer le nombre de lettres et de mails de protestations, probablement des milliers qui s'ajoutent à toutes celles reçues par le directeur de France 3 et par différentes rédactions de journaux et de magazines français et étrangers, dont certains lecteurs ont appris à Brigitte qu'ils s'étaient désabonnés. D'aucuns en ont même appelé au président Chirac ! Pour faire face à ce tsunami de protestations, Paf Productions avait répondu par une circulaire, exactement la même que celle de France 3, ce qui tend à démontrer que la chaîne a couvert l'animateur, ne tenant aucun compte de la colère populaire. Nullement satisfaites des explications données, plusieurs personnes réitérèrent leur indignation en écrivant de nouveau. En pure perte…

Fogiel s'est vanté d'avoir reçu le soutien de Jamel Debbouze. L'année suivante, en décembre 2004, c'est à Dieudonné que Jamel apporta ses suffrages à la suite du fameux sketch sur l'axe sioniste, chez le même Fogiel. « C'est le meilleur d'entre nous, il a les couilles de dire ce qu'on pense, continuez à le soutenir comme vous le faites, on en a besoin », déclara-t-il sur la scène du Zénith. Depuis, Jamel se fait beaucoup plus discret sur le sujet. « La soif de richesse torture davantage que la soif de ceux qui manquent d'eau », jure un proverbe arabe. Quant à Dieudonné, signalons qu'il a osé s'adresser à BB (par le biais de sa Fondation), pour lui demander de signer une pétition contre Fogiel. Ce à quoi elle n'a pas donné suite. Non par dépit envers un comique qui la fait frémir, ni par compassion envers un animateur sorti de sa mémoire et de son estime et de celle de nombre d'auditeurs et de téléspectateurs – Marc-Olivier qui ? –, mais parce que cette guérilla n'est pas la sienne. Ailleurs sont ses préoccupations. Davantage révolte que nostalgie, Bardot porte sa Croix mais ne vit pas dans ce qui n'est plus.

*Tout être qui n'est pas misanthrope à quarante ans n'a jamais aimé les hommes.*

CHAMFORT

*Ne te laisse pas vaincre par le mal, mais sois vainqueur du mal par le bien.*

SAINT-PAUL

*Un jour, je reviendrai en grâce, je le sens.*
*On dira alors que j'ai été une visionnaire.*

Brigitte BARDOT

# 6

## *États de service d'une « multirécidiviste »*

« On aura beau retrancher, supprimer, mutiler, a dit Napoléon, il sera difficile de me faire disparaître tout à fait. Un historien français sera obligé d'aborder l'Empire et, s'il a du cœur, il faudra bien qu'il me restitue quelque chose, qu'il me fasse ma part, et sa tâche sera aisée car les faits parlent, ils brillent comme le soleil. » Avec un minimum d'impartialité et de professionnalisme, l'équipe d'« ONPP » aurait gagné à rendre à Bardot sa vérité à travers ses actes, en diffusant par exemple les images d'une Brigitte alors au firmament implorant ses compatriotes de sauver l'idéal de Joséphine Baker. Après la guerre, la « Vénus d'ébène » s'était prise à rêver d'un monde idéal où les hommes, ayant aboli tous les malentendus, vivraient en parfaite harmonie. Pour donner l'exemple, elle adopta douze enfants recueillis aux quatre coins du monde, de toutes nationalités et de toutes confessions, qu'elle installa en son château périgourdin : *Les Milandes*, « Village du monde », « Capitale de la Fraternité Universelle ». Un énorme tonneau des Danaïdes qui accula peu à peu la chanteuse philanthrope à une situation financière bientôt inextricable. « À maintes reprises, elle s'est adressée à Line Renaud et à Jane Russell, à l'intention desquelles elle me dictait de véritables appels au secours, a raconté Michèle Barbier, la dernière secrétaire de la chanteuse. L'influence de ces deux vedettes était assez grande, croyait-elle, pour lui décrocher un engagement dans un établissement de Las Vegas. Hélas, ni l'une ni l'autre n'a répondu à ses suppliques. [1] » C'est alors que BB était entrée en scène. Au contraire de Line Renaud à qui Joséphine avait rendu de précieux services et, en dehors du télégramme de félicitations de la « maman du monde » adressé à Brigitte pour la naissance de Nicolas, les deux femmes ne se connaissaient pas et ne se rencontreraient jamais, autrement qu'en esprit.

Il était un petit peu plus de 20 heures 20, le jeudi 4 juin 1964. Dans les foyers équipés d'un poste de télévision, on suivait attentivement les informations, lorsque sur l'écran le visage de Brigitte Bardot apparut, grave, suppliant. Elle ne venait pas faire la promotion d'un film ni plaider en faveur d'une mort plus douce pour les bœufs de la Villette, mais pour signaler au monde la profonde détresse d'une femme *exceptionnelle, généreuse, qui avait marqué de manière indélébile une époque de rêve, symbole inoubliable de beauté, de bonté, de joie de vivre, de roucoulades exotiques mais aussi passionnément concernée par l'envie de donner,*

1. *Tumpie, dite Joséphine Baker*, éditions Alan Sutton, 2005.

*d'adopter, de sauver, de rapprocher dans la fraternité biblique toutes les races, toutes les faiblesses, toutes les puretés du monde* [2].

Pour suivre cette intervention inespérée, Joséphine s'était retranchée dans un café de Sarlat, filmée par une caméra de la télévision régionale. Ces vieilles images en noir et blanc, que l'on ne regarde pas sans émotion, nous montrent une femme usée prématurément derrière de grosses lunettes noires, avec une méchante perruque posée de guingois sur le crâne. « C'est notre devoir d'aider Joséphine Baker, le devoir de chaque Français ! », déclara Brigitte avec force. Joignant le geste à la parole, elle signa un chèque d'un million de centimes. « Elle seule vient en ce moment à mon secours, concéda Joséphine. Je vais, si vous le permettez, Brigitte Bardot, vous dire humblement du fond de mon cœur de maman, combien je suis reconnaissante et je vous embrasse si fort… » Aussitôt, du monde entier, les dons affluèrent. En France, Jean-Paul Belmondo, Antoine Pinay, Gilbert Bécaud, Bruno Coquatrix, Marcel Dassault, François Mauriac suivirent l'exemple de Brigitte pour constituer un comité d'aide. À l'étranger, la Shabanou se manifesta et Paul VI envoya un chèque tiré de son compte personnel.

« Le devoir de chaque Français »… Que Brigitte n'avait-elle pas dit là ! À l'engouement spontané du populaire s'opposa la réserve, puis les réticences, enfin

2. *Initiales BB,* Grasset, 1996.

la condamnation de l'Intelligentsia. « Imaginez que pour une raison ou pour une autre, vous soyez incapable de gérer vos affaires, s'indigna Raymond de Becker dans *Arts*. Bien sûr, en France, il existe des milliers de parents dont les enfants sont dans la misère. Mais bien sûr, tout le monde n'est pas Joséphine Baker ou Brigitte Bardot. Ce n'est pas que je ne souhaite pas à Joséphine de se sortir de ses difficultés, mais telle n'est pas la question. La télévision est un organisme d'État. Il est inadmissible qu'elle soit mise au service d'intérêts privés. Fussent-ils de ceux de miséreux de luxe. Puisque Madame Bardot a eu l'outrecuidance de vouloir définir "le devoir des Français", je voudrais lui proposer en méditation, ce propos de Nicolas Berdiaef, d'après lequel l'amour auquel nous sommes tous tenus est celui du prochain et non du "lointain". Ce dernier n'est le plus souvent que fuite hors des responsabilités envers ceux vis-à-vis de qui l'amour nous a pleinement engagés. Mais c'est là un point de vue qu'une vedette doit avoir beaucoup de mal à comprendre. » Aussitôt, les défenseurs de BB firent connaître le leur : « Certes, il n'y a pas que du bon dans le cas de Joséphine, mais il n'y a pas que du mauvais. Le tout est de savoir si on veut ignorer le bon à cause du mauvais ou passer sur le mauvais au bénéfice du bon. Combien d'actes charitables accomplirait-on si on les soumettait à un examen critique préalable ? Quant à nous, nous obéissons à un mouvement spontané et notre nombre même démontre combien il est naturel. Et puis, de par sa renommée,

Joséphine exhauste [*sic*] le cas dans lequel elle se trouve impliquée. Au-delà d'elle, ce sont dans leur principe même de grandes causes que l'on soutient. Enfin, la charité ne porte tort à personne et elle fait du bien à ceux qui la pratiquent. »

Pendant ce temps, grâce à « l'outrecuidante », dans la grande cuisine des *Milandes*, le petit Algérien pouvait continuer à passer le pain au petit Français, le Suédois piquer malicieusement celui de l'Amérindien sans risque de se faire scalper, et l'Ivoirien sourire à son frère japonais en le voyant prendre la main de leur petite sœur marocaine. Or ce fut reculer pour mieux sauter car, à la suite d'une vente aux enchères remplie de nébuleuses, dans laquelle la châtelaine dépossédée soupçonna les plus hautes autorités françaises d'avoir trempé, en 1968, mère et enfants furent expulsés. Le plus grand tort de « l'Oiseau des îles » est d'avoir toujours confondu théâtre et réalité, mais Brigitte est bien placée pour savoir que seuls ceux qui n'auront jamais rien fait de leur vie sont à l'abri du risque. Face à ceux qui parlent sans agir, les abouliques si bien décrits par Démosthène au IVe siècle avant J.-C., elles auront chacune prouvé que l'inertie est la pire des solutions, le plus mauvais remède. Toutes les deux avaient vu leur effigie brûler en place publique avec une violence tout à fait démesurée en rapport à l'innocence de leurs arts respectifs. En 1960, il y eut un journaliste assez éclairé pour écrire dans une revue cinématographique : « Pardonnera-t-on un jour à Bardot ? C'est à voir. Joséphine Baker qui, trente ans plus tôt dénouait d'un seul coup de reins une génération de crispés en même temps que sa ceinture de bananes, devint une dame qui chante des chansons douces, fit de la résistance active et a adopté douze orphelins. Mais elle porte encore le fagot... »

« Où sont tes grands amis de la Licra, que font-ils, pendant qu'une actrice monte au créneau pour en appeler aux bas de laine ?, avait demandé le commandant Abtey à Joséphine. Ils auraient les moyens de te sauver s'ils le voulaient ! » L'ayant recrutée pour le compte du IIe Bureau en 1939, en qualité d'honorable correspondante, Abtey était devenu son chef direct pendant la guerre et resta l'un de ses vrais amis par la suite. Où étaient effectivement la Licra, mais aussi le Mrap et la Ligue des Droits de l'Homme ? Il n'y eut qu'une femme, une seule, à avoir crié pitié pour Joséphine. *Un cri dans le silence...* déjà. *À ce moment-là, c'est merveilleux d'être célèbre. Quand on est connu, et que votre parole peut avoir un poids, quand on peut s'en servir pour des choses qui en valent la peine, il faut le faire* [3]. Les membres de la Tribu Arc en Ciel ne manquent d'ailleurs jamais de rappeler la noblesse et le désintéressement du geste de BB. En 2008, l'un d'eux l'a cordialement invitée à une manifestation commémorative en l'honneur de sa mère. « Joséphine a subi la misère et le racisme comme personne ne les connaît en France actuellement, m'avait dit un jour le regretté Jean-Marie

3. *L'Express*, 1961.

Proslier. C'est pourquoi, elle a pris les positions qu'elle a adoptées plus tard avec une force et un courage admirables. Si elle vivait encore aujourd'hui, elle défendrait ces mêmes opinions avec plus d'intelligence que ne le font certains actuellement et qui le font mal. Elle en mettrait plus d'un au pas et son action vaudrait bien tous les meetings fleurissants, avec des slogans agressifs et propres à créer la division, alors que Joséphine n'avait de cesse de vouloir rassembler. Elle me fait penser à Brigitte Bardot qui est un peu notre Joséphine Baker à nous. Elle adopte, elle élève, elle soutient et elle sauve. » Un rapprochement également opéré par une dame qui écrivit à BB au lendemain de l'émission chez Fogiel : « Comme Joséphine Baker, vous êtes une grande dame pour tout ce que vous accomplissez. »

Brigitte reçoit au quotidien des dizaines de missives, des centaines parfois, pour les fêtes de fin d'année, pour son anniversaire, en d'autres circonstances également, suite à une émission, par exemple, à un procès (hélas !) ou à article paru dans la presse. Elle les lit toutes. Sans exception. S'il s'agit d'une demande particulière, elle y accède ou pas, mais elle met un point d'honneur à répondre à chacun, dans la mesure du temps dont elle dispose. La lecture de son courrier est un moment de la journée très important pour elle.

Le 14 mars 2006, parmi d'autres, une enveloppe jaune de format 21x30, généreusement timbrée à l'effigie du drapeau américain, retint son attention, avec à l'intérieur une lettre dactylographiée, écrite en anglais et signée Farley C. Matchett. Avant de transmettre à Paris, à Frank Guillou, Brigitte barra l'enveloppe de son écriture large et généreuse : *Un peu embrouillé mais il me semble que c'est un SOS d'un condamné à mort au Texas qui demande mon aide. Voir avec maître Kélidjian* [l'avocat de la Fondation] *qui parle l'anglais parfaitement bien, si je peux intervenir dans ce douloureux problème.* Elle ne le sait pas encore mais c'est le début d'une nouvelle aventure, un nouveau combat, la lutte désespérée d'un être humain, accessoirement star internationale, pour sauver vaille que vaille la vie d'un autre être humain, en l'espèce un citoyen américain lambda. Et qu'importe si le prévenu est coupable ou innocent, puisqu'il lui a écrit n'avoir tué que par légitime défense. C'est une vie qui est en jeu et Brigitte, qui ne supporte pas l'idée de la mort naturelle, accepte encore moins celle que des hommes infligent à d'autres hommes, au nom d'une justice dont on sait ce qu'elle pense. Comme elle s'était engagée pour sauver les Rosenberg de la chaise électrique, elle s'impliquerait pour Farley C. Matchett.

Consultant le Net, Frank Guillou découvre que Farley C. Matchett, né en 1962 dans un milieu social très modeste, est devenu accroc au crack, une drogue particulièrement nocive dont le manque peut faire commettre n'importe quoi à qui tombe sous sa dépendance. En juillet 1991, Farley s'était rendu chez son oncle par alliance pour lui réclamer une somme d'argent prétendument prêtée à celui-ci dix-huit mois plus tôt. La conversation s'envenimant, les deux hommes en seraient venus aux mains et Farley aurait fait acte de légitime défense en poignardant son oncle et en le frappant avec sauvagerie – ce que ses supporters oublient souvent de dire –, avant de se livrer à la police. Le procès se déroula sur quatre jours, du 22 au 26 février 1993. Farley plaidant coupable, son avocat commis d'office ne fit aucune objection aux arguments de l'accusation, pas plus que trois ans plus tard, devant la Cour d'appel. Ce qui, en cas contraire, aurait pu permettre l'ouverture d'un nouveau procès. Farley venait d'entrer dans ce que l'on appelle aux États-Unis le « couloir de la mort ».

Frank prend également contact avec deux comités de soutien signalés par Farley dans sa lettre à Brigitte, tous deux situés en France, expliquant à leurs animateurs respectifs que Madame Bardot aimerait pouvoir aider Monsieur Matchett dans la mesure de ses moyens. Comment peut-elle se rendre utile ? La réaction de l'une de ces personnes est d'abord hostile. Elle répond à Frank que cette affaire est sérieuse et que si Madame Bardot pense pouvoir se faire de la publicité sur le dos d'un Noir condamné à mort dans le fin fond du Texas, elle s'est trompée d'adresse. Elle ne croit d'ailleurs pas la Fée des animaux capable de s'intéresser à une pareille cause. « Cette dame ne s'est pas montrée très aimable. Je lui ai aussitôt renvoyé un message sur le même ton, en lui disant que, d'une part, elle n'avait pas à parler comme elle le faisait de quelqu'un qu'elle ne connaissait pas, et que, d'autre part, Brigitte ayant personnellement reçu une lettre de Farley, la demande provenait bien de lui. Elle s'est alors platement excusée d'abord par écrit, puis par téléphone, mettant son scepticisme sur le compte des différents refus ou silences essuyés par Farley auprès de certaines personnalités auxquelles il s'était adressé. »

La réticente allait vite comprendre que Brigitte s'investirait jusqu'au bout, comme elle le fait toujours lorsqu'une cause ou une personne l'a touchée. De fait, « Bri » met tout en branle pour voler au secours de son nouveau protégé. La Cour Suprême ayant rejeté le *writ of certorari* de Farley le 24 janvier précédent, une date d'exécution peut lui être donnée d'un jour à l'autre. Or, il reste un espoir en cela que le crime de Farley est défini comme une légitime défense par le droit pénal du Texas. Farley a donc besoin d'une défense solide pour plaider une dernière fois sa cause. Et qui dit avocat dit moyens financiers, en France comme aux États-Unis où tout ce qui concerne la peine de mort coûte excessivement cher. Brigitte pare au plus pressé et fait effectuer un premier virement de 5 000 dollars sur un compte prévu à cet effet, destiné à recueillir des dons. Ensuite, elle charge Frank Guillou d'alerter Robert Badinter, dont elle a gardé le meilleur souvenir et qui tient Brigitte en haute estime. L'ancien Garde des Sceaux — curateur de la loi éponyme sur l'abolition de la peine de mort en France – prend le temps d'expliquer à Frank qu'il faut faire très attention dans ce genre d'histoires, si Farley est dans le couloir de la mort, il n'est peut-être pas si innocent que cela. Il conseille donc à Brigitte de freiner des quatre fers et de ne surtout pas mouiller son nom dans un dossier dont elle n'a pas tous les aboutissants. « Il a été charmant, rapporte Frank. Brigitte m'avait dit que s'il demandait de l'argent elle était bien sûr prête à payer, mais il n'a rien voulu. Pourtant, il a effectué différentes démarches personnelles, me recommandant d'entrer personnellement en relation avec l'ambassade américaine à Paris. »

De son côté, Brigitte a préparé une lettre ouverte à George W. Bush, que Frank porte à la connaissance de différents médias et agences de presse internationales, dont l'AFP, Associated press, CBS News, CNN, *The Hollywood Reporter* et *The New York Times*.

*Monsieur le Président,*

*J'ai reçu par courrier un appel désespéré de Monsieur Farley C. Matchett qui, après de nombreuses années passées dans le couloir de la mort de la prison de Livingston, au Texas, devrait être exécuté dans les mois à venir.*

*L'histoire de cet homme m'a véritablement bouleversée. Sa condition sociale ne lui a malheureusement pas permis d'obtenir les services d'un avocat digne de ce nom et celui qui lui a été commis d'office n'a visiblement pas été à la hauteur. Quoi qu'il en soit, il existe une solution légale pouvant être appliquée au cas de*

*Monsieur C. Matchett dans la mesure où son crime est défini comme une légitime défense par le droit pénal du Texas.*

*Monsieur le Président, je vous supplie d'utiliser ce merveilleux pouvoir qui est entre vos mains pour que cet homme puisse bénéficier d'une révision de son procès. Je m'engage à participer financièrement à la rémunération de son avocat.*

*Farley C. Matchett ne doit pas mourir !*

*C'est impensable ! C'est inacceptable !*

*André Malraux a dit : « Une vie ne vaut rien mais rien ne vaut la vie. »*

*Dans l'espoir que ma prière sera entendue, qu'elle aura su toucher votre cœur, je vous prie de croire, Monsieur le Président, en l'assurance de ma sincère et infinie reconnaissance.*

*Brigitte Bardot.*

Dans l'intervalle, Brigitte souffrant toujours autant de sa hanche, a reçu une seconde lettre d'Amérique, écrite par l'épouse de Farley. Une lettre bouleversante, accompagnée de la photo des enfants, dans laquelle cette mère de famille lui a crié son désespoir. Brigitte a alors fait effectuer un deuxième virement de 5 000 dollars pour alimenter la caisse de l'avocat. Puis un troisième, après la relance insistante de Farley. 15 000 dollars au total. Sans réponse du président Bush, elle fait contacter Alain Delon qui l'appelle directement à

*La Madrague*. Il ne peut rien faire. Même son de cloche du côté de chez Renaud. Le 22 juin, Frank Guillou rédige un courrier à l'attention du chanteur. « Le sachant contre la peine de mort, Brigitte pensait que cette affaire pouvait le concerner. Lui aussi m'a très gentiment appelé au téléphone, mais il ne pouvait pas s'engager sur un dossier qu'il ne connaissait pas et vis-à-vis d'une personne dont on ne savait pas au juste quelle était la situation réelle. » Si la voix de Brigitte Bardot, dont le rayonnement est toujours aussi grand aux USA, ne trouvait aucun écho, qu'en serait-il de celle d'un Renaud inconnu là-bas ? Aussi, Brigitte, décide-t-elle de mettre le gouverneur du Texas, Rick Perry, face à ce qu'elle croit être ses responsabilités.

*Monsieur le Gouverneur,*

*Je tiens tout d'abord à vous dire tout le respect que j'ai pour votre fonction dans cet État du Texas.*

*Mais il faut que vous sachiez que cet État est reconnu mondialement pour être le plus dur et le plus intransigeant en ce qui concerne la peine de mort.*

*Cette lettre qui me vient du cœur est une supplique qui concerne Farley C. Matchett, incarcéré depuis plus de treize ans sous le matricule n° 999060, à Polunsky Unit à Livingston (Texas) et dernièrement transféré à la prison de Huntsville (Texas) dans le couloir de la mort.*

*Cet homme qui a commis une faute grave sans le vouloir, puisqu'il était en état de légitime défense, n'est ni un gangster, ni un violeur d'enfant, ni un serial killer. C'est un homme conscient de l'atrocité qu'il a commise à son corps défendant et qui regrette de toute son âme le drame dont il est, sans le vouloir, responsable.*

*Il doit être exécuté le 12 septembre prochain. Je vous supplie de lui accorder votre grâce, car tant de choses terrifiantes mettent le monde à feu et à sang, tant d'horreurs collectives beaucoup plus graves ensanglantent notre planète, qu'une grâce venant de vous pour cet homme qui a tant évolué, qui est devenu d'une humanité extraordinaire et qui est de plus le pilier d'une famille adorable, avec vieille maman, femme, filles, enfants, qui vivent un enfer !*

*Monsieur le Gouverneur, en le graciant, c'est à moi que vous feriez une merveilleuse faveur et je vous en serai éternellement reconnaissante.*

*Merci. God bless you.*

*Brigitte Bardot*

Concurremment, BB prend l'initiative de mettre Jacques Chirac à contribution, toujours en fonction à l'Élysée. Le 22 août, elle l'appelle et lui expose la situation. Le lendemain, Frank Guillou envoie au chef de l'État une lettre au nom de Brigitte, avec une documentation sur l'affaire Farley. « Il a répondu tout de suite. Très gentil, lui aussi. Il m'a tenu les mêmes propos que Badinter sur la prudence à adopter, me faisant bien comprendre qu'il ne pouvait pas décemment décrocher le téléphone rouge pour appeler le président Bush, il n'était pas du ressort de la France de dicter au président des États-Unis ce qu'il avait à faire en matière de justice. D'autant plus qu'aux USA, chaque État a ses lois propres, la demande de grâce incombe donc aux gouverneurs et non au Président. » Le fait que l'État du Texas soit celui de Monsieur Bush ne favorisant guère les choses…

L'échéance du 12 septembre approchant, l'cspoir s'amenuise. Que fait l'avocat de Farley ? Pas grand-chose, semble-t-il. Acculée à l'urgence, Brigitte décide d'interpeller à nouveau Bush et Perry, en leur réécrivant. Des lettres ouvertes, évidemment. Délicates entreprises, il faut toucher au cœur mais ne surtout pas trop en dire. Quand elle ne sort pas de ses gonds, Brigitte sait très bien faire cela. À George W. Bush, tout d'abord, le 4 septembre :

*Monsieur le Président,*

*Cette supplique est urgente et malgré les nombreux problèmes que vous avez à régler, je vous conjure de donner priorité à ma lettre.*

*Dans un courrier daté du 15 mars 2006 auquel vous n'avez pas donné réponse, je vous ai déjà exposé le cas de Farley C. Matchett, condamné à mort au Texas. Aujourd'hui le temps lui est compté puisqu'il doit être exécuté le 12 septembre prochain dans la prison de Polunsky à Livingston (Texas). Ce Noir américain a été condamné à mort sans avoir eu ni les moyens ni la possibilité de se défendre, les différents avocats commis d'office, plus nuls les uns que les autres, n'ont fait qu'empirer son cas pourtant simple de* légitime défense.

*Cet homme emprisonné depuis treize ans a demandé une révision de son procès qui lui a été refusée, puis un sursis à son exécution à défaut d'une grâce, qui lui a été légalement refusé. Un important comité de soutien international tente de surseoir à cette terrible exécution mais rien ni personne ne peut à ce jour faire fléchir la décision du gouverneur du Texas, Monsieur Rick Perry.*

*Je vous conjure, Monsieur le Président, je vous supplie, je vous demande à genoux au nom de tous les Noirs et au nom de tous ceux qui, comme vous et moi, croient en Dieu, de faire ce geste miraculeux dont vous êtes le seul à avoir le pouvoir : surseoir à l'exécution et accepter une révision du procès. Je crois que ce geste, à l'image de la grandeur de l'Amérique, redonnerait au monde cruel dans lequel nous vivons un espoir en l'humanité d'un homme unique : VOUS.*

*Merci au nom de tous mes cœurs.*

*Brigitte Bardot*

À Rick Perry, dans un second temps, deux jours plus tard – les lettres à Bush sont en français, celles à Perry en anglais :

*Cher Monsieur le Gouverneur,*

*Je vous adresse cette dernière lettre du fond de mon cœur, du tréfonds de mon âme, avec mes larmes et avec tout l'espoir que je place en vous : s'il vous plaît, suspendez l'exécution de Farley C. Matchett [...] Permettez qu'il ait un nouveau jugement et qu'il soit défendu par un nouvel avocat digne de ce nom.*

*Gouverneur Perry, je vous demande d'agir avec humanité envers un homme qui ne mérite pas la punition suprême qui lui serait appliquée injustement.*

*Nous sommes des milliers à le soutenir ; nous sommes des milliers à espérer que vous ne le tuerez pas dans d'aussi terribles conditions d'inhumanité.*

*Merci, merci, merci, je place mon entière confiance en VOUS.*

*Dieu vous le rendra.*

*Brigitte Bardot*

De son côté, poursuivant ses recherches sur le Net, Frank Guillou a découvert qu'en définitive, Farley n'est pas l'ange de vertu que Brigitte, emportée par son enthousiasme et par sa passion, décrit dans ses lettres. Bien que lavé de cette accusation, il a déjà été inquiété pour une histoire de vieille dame assassinée pour des questions d'argent. Frank en fait part à Brigitte. Et puis ! Elle croit en cet homme et ne se sent pas le droit de reculer. Elle a fait une promesse à un inconnu à deux doigts de mourir, elle se voit mal trahir sa confiance. Et si ce n'est pas pour Farley, ce sera contre la peine de mort qu'elle agira encore et jusqu'à la limite de ses forces et de ses possibilités.

Ni le Ciel, ni George W. Bush, ni Rick Perry ne devaient exaucer les prières de Brigitte Bardot.

Le 12 septembre, la peine à laquelle Farley C Matchett avait été condamné fut appliquée. Au grand désespoir de sa bonne fée. « Je me souviens qu'à quelques heures de l'exécution, confie Frank Guillou, la grâce étant accordée ou rejetée, quelque chose comme dix minutes avant l'exécution, j'avais eu Brigitte au téléphone. *Tu te rends compte que demain, Farley ne sera peut-être plus de ce monde*, se désolait-elle. *C'est monstrueux ! Je pense à sa vieille grand-mère, à sa femme et à ses pauvres enfants.* » La sachant dans la peine, Jacques Chirac, qui avait un temps été favorable à un référendum sur la peine de mort, lui témoigna sa solidarité. Un courrier officiel dans lequel le président de la République se doit de vouvoyer celle qu'il appelait « sa biche », alors qu'en réalité, entre eux, le tutoiement est depuis fort longtemps de rigueur.

*Madame,*

*« Chère Brigitte » (manuscrit),*

*J'ai, comme vous, appris l'exécution, le mardi 12 septembre, de M. Farley Matchett au Texas.*

*Je tiens, en cette malheureuse circonstance, à vous redire que nous saisissons régulièrement les autorités américaines au sujet de la peine de mort.*

*Comme vous le savez, la France est opposée à la peine capitale dans tous les cas. Nous n'avons de cesse d'appeler à son abolition universelle, en liaison avec nos partenaires européens.*

*Nous considérons en effet que cette peine cruelle et inhumaine n'est pas dissuasive et que l'erreur judiciaire – inévitable dans tout système légal – est alors irréversible.*

*La France et l'Union européenne demandent donc aux États dont les législations prévoient encore la peine capitale d'en restreindre progressivement l'application.*

*Ces efforts s'inscrivent dans le combat de la France pour la dignité humaine et la promotion des Droits de l'Homme.*

*Je vous prie d'agréer, Madame, l'expression de mes hommages.*

*« Bien affectueusement » (manuscrit).*

*Jacques Chirac.*

Brigitte eut encore la consolation de recevoir plusieurs messages de sympathie émanant de personnes ayant soutenu Farley. Signalons l'extrême délicatesse de l'un des intervenants de l'affaire Farley, l'un des animateurs contactés par Frank, anciennement membre d'Amnesty International. Il m'a dit combien l'intervention de Brigitte l'avait touché et combien elle fut appréciable et appréciée. Très discret, ce monsieur m'a confirmé qu'en plus du formidable investissement moral de BB, son apport pécuniaire avait été le plus important, parmi tous les dons reçus pour financer (à perte) la défense de Farley – environ 10 % de la totalité des sommes récoltées à travers le monde. D'autres personnalités, dont nous tairons le nom, se sont également impliquées dans cette affaire, mais sans doute aucune avec la même « rage » que Brigitte. « C'était délicat, car en voulant bien agir, elle pouvait tout faire capoter, les autorités américaines sont très susceptibles, elles n'aiment pas recevoir de leçons de la part du pays des Droits de l'Homme. Or Brigitte Bardot a joué sur le fil du rasoir, elle a été parfaite. Je peux vous avouer aujourd'hui que le destin de Farley était malheureusement déjà joué à la date à laquelle Madame Bardot est intervenue. Aussi, par le biais de son très sympathique secrétaire, lui avais-je conseillé de ne plus continuer à verser d'argent. D'autant que l'avocat était loin d'avoir répondu à nos attentes. Il n'eut même pas la délicatesse de répondre aux différents courriers de Robert Badinter. Monsieur Badinter que j'eus l'agréable surprise d'avoir au téléphone un soir où il m'appela chez moi, après avoir été alerté par Madame Bardot. C'est vrai que Farley n'était pas un ange mais il se battait pour sauver sa peau, il avait droit à sa chance. Je ne l'oublierais jamais. »

L'exemple éloquent de Farley C. Matchett est marquant, mais il ne représente que l'infinitésimal de tout ce que Brigitte a toujours entrepris pour communiquer avec ses semblables en leur apportant le témoignage direct de sa furieuse envie d'aimer. Parce que son cœur rayonne dans le monde entier, en Afrique on trouve des photos d'elle dans des cases, ou chez les Inuits, dans des igloos. Ce n'est pas la plastique d'une star que l'on affiche, mais le visage d'un membre de la grande famille des hommes, celui d'un être de larmes et de sang, de chair et de doutes, capable de se laisser mourir chaque fois qu'on le prive d'amour. Brigitte sert de confessionnal à une foule de gens qui lui écrivent des quatre coins du globe. Récemment encore, des GI's américains cantonnés en Irak lui ont envoyé des lettres pour lui demander des autographes et lui dire qu'ils l'aimaient. Depuis toujours, en France où à l'étranger, des prisonniers s'accrochent à elle comme à la mère qu'ils ont trahie. Avec qui elle entretient pour certains une relation épistolière. Brigitte ne cherche pas à connaître la raison de leur incarcération. *Ils ne m'en parlent pas, je ne leur en parle pas.* « Une fois elle a recueilli le chien d'un prisonnier, Domina, morte ensuite chez elle d'un cancer, nous dit Frank Guillou. Son maître lui avait demandé de s'en occuper. »

À l'inverse des idées reçues et bien que vivant entourée de personnel, dans une manière de faux paradis recomposé où le cochon Marcel joue à cache-cache avec les chiens et les oies, Brigitte Bardot n'est pas coupée des bruits d'un monde qui la rattrape toujours à tous coups, mais de sa promiscuité. Chaque jour, par le biais de la télévision, des centaines de lettres qu'elle reçoit, de ses contacts téléphoniques avec des mères de famille ou des présidents en exercice, elle voit, regarde, écoute, entend, pleure, gueule et soulage. En outre, le cordon ombilical qui la relie en permanence avec sa Fondation ne lui laisse pas le loisir de jouer les princesses dans un palais au fond de la mer. En 1998, l'histoire de Nathalie Fons, révélée par *Var-Matin*, la fit bondir. Cette femme en instance de jugement venait d'être écrouée pour non-présentation d'enfant. *Son crime ? Ne pas avoir présenté sa fille au père biologique, un homme qui, en plus, ne s'était jamais occupé de son enfant.* Les déclarations de BB à la presse n'empêchèrent pas la condamnation de Nathalie à trente-trois mois de prison ferme, mais Brigitte, ne s'estimant guère vaincue, se mit en rapport avec l'Association des mères d'enfants naturels qui avait pris la défense de la jeune mère. *On ne pouvait rien faire, sauf essayer de faire bouger l'opinion publique.* Bardot qui jusque-là n'avait encore rien sollicité de Jacques Chirac, se tourna vers lui en appelant directement l'Élysée. Le président, absent ce jour-là, avait refusé quelques mois auparavant la grâce de Nathalie Fons, demandée par son avocate.

Concurremment, BB adressa une lettre à sa nouvelle protégée, lui disant qu'elle s'occupait d'elle et la suppliant de cesser sa grève de la faim.

*Pendant que j'étais à la maison en train de dîner, je pensais à Nathalie Fons, hospitalisée, les pieds attachés aux barreaux du lit, qui était prête à mourir en refusant de manger. Ça me torturait.*

Puis, un jour, en fin d'après-midi, Chirac appela Brigitte à *La Madrague* et l'affaire se dénoua sur la vive insistance de Brigitte, Nathalie Fons bénéficiant *in fine* de la grâce présidentielle. *En 1991, j'étais déjà venue en aide à une femme injustement emprisonnée en payant sa caution.* [4] Une fois accompli ce que son cœur lui a dicté, Brigitte passe très rapidement à autre chose, à une autre cause. C'est ainsi qu'elle fonctionne.

« Fils de titre doit naître rayé », disent les Africains. En cela, Brigitte est la digne fille de son père, philanthrope accompli. « Papa Pilou », disparu en 1975, s'était toujours montré solidaire du Lions Club, la célèbre association à l'origine de la création des cannes blanches et des bibliothèques sonores. Il en était un membre actif. En 1995, désireux de financer l'achat et la formation d'un chien guide d'aveugles, le président de la section Le Bourget/Blanc Mesnil sollicita Brigitte pour le don d'un accessoire personnel qu'elle authentifierait de sa signature et qui serait ensuite vendu aux enchères. Brigitte envoya un foulard. *Ce foulard m'a appartenu, du reste il sent mon parfum...* « En aucun cas nous ne souhaitons recevoir d'argent », avait tenu à préciser Monsieur Durand. Ajoutant : « Si le revenu de la vente était supérieur à nos espoirs, la totalité du reliquat serait reversée à une œuvre pour le sida. »

---

4. *Allo*, décembre 1998.

Depuis, Brigitte a la cote auprès des Lions. Sept ans plus tard, elle vint en aide à la section mère de Paris, de la même façon et pour la même cause : l'achat et la formation d'un chien guide d'aveugle que l'on baptisa « Pilou » et dont Brigitte devint la marraine. À cette occasion, une médaille lui fut remise, aujourd'hui exposée dans une vitrine de la Fondation, avec toutes les récompenses françaises et internationales, nombreuses, décernées à la militante du droit animal. L'année suivante, en septembre 2003, c'est une de ses étoles que Brigitte offrit au Lions Club de Fréjus/Roquebrune en Provence, à nouveau pour permettre l'achat et la formation d'un chien guide d'aveugles. *Cette étole qui porte les couleurs de l'automne m'a appartenu et je l'ai portée à maintes reprises. Merci à celle qui prendra ma suite. Plein de bisous.*

Le semestre précédent, l'action de cette section avait permis l'envoi d'enfants défavorisés en classe de neige et à des sinistrés algériens de recevoir de l'argent et des vêtements, à la suite du tremblement de terre qui ravagea le pays. Le soixantième anniversaire du Lions Club de Paris, doyen des Lions d'Europe, donna à Brigitte l'occasion de faire encore davantage. Compte tenu de ses difficultés à se déplacer, elle ne put assister à la cérémonie qui se déroula en novembre 2008, dans les salons de l'Hôtel de Ville de Paris, en présence de plusieurs centaines de Lions de vingt-cinq pays différents, mais elle adressa un mot chaleureux assorti d'un chèque de

600 euros. *Merci du fond du cœur pour tout ce que vous faites. Bon anniversaire et vive le Lions Club ! Soixante gros et tendres baisers.* Et, comme le chantait Dario Moreno, si BB n'avait pas existé, il aurait fallu l'inventer, elle ajouta en post-scriptum : *Avec un nom comme le vôtre, merci de penser aussi aux animaux !* Le président y fut sensible : « Un grand merci pour votre générosité, votre don pour l'enfance en difficulté nous va droit au cœur [...]. Nous gardons un très beau souvenir de votre passage en 2002. Nous avions aussi beaucoup évoqué avec vous et nos anciens le souvenir de votre père, éminent membre du Club en son temps. Avec reconnaissance, je vous embrasse en vous souhaitant une bonne santé. »

Parce que sa façon de donner vaut mieux encore que tout ce qu'elle donne, Brigitte s'élève un peu plus chaque fois et force l'émotion. Partout où elle passe, elle laisse derrière elle un sillon palpable et lumineux. Ce qu'elle réalise dans l'ombre, elle ne l'accomplit pas, à l'instar de tant d'autres, pour son nom ou sa publicité, mais avec une volonté cannibalesque d'écraser la souffrance et le désespoir des êtres et des âmes. Son soutien à des associations françaises qui ne bénéficient d'aucun écho médiatique est louable. « Alarme », par exemple, une œuvre pour la recherche sur la moelle épinière. En septembre 2004, Brigitte leur envoya un de ses tee-shirts dédicacé avec un feutre spécial, qui fut vendu aux enchères et rapporta beaucoup d'argent, nerf de toute guerre. On peut également saluer la fidélité de BB envers

Nicole Riegel de Faruday, une femme exemplaire, atteinte d'une maladie congénitale : la rétinite pigmentaire, et qui, avec son association « France Regards », créée en 1996, lutte contre la cécité par l'organisation régulière de soirées de gala où elle met aux enchères des robes griffées offertes par des célébrités. Voici l'une des lettres que lui a adressée Brigitte, datée de juillet 2006.

*Ma Nicole chérie,*

*[...] J'ai demandé à Frank, mon secrétaire de la Fondation, d'aller fouiller dans mes placards à Paris, afin de trouver une jolie toilette qui m'a appartenu, à vous envoyer pour votre vente. J'espère qu'il va dénicher un joli truc...*

Le « joli truc » dégoté par Frank : une superbe robe-manteau fermée trois boutons, en laine grise, griffée « Gilles et Poppy », étrennée par Brigitte lors de sa rencontre au Sénat avec Charles Pasqua, alors sénateur des Hauts de Seine et président du groupe RPR, en avril 1989.

Citons encore « Les Foulards de l'espoir », un comité féminin pour le dépistage du cancer du sein — une maladie qui faillit emporter Brigitte au début des années quatre-vingt — à qui, en septembre 2006, elle offrit l'un de ses foulards également vendu aux enchères. Un mois plus tard, elle avait fait don d'un manteau de laine griffé Sonia Rykiel qu'elle portait à Bucarest en 1998, lorsqu'elle y rencontra les autorités civiles et religieuses de Roumanie, contribuant par ce geste à la construction d'une structure d'accueil pour personnes âgées handicapées. Au bas de sa lettre d'autorisation (valable pour un an), elle avait spécifié que dans le cas où le projet était abandonné, le fruit de la vente de son manteau devrait obligatoirement être reversé, *après autorisation écrite de ma part, à une autre association venant en aide aux personnes âgées.*

Entre BB et les « petits vieux » existe une histoire d'amour qui ne date pas d'hier. Combien de petites mamies n'a-t-elle pas pris sous son aile pour leur assurer une fin de vie digne et décente ! Les exemples pullulent dans ses Mémoires. Lors des fêtes de Noël où la solitude mord avec le plus d'âpreté, Brigitte, qui ne croit pas aux liens du sang, n'oublie jamais les vieillards en détresse dans des hospices où ces anciens jeunes martyrisés par de futurs vieux reçoivent le traitement réservé à ceux qui ne rapportent plus rien. Débarquant les bras chargés de cadeaux et de bouteilles de champagne, elle leur apporte en même temps qu'un réconfort un signe de civilisation. Aujourd'hui, son handicap la force à limiter ses déplacements mais le lien n'est pas rompu. « De temps à autre, elle se réserve ce qu'elle appelle *mes après-midi petites mamies*, témoigne Frank Guillou. Ces jours-là, il ne faut pas la déranger. Elle leur téléphone pendant des heures, faisant le tour de chacune d'elles pour leur remonter le moral. Pour ça, Brigitte, qui sombre souvent au trente-sixième dessous, est très forte. Aider les autres, c'est son truc. Elle est dans le don de soi en permanence. En janvier 2009, par exemple, elle a dépensé pour 2 000 euros de fleurs chez Interflora, représentant la somme de bouquets qu'elle avait fait envoyer à ses protégées, dont elle a la charge affective et souvent matérielle. »

Dans les archives de BB, cette lettre de l'une de ces « mamies », que Brigitte a demandé à Frank de classer et sur laquelle elle a annoté : *Je lui envoie régulièrement 200 euros. Je ne la connais pas mais je l'aime et elle m'aime. Pauvre petite de quatre-vingt-huit ans, seule au monde...*

*Très chère Brigitte au grand cœur,*

*Votre lettre m'est arrivée hier, le jour de mes quatre-vingt-huit ans ! [...]. Mille fois merci pour le « petit plus », comme vous dites. Pour moi, le minimum vieillesse étant un peu plus de 400 euros, c'est un gros plus. Merci, merci. Que le bon Dieu vous le rende au centuple [...] Qu'une personne comme vous s'intéresse à la pauvre misérable que je suis, qui n'a connu que la souffrance et le mépris, aucune affection en famille, cette personne a un grand cœur [...]. Priez un peu pour moi.*

*Votre petite Hélène.*

Il n'est pas rare qu'en recevant des lettres de cette facture, de vieilles dames abandonnées par les pouvoirs publics et à qui l'on a coupé l'eau et l'électricité, Brigitte décroche promptement son téléphone pour appeler le maire de la commune concernée. La plupart du temps, ses interventions ont des effets miraculeux.

« Avec ma mère également, elle a été formidable, reprend Frank Guillou. Réopérée à la suite d'un cancer mal soigné, maman ne voyait qu'à travers le professeur Léon Schwarzenberg, mais elle n'arrivait pas à obtenir un rendez-vous. Le délai d'attente était d'au moins huit mois ! "Dans huit mois, je serai morte !" Ce rendez-vous l'aurait au moins rassurée, c'était donc très important pour elle. En dernier recours, j'ai appelé Brigitte. C'est le professeur Schwarzenberg qui l'avait opérée et elle avait gardé d'excellentes relations avec lui. "Je m'en occupe immédiatement", m'a-t-elle promis. Elle lui a téléphoné. Le lendemain, Schwarzenberg en personne appelait ma mère et lui demandait de venir le voir. Il l'a aussitôt prise en charge dans une clinique de Neuilly. Maman était tirée d'affaire lorsque sept ans plus tard, elle a fait ce que l'on appelle un AVC (accident vasculaire cérébral). On l'a admise aux urgences de l'hôpital de Melun où ils lui ont diagnostiqué à tort une récidive de cancer. Brigitte a aussitôt rappelé Schwarzenberg : "Denise, c'est comme ma sœur, il faut absolument intervenir !" Le professeur m'a appelé dans la foulée en me disant que si le problème était vasculaire, elle n'avait rien à faire à Melun. Il l'a donc fait rapatrier à la Pitié-Salpêtrière. Chaque jour, il me tenait personnellement au courant de la situation. Malheureusement, le cas de ma mère a empiré et ça s'est transformé en hypertrophie du lobe temporal gauche, ce qui a entraîné une perte totale de la mémoire. On a dû l'hospitaliser. Brigitte, que j'ai plusieurs fois par jour au téléphone, a toujours une pensée pour elle. »

Bardot a passé sa vie dans les hôpitaux, au chevet des uns et des autres. Elle y a respiré l'odeur de la souffrance, de l'agonie et de la mort. Ce qui explique peut-être son blocage, aujourd'hui, lorsqu'on lui parle de faire opérer sa hanche malade, un refus qui désespère son entourage et les millions de gens qui l'aiment et la soutiennent. Il n'y a pas une semaine où elle ne reçoive le témoignage d'anciens malades qui ont vu leur vie changer du jour au lendemain, après l'opération. « À présent, je peux recommencer à valser ! », lui écrit cette mamie de quatre-vingt-quatre ans. Brigitte admire le courage de ces gens, mais c'est un pas que pour sa part elle ne franchira jamais, car elle associe l'anesthésie à un risque de mort et le spectre de la mort est pour elle une phobie insurmontable. Elle qui l'a souvent vue de près, pour les autres et pour elle-même, et qui, les jours où la cortisone qui la détruit ne la soulage plus, parle de mourir et de quitter cette vie dont elle a assez…

« Je connais bien la princesse Stéphanie, révèle Philippe qui réside dans un village surplombant Monaco. Un jour, je lui ai demandé si on ne pouvait pas faire hospitaliser BB en Principauté, incognito. Elle m'a répondu que ce serait une bonne idée. "On pourrait même lui envoyer un hélicoptère", a-t-elle ajouté. Quand j'en ai parlé à Brigitte, elle m'a raccroché au nez. » Il est des sujets tabous avec Bardot. Sa hanche en fait partie. Ce qui ne l'empêche pas d'accompagner Philippe dans sa maladie, à condition qu'il ne l'abreuve pas d'histoires de stars, Brigitte a horreur de ça ! Philippe, soixante-cinq ans, est atteint du sida. « Après que je lui eus écrit, elle m'a téléphoné plusieurs fois à l'hôpital pour me sortir de mes idées noires. Un jour, je lui ai dit que j'allais me suicider. Elle m'a opposé que je ne pouvais pas faire ça, qu'il y avait trop de jolies choses auxquelles il faut se raccrocher quand tout va de travers, le chant d'un oiseau, les fleurs dans les champs, des choses vraies… » Brigitte est très adroite lorsqu'il s'agit de sauver, elle sait trouver des mots auxquels elle croit, mais qui ne lui sont pas d'un grand secours lorsqu'elle sombre à son tour dans le chagrin, après la mort de l'un de ses animaux, par exemple, ou d'un de ses amis proches, qu'elle voit partir les uns après les autres. Des mots pourtant merveilleux, des phrases définitives. Une autre constante chez Brigitte : que ce soit après avoir écrit une lettre à un président ou le chapitre d'un de ses livres, elle ne se relit jamais ! Et tant pis si les mots ont dépassé sa pensée, elle les laisse dans leur jus et advienne que pourra. Ceux qui l'aiment l'acceptent telle qu'elle est. Philippe, qui a mené une existence très riche, a connu tout le gratin des vedettes qu'il a beaucoup photographiées, en France comme en Amérique. De Joséphine Baker à Liz Taylor, en passant par Jean Marais, il a des souvenirs et des secrets avec tout le monde. « Brigitte est à part, dit-il. Elle est nature, sincère, émouvante. Je peux vous dire que je connais très bien d'autres grandes dames qui font beaucoup de cinéma avec le sida, mais qui ne sont jamais allées visiter un malade à l'hôpital ! Je pense tout particulièrement à l'une d'entre elles, une Française que j'ai fréquentée aux USA ; elle ne mérite vraiment pas la couronne de lauriers que lui tressent les médias français, croyez-moi ! Elle a d'ailleurs plus ou moins été virée de Monaco où elle tentait de court-circuiter les associations déjà existantes. »

Parmi les centaines de malades en fin de vie, à qui Brigitte a rendu un dernier sourire, figure un ancien comédien hospitalisé à Émile-Roux, un établissement de Limeil-Brévannes. Aux médecins et aux infirmières, cet homme relatait souvent les moments uniques et inoubliables qu'il avait passés en travaillant avec Brigitte Bardot. Un éclair traversait son regard quand il parlait d'elle. Si bien qu'un jour, les membres de l'équipe mobile de soins palliatifs firent la démarche de contacter BB, via sa Fondation. C'était l'été 2006. On sait ce que l'amour et l'amitié peuvent accomplir en termes de miracle chez un malade en fin de course. Sans doute ce monsieur devait-il avoir des petits rôles, à moins qu'il n'ait été que simple figurant, car son nom ne disait rien à Brigitte. Reste qu'elle a rapidement répondu au SOS pour téléphoner par deux fois à cet homme en lui disant des mots dont elle a le secret et qui font souvent des prodiges. Il mourut deux jours plus tard, « serein et détendu », selon les infirmières. Quand elle apprit la nouvelle, bouleversée, Brigitte proposa aussitôt de payer les frais d'obsèques. Il s'avère qu'un petit-neveu était en mesure de le faire.

Tout aussi révélateur de la profondeur d'âme de Brigitte, sa prise en charge de plusieurs tombes dans différents cimetières parisiens et provinciaux l'honore. « Elle fait entretenir des sépultures à ses frais, atteste Frank Guillou, qui s'occupe des factures avec les entreprises funéraires. Des gens qu'elle a aimés ou aidés de leur vivant, comme par exemple l'une de ses employées qu'elle avait d'ailleurs hébergée dans sa ferme de Bazoches, les derniers temps, mais aussi des inconnus. » Un jour, dans le cimetière de Bazoches, Brigitte aperçoit une tombe à l'abandon et se renseigne. On lui apprend qu'elle abrite les restes d'un jeune homme qui s'est tué en prenant des leçons de pilotage et ceux de sa mère, morte de douleur. « Elle a fait refaire la tombe, avec les inscriptions, raconte Frank. Depuis, elle est régulièrement entretenue aux frais de Brigitte. Il y a également des personnes comme ça, au cimetière de Montparnasse. » Scandalisée par l'état délabré d'autres tombes du cimetière de Bazoches, Brigitte avait écrit au maire sans mâcher ses mots pour lui dire son indignation.

Dans ses Mémoires, BB relate sa découverte tardive d'une cousine, Marie-Rose Mucel, très âgée, dont elle s'était occupée et qui est décédée depuis. Le jour de ses obsèques, Brigitte a tenu à lire à l'autel le texte qu'elle avait écrit et que Frank Guillou avait retapé…

*Marie-Rose Péricard-Mucel s'est éteinte après une longue agonie, le 9 septembre, aux Parcs de Mougins où elle résidait depuis cinq ans, me laissant définitivement orpheline d'une famille à jamais disparue. Cette délicieuse petite femme, élégante et racée, était la cousine germaine de maman et j'avais reporté sur elle tout cet amour qui aujourd'hui m'étouffe de désespoir. Elle eut à la fois la chance et la malchance de vivre jusqu'à quatre-vingt-quatorze ans ! Aidée quotidiennement par Cathy, sa filleule, sa petite-fille de cœur, sans laquelle sa vie aurait été abrégée. Je l'appelais Nadine car elle détestait son prénom de Marie-Rose qui lui rappelait « la mort parfumée des poux ». Elle était rigolote, très attentive à son paraître, toujours impeccable, et d'une lucidité qui parfois lui fit une peine immense car elle voyait les êtres qui l'entouraient sans concessions. Sa fin de vie fut pénible, paralysée, très seule, ne s'intéressant plus à rien, dégoûtée par les quelques amies qui lui furent infidèles, elle souhaitait profondément partir de ce monde qui n'était plus celui qu'elle avait connu et aimé dans sa jeunesse, même si elle fut arrêtée par les Allemands et gardée en otage pendant de longs jours dans des conditions de bien pénibles circonstances. Mon cœur l'accompagne dans sa tombe, car je l'aime et je ne veux pas la laisser seule.*

Parce que, encore une fois, chez elle la compassion ne se compartimente pas, Brigitte aime les enfants de la même manière. Dans leurs regards ou leurs écrits, elle lit toute la pureté et tout l'espoir du monde. « Ce sont ses potes, les enfants », nous dit Frank Guillou. En particulier ceux qui ont moins de chance que les autres. En décembre 1996, peu après la parution d'*Initiales BB*, Brigitte fut sollicitée par l'AFM (Association Française contre les Myopathies), dans le cadre du Téléthon, pour l'envoi de quelques exemplaires dédicacés de son livre. Ce à quoi elle accéda bien volontiers, avec un mot pour les enfants : *J'embrasse de tout mon cœur tous les petits malades, à qui je souhaite une très, très rapide guérison.*

Dans les archives de Brigitte, de très nombreuses lettres d'élèves envoyées de toutes les régions de France témoignent de l'engouement que la Fée des animaux suscite parmi la jeune génération. On ne trompe pas le cœur d'un enfant.

*Bonjour,* lui écrit cette adolescente*, je suis en troisième et j'effectue en ce moment, et avec beaucoup de plaisir, mon stage d'entreprise à la SPA d'Orgeval (78). Je devrai donc rendre un rapport de stage dans quelques jours et j'aimerais pouvoir être parrainée par la plus grande amie des animaux. Brigitte, vous est-il possible de m'envoyer un petit mot, avec une dédicace ?*

Qu'à cela ne tienne…

*Ma chère X,*

*Je te remercie et je te félicite d'avoir choisi ce stage à la SPA d'Orgeval !*

*Tu pourras ainsi te rendre compte à quel point ceux qui abandonnent leurs chiens sont des salauds. Tu pourras aussi te rendre compte de la misère des petits abandonnés, de la détresse de leurs regards et de l'injustice de leur vie. Tu es formidable, courageuse, je suis fière de toi et je t'embrasse très fort.*

*Brigitte Bardot.*

Il faut imaginer les battements de cœur à réception de pareilles missives….

Là, c'est une institutrice qui s'adresse à Brigitte, en son nom et au nom de ses élèves, pour lui dire qu'ils ont été « bouleversés par l'aventure tragique vécue par les chiots importés de Hongrie ». Joint à leur lettre, un petit recueil « rempli d'émotion et de sincérité », confectionné par leurs soins. « Comme vous pouvez le constater, la relève est garantie et votre combat n'aura pas été vain, écrit Madame C. Nous récolterons encore longtemps les fruits de votre passion ! Avec mes remerciements pour l'attention que vous porterez à ce travail d'enfants, je vous adresse mes meilleures amitiés. »

Pour atteindre Brigitte dans le mille, il n'en faut pas davantage.

*Merveilleux petits amis,*

*Merci pour votre soutien. Si vous saviez comme votre aide et votre engagement en faveur des animaux me sont si précieux !*

*Je suis heureuse de savoir qu'il y a une véritable relève parmi vous. Je commence à fatiguer un peu. Je me bats depuis trente-trois ans et le poids des années de combats est un peu usant – j'ai soixante et onze ans !! –, alors je compte sur vous pour me succéder. Je vous aime. Merci d'aimer les animaux. Je vous envoie un feu d'artifice de baisers de toutes les couleurs.*

Des baisers souvent accompagnés de posters de la Fondation dédicacés et de peluches, comme celle reçue par Hélène, une petite Lorraine amoureuse des félins… « Quand je serai grande, j'aimerais en avoir plein, mais c'est impossible ! »… Brigitte lui fit envoyer une panthère noire entourée de ses petits… *Joli Noël pour ma petite féline qui rêve des félins, en peluche ! Que cette panthère et ses bébés te portent chance et te disent toute ma tendresse.*

Auteur de plusieurs ouvrages sur Colette, dont un préfacé par Brigitte Bardot, un livre illustré où la noble dame vieillit doucement entourée de ses bouledogues français, Nicole Vaillant est institutrice à Nice. À la rentrée de septembre 1998, avec ses élèves, elle avait entrepris de monter une exposition sur la mère de « Claudine ». Entre autres témoignages sollicités, la lettre de Brigitte Bardot alla droit au cœur des enfants. Madame Vaillant nous a permis de la reproduire :

*Bonjour toute la classe, merci pour votre lettre adorable. Je réponds vite à vos questions.*

*Je passe tous les jours devant* La Treille Muscate. *J'y ai nourri tous les descendants des chats de Colette jusqu'à leur extinction il y a quelques années, mais je ne l'ai jamais visitée car elle est habitée par des gens (je trouve lamentable que la ville de Saint-Tropez n'en ait pas fait un musée).*

*Quand j'ai rencontré Colette, j'avais seize ans, j'étais pétrifiée de timidité et je n'ai pas dit trois mots. C'est Vadim qui avait rendez-vous avec elle pour un reportage dans* Match. *Elle m'a simplement dit : « Bonjour Gigi ». Je n'ai jamais été plus fière de ma vie. Je me souviens d'une dame très impressionnante allongée sur une chaise longue devant une fenêtre qui donnait sur le jardin du Palais Royal. Elle avait une chevelure comme une auréole et un regard très puissant, rien ne lui échappait. Elle avait une grande personnalité, un peu comme une reine. J'ai lu quelques-uns de ses livres mais j'étais surtout fascinée par sa vie passionnante et passionnée. Voilà, je crois que je vous ai tout dit. Je suis très heureuse que vous ayez aimé la préface que j'ai écrite. Je vous souhaite une année 1998 à la hauteur de vos espoirs les plus grands et les plus fous. N'oubliez pas de faire toutes mes amitiés à Madame Vaillant.*

Facile, diront d'aucuns, n'importe qui peut en faire autant. Sauf que tout cela n'est que la partie visible de l'iceberg, mettons la partie publique. Et c'est là que l'on découvre la vraie Brigitte, au-delà du bonheur qu'elle éprouve à voir s'ouvrir et sourire les cœurs.

Il est temps maintenant de conter ici l'histoire d'une autre enfant, une adolescente atteinte de mucoviscidose, que Brigitte a soutenue avec un amour et un dévouement exemplaires, jusqu'à sa mort, en août 2005. Une jeune fille dont j'ai connu la maman, le mois suivant, après que Bernard d'Ormale, s'étant enquis de mon numéro de téléphone auprès de Frank Guillou, m'eût appelé pour me demander d'entrer en contact avec elle. « Elle veut écrire un livre, m'expliqua-t-il. Brigitte, qui connait votre sensibilité, ne voit que vous pour l'aider à le faire. Cette femme va très mal, elle vient de perdre sa fille et elle a besoin de dire des choses. » Je n'étais pas au mieux moi non plus, mais je suis allé voir Nathalie Davier chez elle, à Issy-les-Moulineaux. Nous avons parlé. Longuement. Elle m'a fait visiter la chambre de sa fille, où elle n'avait touché à rien. La présence de Lætitia était palpable, c'était impressionnant. Sur son bureau se trouvait encore le dernier mot qu'elle avait écrit. La douleur, très digne, de Madame Davier, se mêlait à une révolte, non moins contenue, contre la médecine en général, et le personnel hospitalier en particulier. Il y avait beaucoup à écrire mais il n'y eut jamais de suite car, même préfacée par Brigitte Bardot, cette histoire n'intéressait pas les éditeurs. Surtout préfacée par Brigitte Bardot, devrais-je dire, concernant certains d'entre eux… Le temps a passé. Quand cet hommage à Brigitte, depuis longtemps en gestation dans mon esprit, est arrivé à maturité, j'ai repris contact avec la maman de Lætitia. J'ai appris que Nathalie (puisqu'elle le permet) a longtemps attendu de mes nouvelles… « Ce projet m'avait redonné des ailes, j'avais l'impression que Lætitia allait revivre à travers ce livre. » Cette mère orpheline de son enfant a bien compris qu'il y a une date pour chaque chose, fixée par l'inconscient, où le hasard n'a pas sa place, seulement la volonté et la force de l'instant, avec l'accord des invisibles.

Lætitia est partie à l'âge de vingt ans. Elle était belle. Trop belle. Brigitte l'appelait *ma petite princesse*. Tout commença en 2001, le jour où la Fée des animaux reçut une demande de l'association « Les Petits Princes », qui prend en charge des enfants atteints de maladies graves et tente de réaliser leurs rêves. Celui de Lætitia Davier, quinze ans alors, était de rencontrer Brigitte Bardot, dont elle partageait l'amour profond des animaux. « Ma fille entretenait cet espoir depuis longtemps déjà. Une infirmière qui venait lui prodiguer des soins à domicile lui a conseillé de s'adresser aux "Petits Princes". Lætitia s'y est pliée mais ce fut très long. Pendant trois mois nous, les parents, fûmes mis à l'épreuve. Les responsables de l'association voulaient s'assurer que la demande émanait bien de notre fille. Ensuite, une bénévole est venue chez nous pour nous rencontrer. À l'issue de toutes ces étapes, enfin Lætitia fut à son tour soumise à une première approche psychologique avec la même question prégnante : était-elle vraiment motivée pour rencontrer Brigitte Bardot ? Ce filtrage l'insupportait, car elle sentait qu'elle n'aurait plus beaucoup de temps. » À cette époque, Lætitia se partageait déjà entre hôpital et domicile, où une infirmière venait trois fois par jour lui faire ses injections, toutes les huit heures, de jour comme de nuit. « Elle était à Necker, ce jour-là, quand elle reçut le premier appel de Brigitte. Le soir même, elle était comme transfigurée. S'ensuivit une correspondance entre elles, dont Lætitia ne me tenait pas au courant. Brigitte, c'était son secret, elle n'avait pas envie de le partager. Avec personne. Ni à l'hôpital ni à la maison, encore moins avec le reste de la famille. »

Brigitte apprend alors l'histoire de cette petite « chérubine » qui développa à la naissance une maladie dont ses parents étaient porteurs, une pathologie incurable et beaucoup mieux connue depuis, grâce à Grégory Lemarchal soigné dans le même service que Lætitia, à l'hôpital Necker. « Ils se sont d'ailleurs rencontrés un jour dans un ascenseur. Grégory lui a signé un autographe. Ça aussi, ça a contribué à remonter notre Lætitia, de voir ce beau garçon se battre comme il le faisait. Cela dit, elle n'était pas dupe. Elle voyait des tas d'enfants mourir de la même maladie qu'elle et elle savait où elle allait. Sans toutefois se plaindre jamais, mais au contraire en nous portant. Avec une volonté de nous protéger. C'est elle qui nous redonnait du courage.

Elle savait de son côté qu'elle pouvait compter sur Brigitte qu'elle a fini par rencontrer dans un restaurant, à Paris. Le grand jour ! Brigitte s'est beaucoup attachée à Lætitia. Elle lui avait confié son numéro personnel à *La Madrague* et avait pris le nôtre. Ce qu'elles se sont dit leur appartient, mais un jour où elle avait envie de parler, Lætitia m'a confié que Brigitte lui avait promis un bel avenir au sein de sa Fondation. Elle avait également prévu de la recevoir à *La Madrague*. Après la greffe… Une greffe des poumons que Lætitia refusait car elle savait que cela ne servirait à rien. La plupart de ceux qui, autour d'elle, en avaient bénéficié n'ont pas survécu. Elle revit Brigitte à la Fondation, puis à différents "Noël des animaux". »

Frank Guillou se souvient très bien que lorsqu'elle était à Paris, Brigitte lui demandait toujours de prévenir Lætitia et de la faire venir. *Comme ça, en plus des animaux, elle verra des artistes avec qui elle pourra se faire photographier, ça lui fera plaisir.* Chaque fois, la gamine traînait avec elle un ballon d'oxygène pour pallier son insuffisance respiratoire. « À l'âge de douze, treize ans, elle fut mise sous oxygène à la maison, pendant ses dix heures de sommeil, explique sa mère. À seize ans, elle en eut besoin même en journée, et l'année suivante on la plaça sous assistance respiratoire 24 heures sur 24. Partout où elle se rendait, elle avait donc un ballon avec elle, avec un chargeur. Y compris à l'Institution Claude-Bernard, dans le seizième arrondissement, un établissement spécialisé, au sein de la clinique Rist, où elle a fait ses études, avec beaucoup de retard dans le programme. »

Brigitte Bardot est vite devenue un pilier dans la vie de la jeune fille. Une terre de salut, entre les affres de la maladie et l'enfer de l'hôpital. « Cette relation comptait beaucoup pour Lætitia. Brigitte se montrait chaleureuse, attentionnée, maternelle. Pour ses anniversaires, elle lui envoyait des colis, avec chaque fois des photos dédicacées et plein de petits cadeaux toujours en rapport avec les animaux. Presque à chaque sortie d'hôpital, Lætitia trouvait d'autres colis à la maison. Elle vivait très mal ses hospitalisations. Pour tout un tas de raisons. » Des raisons que Lætitia a exposées dans un texte retrouvé par sa mère, intitulé *Quoiqu'il m'arrive*, où elle parle notamment de ce médecin qui, lors d'un nouveau bilan, dans une clinique, lui demandait d'énumérer la liste de ses innombrables médicaments – alors qu'il lui eût suffi de se procurer le dossier de Lætitia pour le savoir – devant lequel elle se sentit « comme une ménagère passant en revue la liste de ses courses ». Sa mère était présente ce jour-là et toutes deux furent prises d'un fou rire nerveux. « Quel rire ! De retour à Necker, je m'effondrais, poursuit Lætitia. Le choc : ma maladie s'aggravait. Tous mes projets s'effondraient, la scolarité en cours, ma passion des animaux, même respirer tout simplement… » Elle se plaint encore de l'indélicatesse de certaines infirmières à domicile et de l'incompétence d'un kinésithérapeute qui s'absenta des semaines durant sans prévenir ni donner de ses nouvelles, alors que le cas de Lætitia requérait deux séances de drainages bronchiques quotidiens. Quand la gamine s'en plaignit à l'hôpital, on lui répondit que ce kinésithérapeute était une référence. « Quoi répondre, sinon subir ? Je suis patiente mais surtout malade, face à un médecin qui ne vous comprend pas. J'ai trop souffert, mes parents souffrent trop. Eux qui m'ont toujours préservée, protégée, on est si différent face à la maladie. Maman est mère de trois enfants et elle travaille [...]. Mes parents m'aiment beaucoup, mais je les sais tristes, je leur gâche la vie... »

Le coin de ciel bleu, c'est Brigitte, toujours là pour épauler sa protégée et recueillir ses confidences. Nathalie Davier : « Lætitia a été révoltée par la réflexion de son médecin, une femme qui la suivait depuis longtemps, lorsque dans le service le nom de Brigitte Bardot a malheureusement commencé à circuler. Cette femme lui a dit que ma fille avait fait une mauvaise rencontre et que Bardot n'était pas quelqu'un de bien. Lætitia était à la fois triste et furieuse. De quel droit des gens incapables de gérer la santé de leurs patients s'autorisent-ils à gérer leur vie privée ! Entre leurs discours et la réalité de la famille, la plupart sont largués. À part deux ou trois personnes dont je garde un souvenir inoubliable, la plupart des médecins que nous avons rencontrés ont été odieux. Ils savent qu'ils tiennent les malades et leurs familles dans leur main et que nous ne pouvons rien faire, sinon subir, comme l'a écrit ma fille. »

Sans conviction, parce que dans le meilleur des cas on peut espérer pouvoir continuer à vivre encore une petite dizaine d'années, Lætitia se résolut finalement à la greffe des deux poumons. Elle expliqua à Brigitte qu'on lui avait trouvé un donneur dont elle ne savait strictement rien et que l'opération aurait lieu le 16 juillet 2005. Une intervention très risquée car beaucoup de jeunes greffés font d'énormes rejets. De fait, Lætitia fit une très mauvaise réaction et en dépit des médicaments anti-rejets, dans les jours qui suivirent, elle déclara un cancer. Ce mot ne fut pas prononcé par les médecins, non plus celui de chimiothérapie, mais c'est bel et bien par cette voie que Lætitia fut traitée. En vingt ans de maladie, tous ses organes vitaux s'étaient retrouvés atteints. « On ne nous disait rien, rapporte Madame Davier. Nous n'avons su tout cela que six mois après le décès de Lætitia. »

La *petite princesse* de Brigitte s'est éteinte très rapidement, dans la journée du 7 août, vers midi. « Mon mari qui, depuis le début, s'accrochait à cette histoire de greffe, est tombé de très haut. Il pensait qu'avec ça, Lætitia repartirait pour une nouvelle vie. Nous avons découvert bien après que le donneur était âgé de… cinquante-neuf ans. Le lendemain, j'ai appelé Brigitte pour lui apprendre la nouvelle. Elle aussi pensait Lætitia tirée d'affaire. Tout est allé si vite… Au téléphone, elle hurlait de douleur : "Pourquoi l'ont-ils tuée ? Ce sont des salauds !" Quand je lui ai appris que Lætitia qui est morte très déprimée avait eu l'idée de l'appeler mais qu'elle y avait renoncé pour ne pas l'importuner, ce fut le summum : "Mais enfin, pourquoi ne l'a-t-elle pas fait !"... "Il fallait m'appeler !"... "Vous auriez dû m'appeler, je suis là pour ça !" Elle était désespérée, mais elle a tout de même trouvé les mots qu'il fallait pour m'insuffler un peu de courage. Le jour des obsèques, son secrétaire la représentait. Nous avions voulu traîner les médecins en justice, mais notre généraliste nous avait vivement déconseillé de le faire en nous disant que ça allait nous anéantir. » Brigitte leur aurait dit la même chose, savoir que *les corporations se soutiennent entre elles et qu'il est inutile de réclamer une justice qui n'existe pas* [5]. Elle en a fait la triste expérience en 1978, lors du décès de sa mère, morte un 1er août, dans la salle de réanimation d'un hôpital de Neuilly désert en cette période, parce que les employés spécialisés qui auraient pu lui porter assistance étaient partis en vacances. Le procès eut lieu, avec des renvois, puis des rappels. Puis plus rien. Gagner n'aurait pas rendu sa mère à Brigitte, ni Lætitia à la sienne.

*Ma petite princesse s'en est allée sur la pointe des pieds, discrètement, comme un ange. Elle restera à jamais ma plus belle et ma plus émouvante princesse des animaux.*

Après ce témoignage chargé, restons encore un peu en France pour signaler que Brigitte Bardot a participé

5. *Le Carré de Pluton.*

au financement de la statue du général de Gaulle, sur les Champs-Élysées (inaugurée par le président Chirac en novembre 2000), à hauteur de 1 500 euros. Tout comme elle a volé au secours du musée Marguerite Yourcenar, à Saint-Jans-Cappel, une petite structure gérée par l'association « Les amis de Marguerite Yourcenar ». On connaît les liens qui avaient uni ces deux femmes d'exception. Brigitte signa un chèque de 1 000 euros à l'ordre du musée, accompagné d'une lettre fleurie de sa marguerite fétiche.

*Pour que vive et survive le merveilleux musée « Marguerite Yourcenar », avec l'espoir que d'autres que moi apporteront leur contribution à la mémoire de cette femme unique, la première à être reçue à l'Académie française, celle qui ne voulait pas «* digérer l'agonie des animaux *» et qui était végétarienne !* [6]

En août 2006, lors des fameux incendies qui ravagèrent la forêt varoise, émue de l'effort des sapeurs-pompiers professionnels et scandalisée par leurs conditions de travail, Brigitte a écrit au président Pignol pour lui demander de remercier ses hommes de sa part, pour avoir *lutté avec acharnement contre les incendies crimi-*

---

6. Un clin d'œil amusant : soulignant la générosité de BB, le musée Marguerite Yourcenar a publié sa lettre à la une de son bulletin de janvier 2007 (« Trait d'union »). Juste en dessous, en plus petit, la carte stricte de Line Renaud qui nous rappelle que l'interprète du « petit chien dans la vitrine » est Commandeur de la Légion d'Honneur. Egalement sollicitée, Line s'était satisfaite d'envoyer ses « vœux les plus chaleureux, les plus sincères et les plus amicaux »...

*nels, n'hésitant pas à mettre leurs vies en péril pour sauver ce qui était sauvable. Ces hommes méritent les honneurs qu'on ne leur rend pas assez, hélas. Ils sont toujours là présents, dans les cas les plus désespérés, sauvant des vies humaines ou animales dans des conditions parfois hallucinantes, épuisés, anéantis de fatigue, mais allant toujours de l'avant. Ils méritent de notre part une prime de courage et de reconnaissance que l'État, trop endetté par des aides multiples et variées à différents pays étrangers, ne leur accorde pas. Veuillez être mon porte-parole pour dire à tous ces types formidables ma reconnaissance et mon admiration. N'oubliez pas des milliers de bisous.* » Des bisous + un chèque de 1 500 euros.

Voilà peu ou prou résumé le quotidien de Brigitte Bardot aujourd'hui. Entre deux crises d'arthrose et le harcèlement de bateaux de tourisme où des guides scandent au mégaphone à longueur de journée et dans toutes les langues son nom et celui de *La Madrague*. BB bête de foire. Tout cela, elle l'accomplit en dehors du travail harassant qu'elle abat journellement en faveur de la cause animale, presque 24 heures sur 24 puisque des gens ne se privent pas pour la déranger en pleine nuit. Le drame d'une vie, où elle laisse sa peau un peu plus chaque fois. Aussi, pour le fun et la détente, accepte-t-elle volontiers de répondre à diverses sollicitations qui ne réclament qu'un peu de temps et d'humour, comme en juillet 2004, lorsqu'à la demande des éditions

Gautier-Languereau, elle se prêta à un questionnaire sur Bécassine, à la faveur d'un projet de livre commémorant le centenaire de la mythique Bretonne. Peu inspirée ce jour-là, mais toujours aussi pertinente, elle joua franc jeu.

— Que représente Bécassine pour vous ? Quels souvenirs, sentiments ou réflexions vous inspire la doyenne des héros de BD ?

— *Toute mon enfance.*

— La lecture de Bécassine a-t-elle contribué à former votre imagination, que vous a-t-elle appris (sur l'époque, l'éducation) ?

— *À ne surtout pas faire comme elle !*

— Feriez-vous lire Bécassine à vos enfants ?

— *Je pense que les gosses doivent la trouver ringarde !*

Lorsqu'il s'agit également de rendre hommage à ses pairs qu'elle a connus et aimés, dans le bonheur ou la peine, Brigitte est toujours là. Le 28 septembre 2004, *France Soir* avait prévu de fêter dignement les soixante-dix ans de BB en lui consacrant un grand reportage avec son accord. À la dernière minute, Brigitte renonça à parler d'elle-même, ce jour-là on portait Françoise Sagan en terre. *J'ai trop de peine... Après Sacha* [Distel], *Françoise. C'est beaucoup, c'est trop. C'est tout un monde qui disparaît autour de moi. Pardon, mais mon anniversaire, je m'en fous. Françoise... Pauvre Françoise. Si vous permettez, je ne vais parler que d'elle.*

*J'appréciais son talent, sa liberté d'être, son élégance en amitié, sa discrétion. Tant de politiciens l'ont couverte de discours ces derniers jours, sans jamais avoir levé le petit doigt pour l'aider. Je leur laisse volontiers les compliments convenus sur son indéniable génie... En attendant, elle a été terrassée par la maladie... et les impôts ! Il y avait bien peu de gens autour d'elle ces derniers temps, mis à part quelques personnes admirables, comme son amie Ingrid, qui avait acheté sa maison pour que Françoise puisse continuer d'y habiter.*

Récemment, Brigitte a félicité Claudia Cardinale pour sa Légion d'honneur, de même qu'elle a envoyé ses vœux de prompt rétablissement à Rika Zaraï, victime d'un accident vasculaire, accompagnés d'un bouquet de roses multicolores. Tout comme elle s'est gentiment prêtée en 2007 à un « complot » organisé par un admirateur de Georges Lautner, désireux d'offrir au célèbre réalisateur, avec qui Brigitte n'a jamais tourné, un recueil de témoignages de personnalités. Dans ce mot, elle parle du fils de Renée Saint-Cyr comme d'*un type formidable, plein de talent, irremplaçable*, dont elle aurait *aimé être la grande sauterelle... Ou tout autre animal à sa convenance*, parce qu'à ses yeux, il est le cinéma français.

Lorsqu'on la sollicite encore pour rendre hommage à Dalida, dont elle se sent *la petite sœur*, Brigitte laisse volontiers courir sa plume. On se souvient qu'en 1967, Dalida manqua une première fois mettre fin à ses jours.

BB qui, sept ans plus tôt avait tenté la même expérience, insista pour l'aller visiter à l'hôpital. « Elle fut la seule artiste que j'ai acceptée au chevet de Dali », me confia peu avant son décès Christian de La Mazière qui avait aidé « l'Innamorata » à reprendre goût à la vie. « De toutes les manières, il n'y en eut pas beaucoup qui demandèrent à voir Dali... Brigitte a toujours été vers les gens qu'on lui disait être meurtris, attaqués, vers les faibles, vers ceux qui souffrent. Je n'ai jamais compris pourquoi, mais c'était évident chez elle. »

À l'occasion du lancement du film *Astérix et Obélix*, en 1999, la rédaction de *Max* avait sollicité de BB son opinion sur Lætitia Casta, en lui demandant quel avenir le mythe prédisait-il à la jeune Corso-Normande et quels conseils elle pouvait lui donner. Brigitte parla de Lætitia Casta comme d'un *Boticelli, belle à l'intérieur, lumineuse à l'extérieur, pure, vraie, franche, simple,* mais elle n'avait aucun conseil à prodiguer à une jeune femme sachant *parfaitement mener son existence. L'important n'est pas de devenir une star, c'est de le rester. C'est ce que je lui souhaite avec beaucoup de tendresse.*

Brigitte connaît mieux Lech Walesa, qu'elle a rencontré pour la première fois en 1996 et avec qui elle correspond depuis régulièrement. En septembre 2008, pour célébrer le vingt-cinquième anniversaire du prix Nobel de la Paix, reçu par le leader de Solidarnosc en 1983, on s'en souvient, l'Institut Lech Walesa demanda son concours à la Française la plus célèbre au monde.

*J'aime Lech Walesa ! Parce qu'il est un homme vrai, courageux, généreux, qui va au bout de ses espoirs et de ses opinions. Il a donné le meilleur de lui-même en créant son mouvement de « Solidarité ». Il a pris des risques inouïs en libérant la Pologne du joug communiste. Il est un formidable combattant et un fervent catholique. Bravo pour ce Prix Nobel de la Paix qu'il méritait plus que quiconque ! Bravo pour le président qu'il a été trop brièvement. Merci pour l'ami qu'il est pour moi.*

Ce qu'elle a fait pour Walesa, Bardot l'accomplit pour des dizaines d'anonymes qui lui en font parfois la demande. Elle qui a horreur des surprises adore en faire aux autres. Pour un anniversaire, par exemple, à des gens qu'elle ne connaît pas, mais dont on lui a dit qu'ils sont merveilleux. Brigitte aime faire plaisir, elle porte ça en elle, signant des autographes à tour de bras, au grand dam des marchands de vieux papiers qui voient ainsi leur marchandise dévaluée. Elle y consacre une journée entière par semaine. Le samedi, généralement. C'est l'un des rituels de Brigitte, dont la vie est parfaitement ordonnée. Alors qu'elle n'a plus rien à vendre, ni son image ni ses films. L'un de ses admirateurs, que l'on peut considérer comme un raseur, non seulement lui envoie parfois jusqu'à trente photographies par semaine à dédicacer, mais en plus il se montre exigeant quant à la manière dont Brigitte doit le faire. C'est mal connaître le tempérament de la Dame. Réponse de celle-ci, un jour de ras-le-bol : *Monsieur, je n'ai pas pour habitude qu'on me donne des ordres ni qu'on me dicte les dédicaces que je dois écrire. Je reçois à peu près 100 lettres de demandes de dédicaces par semaine. J'y passe un temps fou ! Temps pris sur le travail que je dois faire à ma Fondation. Si chacun m'ordonnait de signer une douzaine de photos avec les noms, je n'en finirais plus. J'ai donc décidé de n'en signer qu'une, même s'il y en a 26. Les autres seront mises en vente à ma Fondation au profit des animaux.*

En transmettant sa lettre à son secrétariat, Brigitte porta cette annotation sur l'enveloppe : *Il commence à me casser les couilles !* Voilà encore la Brigitte que l'on aime et qui la différencie de certaines de ses consœurs habiles à tenir une comptabilité mnémotechnique des photos qu'elles signent au compte-gouttes. « J'avais un ami qui avait écrit à une très grande actrice française pour un autographe, raconte Frank Guillou. Elle avait gentiment agréé à sa demande. Des années plus tard, il lui renvoya une autre lettre en lui demandant si elle acceptait de signer une photo pour un ami dont c'était l'anniversaire. Elle lui répondit qu'elle se souvenait lui avoir déjà signé un autographe. »

Franchissons l'Atlantique, à présent. L'apport en affect et en dollars de Brigitte à des associations étrangères, diverses et variées, américaines surtout, est considérable. Avec un désintéressement total et sans que cela se sache. Il y en a tant et tellement de ces associations américaines, qu'on ne saurait par laquelle commencer.

Certaines sont connues, d'autres nettement moins. Depuis plusieurs années, les « Capuchin Food Pantries » fournissent en nourriture, vêtements et articles de toilette plus de trois mille familles pauvres de New York, dont une majorité de Noirs. Leur système de fonctionnement : la récolte de *doodles* (gribouillages) exécutés par des sommités du spectacle et de la politique et vendus aux enchères. Chaque année, seule personnalité française sollicitée, Brigitte s'exerce à la mine et au crayon de couleur pour réaliser des dessins qui lui ressemblent, naïfs, touchants, précis, des créatures sorties de son imaginaire et de son idéal d'un monde juste, sain et esthétique. En novembre 2008, l'un de ces dessins a rapporté la somme de mille dollars. Les « Capuchin » savent qu'ils peuvent compter sur elle aussi souvent et aussi longtemps qu'elle pourra les aider. Une aide particulièrement appréciée par Joseph Sano, leur directeur. « Chère Brigitte, lui a-t-il écrit le 23 janvier 2009, votre "gribouillage" est le témoin de votre contribution financière pour aider les pauvres et les moins fortunés. Avec toutes les demandes qui prennent de votre temps et de votre argent, l'attention et l'énergie que vous dépensez pour créer votre gribouillage sont extrêmement appréciées. »

Une autre association américaine fonctionnant sur le même principe, et à laquelle Brigitte participe : « Public Allies ». But affiché : « Faire progresser les nouveaux dirigeants à renforcer les collectivités, organismes sans but lucratif et la participation civique. »

En clair : intégrer à la vie culturelle, associative et politique une majorité de Noirs (67 % parmi ces jeunes de dix-huit à trente ans).

80 % des victimes du sida étant africaines, « The Celebrity Art Auction » — un organisme soutenu par la Fondation Elton John contre le sida, plus connue du grand public — leur vient en aide, là encore grâce à la vente aux enchères de dessins de personnalités. En 2002, le thème était « Message in a bottle ». Brigitte dessina une barque au milieu des flots, avec à son bord les animaux qui figurent sur le logo de sa Fondation (dont elle est la créatrice initiale), une sorte d'Arche de Noé limitée à droite et à gauche par deux bouquets de marguerites qui ressemblent à s'y méprendre à deux parachutes ascensionnels prêts à sauver ces créatures du naufrage en les emportant loin au-dessus d'un monde ravagé par la guerre et les maladies. Quelques milliers de dollars de plus pour les malheureux Africains atteints par le VIH.

Idem en ce qui concerne l'aide à des familles confrontées à l'autisme et aux maladies mentales dont s'occupe la « Diversified Family Services », basée en Pennsylvanie. En 2007, Brigitte leur a adressé un dessin figurant le visage à demi caché d'une femme aux cheveux bouclés, qui tient sur sa main levée à hauteur d'yeux un oiseau, complice de l'homme et espoir de l'humanité.

On ignore quel fut l'apport financier à l'association « In Your Ear and Off the Wall » luttant elle aussi contre le sida, mais la lettre de remerciement du comité directeur, écrite le 3 novembre 1995, ne tarit pas d'enthousiasme à l'égard de la plus célèbre des Françaises.

Le sida encore, cette fois au secours du « Global Stong Trust ». Un autre gribouillis de Brigitte, une jeune femme au visage grave, avec un cœur en pendentif et des fleurs dans les cheveux, signé en juin 2008 et qui a rapporté gros. Résolument, les Américains aiment les dessins et Brigitte ne les dédaigne pas. Dans celui qu'elle a envoyé en janvier 2009 à « Action Aid the Children's », elle y a mis toute sa couleur : des fleurs à nouveaux, des marguerites et d'autres encore, toutes reliées à la même branche verte. Pour les enfants pauvres et en détresse.

Ou comme cet autre, plus sobre, offert au « Live Bait Theater » de Chicago, pour aider à la sensibilisation du théâtre par des cours axés sur l'alphabétisation et l'expression artistique.

Or les gribouillis ne sont pas le seul moyen qu'ont trouvé les associations américaines pour récolter des fonds. Comme en France, beaucoup d'entre elles mettent en vente des effets ayant appartenu à des personnalités. En 2002, Brigitte s'est ainsi départie d'une paire de chaussures qu'elle a dédicacées + un mot d'identification + une photo dédicacée, pour les mettre à la disposition des dirigeants de « Rett Syndrome Association of Illinois » qui œuvrent pour le compte de cette maladie génétique très rare qu'est le rett et qui touche uniquement les filles.

À Waterloo (Canada), le directeur d'un musée d'optique, « The Museum of Visual Science and Optometry at the University of Waterloo » a été plus modeste dans sa requête puisqu'il s'est borné à solliciter de Brigitte le don d'une simple paire de lunettes. Ce à quoi elle a répondu favorablement.

En revanche, en Australie, un short en jeans de Brigitte Bardot encadré et présenté au milieu d'une composition de Hug Oliveiro, vendu au Four Season's de Sydney, le 12 juillet 2007, a été adjugé 10 000 dollars. Mieux que Leonardo di Caprio (3 500 dollars) ou qu'Eva Longoria (3 000 dollars).

En Angleterre, à Portsmouth, on ignore combien a rapporté la vente d'un foulard signé par Brigitte *et de quelques babioles + 2 ou 3 photos dédicacées*, mais la somme a contribué à la construction d'une crèche pour enfants préscolarisés, grâce à la mobilisation du « Cosham Conservative Club », une œuvre locale de charité, et conformément à son souhait.

Soulignons la magnanimité de Brigitte car ce sont autant de sous qui ne rentrent pas dans les caisses de la Fondation Brigitte Bardot. Ils sont rares ceux qui lui renvoient l'ascenseur en pensant à *la Fonda*. Très rares. Mais Brigitte n'agit pas dans un esprit de donné-rendu. Elle ne se battra jamais assez contre la pauvreté, l'injustice et pour la paix. En 2000, sollicitée par le « Millénium Committee of New York », elle a écrit sur une carte des Nations unies : *Que les sentiments humains, le cœur et l'âme soient prioritaires dans le nouveau millénaire ! Que l'amour gagne !*

*That is Brigitte Bardot, the woman God created !*

Nous pourrions continuer ainsi sur des pages et des pages, jusqu'au rébarbatif. Un peu plus brisée chaque fois, un peu plus forte chaque jour, subissant la complexité des situations, la pesanteur des traditions, la diversité et la fragilité des êtres, prenant acte de la médiocrité ambiante mais aussi des bonnes volontés cachées, riche d'un inaltérable esprit de charité, au fond d'elle-même BB continue de placer une confiance presque aveugle et désespérée dans ces hommes « laids » et provisoires qu'elle observe détruire la nature, seul véritable chef-d'œuvre de la Création. Victimes du pas de chance et de l'abandon de la société, ils sont de plus en plus nombreux en France et de par le monde à s'en remettre à la compassion de cette Éternelle. Ceux-là ne se souviennent pas forcément que dans une autre vie, BB fut un phénomène de cinéma.

Bien souvent lorsque l'on donne autant et à autant de gens à la fois, il arrive que des trahisons surgissent ; des plaisantins qui cherchent à vérifier si la « pingrerie » de Bardot est une légende ou si la rumeur est avérée ; des escrocs ou de simples malhonnêtes visant à arrondir leurs fins de mois ; des ingrats qui oublient la plupart du temps de dire merci à la Dame. Frank Guillou qui lui en faisait un jour la remarque se vit répondre : *Je n'attends rien de la part de ceux à qui je viens en aide. Je fais ce que j'ai à faire, le reste ne m'intéresse pas. Il y a trop de gens, partout, qui ont faim ou qui souffrent, pour que l'on puisse s'arrêter sur ce genre de choses.* « Vous devriez quand même vérifier à qui vous envoyez votre argent. » *Si ces gens m'écrivent, c'est qu'ils ont besoin de moi.* Etc. Elle sait parfaitement qu'ils n'emporteront rien au paradis, ni elle au diable. Dans les années soixante, un faux paralysé s'était laissé photographier dans un fauteuil roulant pour apitoyer la jeune actrice et se faire offrir un accordéon. Brigitte obligea l'un de ses amis musiciens à faire le tour de Paris pour dégoter un instrument convenable, 15 000 francs de l'époque. En guise de remerciement, son obligé lui répondit qu'il n'était guère plus invalide qu'elle, mais que c'était un test et qu'en l'occurrence il se révélait positif puisqu'elle lui avait envoyé un accordéon d'occasion. Brigitte Bardot était bien l'Harpagon femelle que l'on disait. Pour la peine, elle n'avait plus qu'à envoyer à ce monsieur une cuisinière pour sa mère. Ce genre de mésaventure n'a jamais empêché Brigitte de continuer à donner, elle ne sait faire que cela, comme d'autres ne savent que chanter « Je ne sais faire que chanter. » Quand on est sincère et que l'on donne avec le cœur et sans arrière-pensées, on n'est jamais perdant. « Nos yeux, nos oreilles, notre odorat, notre goût diffèrent, créant autant de vérités qu'il y a d'hommes sur la Terre », affirmait Maupassant.

Or il est une vérité capable de dépasser toutes les autres : si deux êtres suffisent à faire la guerre, il y a des étrangers – tout ce qui n'est pas moi – à qui l'on peut confier les clefs de sa maison, d'autres dont on ne doit rien attendre, fussent-ils membres à part entière de la grande famille des hommes. Il n'y a pas de solution à cela. Il y a seulement BB, « sorcière des temps modernes ». *La gentillesse est devenue synonyme de connerie. Mais je m'en fous, je trouve que la gentillesse aide à survivre dans ce monde de brutes, et aider ceux qui sont dans la détresse fait partie de ma vie. Oui, je donne de moi-même, j'aide moralement et matériellement ceux qui se noient dans l'indifférence de cette société de merde ; souvent je ne les connais pas et ne les connaîtrai jamais, mais j'ai fait ce que mon cœur me dictait*[7].

Dans ses Mémoires, la comédienne Paulette Dubost qui, en 1965, fut de l'aventure mexicaine de *Viva Maria* délivre quelques anecdotes éloquentes sur la noblesse de BB, la vraie noblesse, celle dont Marie Bonaparte estimait qu'elle ne se trouve ni dans les parchemins ni sur les trônes, mais « dans le cœur et la pensée et dans leur puissance à vivre sur les hauteurs ». Elle parle d'une Brigitte en bikini au bord de sa piscine, l'accueillant chaleureusement et la tutoyant d'emblée, demandant même à Louis Malle de fournir à son aînée une villa « aussi grande, aussi blanche et aussi belle » que la sienne. « Le lendemain, je vais dans les boutiques et je

7. *Migros magazine*, 2009.

déniche des objets en papier mâché. J'avise un miroir à long manche, très cher, mais je le repose quand je vois le prix : c'est pas donné ces machins pour les touristes. Dehors, ma Brigitte était là, avec le miroir caché derrière son dos. Elle me le tend : "*Tiens, le voilà ton miroir.*"

C'était une gentillesse. Nous nous sommes tout de suite entendues [...]. Ici ou là j'ai entendu dire que Brigitte était pingre. C'est mal la connaître. Elle est très généreuse. Comme elle, je suis très dépensière, ma vie l'a prouvé, mais il y a une chose dont j'ai horreur, tout comme elle d'ailleurs, c'est le gâchis. Chaque jour, il y avait des tablées de cinquante personnes et on prenait des paniers, toutes les deux, pour récupérer le pain et les restes. On les donnait aux animaux, aux chiens, aux poules. Je vous entends d'ici : oui, évidemment, on récupérait aussi pour les mômes. Brigitte, on a certainement profité d'elle à outrance à *La Madrague* : j'ai connu des pique-assiettes qui y allaient. Un jour, elle en a eu marre. Elle a dû les éjecter, et ces gens-là, furieux, ils ont répété partout, avec leurs langues de vipère : "La Bardot, elle nous a foutus à la porte ! Pas généreuse, la Bardot, avare même !" »

Sur le tournage, Paulette côtoie également Jeanne Moreau avec qui elle a déjà travaillé dans *Les Carnets du major Thomson*. « Elle m'ignorait. Au Mexique, comme Brigitte était plus qu'aimable à mon égard, elle s'en est aperçue et en a fait autant. Je lui ai dit : "Tu sais, ton amitié soudaine..." »

Aussi, à Pierre Cardin, venu rendre visite à Jeanne, qui lui demandait ce qui l'épatait le plus au Mexique, Paulette répondit sans détours : « Le musée anthropologique et puis la soudaine amitié de Jeanne. »

« J'aurais pu ajouter la gentillesse de Brigitte, même avec Jeanne, sa partenaire et sa rivale dans le film. Je l'ai entendue, au sortir d'une projection, demander à Louis Malle de retourner une scène parce que Jeanne n'était pas bien photographiée. Je ne connais pas beaucoup de vedettes qui diraient ça d'une autre artiste… [8] »

L'image prêtera sûrement à sourire mais, à sa mesure, redistribuant ses richesses à ceux que personne n'écoute, Brigitte est une communiste qui s'ignore (école Jésus), une seconde Mère Térésa en cette « vallée de larmes » où la société est le début du dégoût. *Que reste-t-il de notre vie sur cette Terre lorsque les vautours nettoyeurs sont passés ? Rien ! C'est pourquoi je ne me préoccupe plus de ces biens terrestres, me contentant du minimum et vendant à tour de bras tout le superflu qui apporte un petit peu plus à ma Fondation. Qu'ai-je à faire de toute cette argenterie qui ne me sert à rien ? De ces collections de montres anciennes qui encombrent ? De ces porcelaines de Sèvres ou d'ailleurs, qui, une fois ébréchées ou cassées ne vaudront plus rien ? Et je vends et je m'allège de tout ce fourbi qui après moi sera*

8. Brigitte est restée très proche de Paulette. En 2004, celle-ci lui écrivait encore : « Merci de toujours penser à moi, cela me réchauffe le cœur. »

*dispersé n'importe comment, par n'importe qui. Ce qui m'est indispensable concerne mes animaux, ma Fondation. Les seuls souvenirs qui resteront de moi.* [9] C'est du Bossuet ! Ou quelque chose d'approchant. Bossuet dans *Le Sermon sur la mort*, prononcé au Louvre devant la cour de Louis XIV, lors du Carême de 1662. L'illustre orateur sacré, partisan de ce que les riches échangent une partie de leur richesse terrestre « contre la vraie richesse, la richesse spirituelle éternelle », y rappela ce jour-là que tout ce qui est acquis au cours de la vie est « effacé », « détruit », « raturé » par la mort, cette fin inéluctable qui rend tout éphémère et révèle l'égalité entre les hommes. «… Qu'est-ce que cent ans ? Qu'est-ce que mille ans, puisqu'un seul moment les efface ? Multipliez vos jours, comme les cerfs que la fable ou l'histoire de la nature fait vivre durant tant de siècles ; durez autant que ces grands chênes sous lesquels nos ancêtres se sont reposés et qui donneront encore de l'ombre à notre postérité ; entassez, dans cet espace qui paraît immense, honneurs, richesses, plaisir ; que vous profitera cet amas, puisque le dernier souffle de la mort, tout faible, tout languissant, abattra tout à coup cette vaine pompe avec la même facilité qu'un château de cartes, vain amusement des enfants. »

« On pardonne tout à Bardot », disait Pascal Sevran, qui excellait au verbe mais faisait un bagage beaucoup trop médiatique de ses rencontres choisies pour que

9. *Le Carré de Pluton.*

nous ne lui préférions un Racine à la science neutre et plus sûre : « J'aime l'homme, je hais son erreur. » Pardonner quoi, du reste ? Si erreur il y avait pour garantir son statut de pécheresse, Brigitte abrite suffisamment de qualités et d'actes généreux empreints de courage pour que le commun non autorisé consentît à l'absoudre. Brigitte ne se laisse pas éblouir par la lumière qu'elle renvoie. Elle n'est pas non plus aveugle de ses côtés sombres, « tous ces défauts qui sont autant de chances ». *Moi j'aime bien la grandeur, je ne pourrais pas avoir des petits défauts et des petites qualités*, avait-elle concédé à Jacques Chancel. Ses plus grands travers ne sont pas ceux qu'on lui reproche, mais on l'aura assez salie pour ne pas en rajouter. Perdre de vue que BB est à la fois une star et un mythe consisterait à regarder un ours sans sa fourrure. La remarque de l'écrivain Anaïs Nin : « Nous ne voyons jamais le monde tel qu'il est, mais tel que nous sommes », ne manque pas de prix, mais nul ne pourra jamais accuser la Fée des animaux de réagir émotionnellement à ce que son intelligence naturelle devrait lui faire admettre comme juste, car forte de son puissant sixième sens que d'aucuns nommeront l'instinct, et en dépit de hors sujets inutiles (ceux qui siéront à chacun), même sans arguments, elle vise et atteint souvent la cible avec une précision d'archer. À cet égard, Ulysse a dit quelque chose d'assez joli et en harmonie avec la philosophie de Brigitte : « L'instinct, c'est comme cet oiseau qui mourait de soif et qui a pu boire l'eau de la cruche en jetant des mots dedans. »

*Aimer à perdre la raison est ce qui justifie notre existence, notre passage sur cette Terre, le reste n'est que chimère, leurre,* m'a-t-elle écrit un jour. Accordons à Brigitte Bardot le droit de ne pas penser exactement comme chacun voudrait qu'elle pensât. Celui de ne pas comprendre les profonds changements qui bousculent notre civilisation – l'évolution n'est pas toujours synonyme d'amélioration. Celui de ne pas se sentir à son aise dans un monde régi par la violence, les intérêts et la montée du fanatisme religieux, les milliers de lettres qu'elle reçoit démontrant, si besoin était, qu'elle n'est pas la seule à éprouver ce profond malaise. À la force des témoignages et des faits, irréfutables et définitifs, nous avons vu qu'elle est de la veine dont se nourrissent les bonnes âmes. Quoi ! Un grand homme, la Bardot. Un mec bien. Ceux qui le savaient déjà ne l'en aimeront que davantage. Les autres, qui la découvriront, n'auront d'autre choix que se joindre au long fleuve d'amour qui roule vers elle et prend sa source au vivant qui souffre. Avant de la laisser repartir un jour, loin de nous, loin d'elle-même, vers ce décor baigné d'une lumière infinie où hommes et bêtes boivent à la même eau.

Pourquoi ne peut-on qu'aimer BB ? Parce qu'elle est une fleur vouée à ne jamais se laisser cueillir. Tel est le prix de sa liberté. On ne se bat pas impunément contre l'abject. Quand on la voit, quand on l'entend, quand on la lit, on sent sourdre en elle l'angoisse et la désespérance dont elle s'est imprégnée au fil des ans. Parce qu'elle est aussi animale que d'autres peuvent être bestiaux, depuis 1962, bien avant son retrait des salles obscures, la « poupée de Saint-Trop'» a engagé une guerre sans armes mais sans merci pour dénoncer l'homme qui est mais ne pense pas. Le monothéiste du fric à tout prix qui s'évertue à piétiner les unes après les autres toutes les règles de l'honneur et les valeurs morales. Le démiurge du mal qui viole l'humanité en se vautrant dans le sang de la souffrance animale. Le dégoulinant de lâcheté, le veule, le misérable, l'en dessous de tout. « J'arrache le masque à sa figure traîtresse et pleine de boue et je fais tomber un à un, comme des boules d'ivoire sur un bassin d'argent, les mensonges sublimes avec lesquels il se trompe lui-même... Ô être humain, te voilà, maintenant, nu comme un ver, en présence de mon glaive de diamant ! » (*dixit* Lautréamont).

En guise d'épilogue, dans *Un cri dans le silence*, c'est précisément aux humains que s'adresse la recluse de *La Madrague*, à tous ceux qui l'ont hissée au-dessus d'eux-mêmes et des dieux. Elle est seule, assise au milieu d'un champ, quelques animaux autour d'elle, comme sur une litho de Gustave Doré. Cernée de garrigue et de parfums iodés, le regard porté au loin, elle idéalise les intentions du soleil quand il rencontre la mer, à une heure où le vieux Râ tarde à mourir pour mieux revenir : *L'amour est en nous, l'amour était en elle. Et elle était amour en cette fin de journée d'été.* Espace d'une illusion… Alors qu'on la croit presque sereine, elle se raidit soudain, comme si la sensation de bonheur, fût-elle éphémère, lui était devenue proprement inconcevable. Fustigeant les ordonnateurs de fêtes sur les yachts tropéziens et les luxueuses soirées de charités mondaines où des milliardaires qu'elle connaît bien pour les avoir côtoyés et fuis et *qui croient donner à ceux qui crèvent de misère et de douleur*, elle écrit : *Elle savait par expérience que toute cette richesse superflue était insensible à toute détresse. Par contre, le cœur profond se trouvait chez ceux qui étaient matériellement démunis. Les plus généreux, ceux qui se saignaient aux quatre veines pour venir en aide aux animaux, mais aussi à ceux qui, encore plus pauvres qu'eux, vivaient un enfer. C'était une catégorie de Français faisant partie d'une classe d'en bas, de gens simples, d'êtres de cœur ! À ceux-là, elle pensait avec amour, elle eût voulu dire sa tendresse, sa reconnaissance.* Écrits en contrechamp, dans un style purement lyrique, aux fins de trancher avec la vulgarité de l'époque, des chapitres intermédiaires du *Cri dans le silence* où Brigitte parle à la troisième personne de sa communion avec les choses *vraies* sorties du ventre de la nature, il émane une spiritualité touchante, celle d'une maîtresse femme à l'automne de sa vie, qui méritait beaucoup plus d'attention et d'intérêt. De même que si les journalistes avaient pris le temps de dépasser l'aspect pamphlétaire de ce livre au lieu de se contenter d'en extraire à dessein des phrases privées de leur contexte, ils auraient relevé la manière dont BB parle de l'argent et de ceux qui le détiennent : *L'argent protège de tout, l'argent est un paravent, un bouclier, une armure contre tout ce qui ne s'achète pas. Les riches forment une espèce de mafia imperméable à tout ce qui ne fait pas partie de leur cercle, de leur secte.* Ils auraient commencé alors à comprendre qui elle est, lorsqu'elle accuse directement les directeurs de grandes surfaces françaises de gaspiller chaque jour *de quoi nourrir les populations sous-alimentées du tiers-monde.* Là est la vraie Brigitte, vivant comme une paysanne, avec sa vieille 4 L pourrie, frappée par l'éminente dignité des vrais pauvres. Ceux avec qui elle est en relation permanente. Quant aux autres…

Francis Huster s'est dit écœuré que le cinéma français n'ait jamais remis de César d'honneur à son ancienne partenaire de *Colinot Trousse-Chemise*. Faut-il s'en étonner ? Quand même ses centres d'intérêt sont-ils aujourd'hui aux antipodes et en dépit de ce qu'elle a déclaré : *À un tapis rouge, je préfère un tapis de feuilles mortes* [10], gageons que Brigitte aurait vécu l'attribution d'un César (« pour l'ensemble de votre carrière », disent les docteurs du Septième Art) comme un immense honneur et une fierté personnelle. Un jour, devant Coco Chanel, quelqu'un a affirmé que Catherine Deneuve était l'anti-Bardot par excellence. Chanel a répondu : « C'est absurde ! Bardot est un mythe. On ne détruit

10. *Télé 7 jours*, octobre 1999.

pas un mythe en lui opposant une femme ! » Et Chanel avait ajouté : « Le seul anti-mythe que je connaisse, c'est le temps. » Réaction de Bardot (nous étions alors en 1972) : *La vieille sorcière ! C'est tellement vrai ! Oui, le temps me détruira un jour, comme il détruit toute chose. Beaucoup d'autres filles feront après moi des carrières fantastiques. Certaines d'entre elles auront bien plus de talent. Mais personne jamais ne sera Bardot* [11].

Le passé ne revient plus, le présent ne dure pas et pour elle l'avenir s'éloigne plus qu'il ne se rapproche, mais Brigitte a réussi à faire se rejoindre la femme qui recherche ses belles années avec une tragique désespérance, à travers un indice que ne lui procure plus son reflet dans la glace et l'autre, celle qui sait que la jeunesse véritable est une émanation du cœur. La fin des fins viendra d'elle-même.

En mars 1963 décédait à Vienne, à l'âge de quatre-vingts ans, Elisabeth-Marie, fille unique de l'archiduc Rodolphe et petite-fille de Sissi. Au crépuscule de sa vie, cette femme singulière qui avait renié ses origines pour se convertir au socialisme ne vivait plus qu'entourée de ses bergers allemands, la seule famille qu'elle se fût choisie après bien des désillusions de la part de ses semblables. Des animaux avec qui elle se montrait jalouse et possessive. Sentant la mort venir, elle s'arrangea pour que ses trois chiens préférés (Lido,

11. *Gold Gotha.*

Putzi et Libelle) l'accompagnent dans son dernier voyage. « Le drame se déroula comme Elisabeth l'avait imaginé, écrit la princesse Guislaine Windisch-Graetz, dans *L'Archiduchesse rouge* (éditions Duculot) : elle était morte étendue entre des draps brodés, la tête reposant sur des oreillers de dentelle, pâle et immobile [...]. La porte s'ouvrit, le vétérinaire entra ; les chiens le connaissaient bien, cependant ils le regardèrent en grondant ; Libelle montra ses crocs. Il s'approcha d'elle, lui parla doucement, et tout en caressant la bête au regard plein de confiance, il lui fit la piqûre mortelle. Lido s'endormit sur sa maîtresse, comme les deux autres, unis dans la même fidélité. » Un tableau où seule manque une musique de Wagner mais qui ne préfigure en aucune façon ce que sera la délivrance de BB, Brigitte ayant poussé un cri d'effroi à la lecture de cette histoire.

*Cette femme était cinglée ! Comment peut-on faire une chose pareille ? Ça me fait penser aux pharaons qui exigeaient d'être enterrés avec leurs pauvres serviteurs !* Au début 2009, à un journaliste suisse qui s'était enquis de savoir comment elle aimerait mourir, Brigitte avait répondu : *Avec la main de celui que j'aime et la patte de mon chien ou de ma chienne dans chacune de mes mains. Mais une chienne vivante ! Je suis absolument contre l'euthanasie, sauf cas extrêmes, pour abolir une souffrance devenue insupportable.* « Un jour, raconte Frank Guillou, une dame désespérée d'avoir perdu son chien et qui l'avait fait empailler pour lui prolonger la vie, en envoya la photo à Brigitte. Sans pour autant se permettre de porter un jugement sur cette femme en souffrance, mais réfractaire à ce genre de rite macabre, Brigitte lui répondit avec tact qu'elle trouvait dramatique qu'un animal puisse finir en "porte-parapluie". »

Trop tôt, on fit de l'existence de la petite fille de Passy une mise en scène, mais son destin reste le seul rôle qu'elle aura accepté d'assumer jusqu'au bout. À l'image de cet immense charivari que fut sa vie, sa mort, à n'en pas douter, sera un grand cirque aux gradins peuplés de voyeurs, de faux poètes et d'ayants droit. Seuls les animaux se cacheront pour pleurer sans retenue non pas la fin d'une légende, mais le début d'une vérité. Sur sa tombe, Kierkegaard avait fait inscrire en épitaphe :

*Encore un peu de temps*
*Et j'aurai gagné*
*Et toute cette lutte*
*Sera dissipée.*

Puisse Brigitte Bardot connaître de son vivant l'accomplissement de la sienne.

Encore une chose, deux mots, un dernier témoignage, digne et éloquent, celui de la maman de la jeune Bélinda. Le cœur serré contre le sien, tout en lui prédisant une vie de centenaire, avec beaucoup de chiens et des arrière-petits-enfants qui feraient la ronde autour d'elle, la Fée des animaux a discrètement accompagné cette adolescente vers la sortie. Brigitte m'a donné l'autorisation de dévoiler publiquement l'amitié qui les liait, à la seule condition d'obtenir l'accord de la sœur et du frère de Bélinda, Magaly et Yohann, celui de leur papa et, bien sûr, de Madame Bornet qui s'est fait leur ambassadrice parce que la mort d'un enfant est d'abord affaire de mère… « C'est avec beaucoup d'émotion que je viens vous raconter une partie de la vie de ma fille Bélinda. Le 10 juin 2003, un mois après ses dix-huit ans, nous avons appris qu'elle avait un cancer de l'ovaire. Un fait rarissime et sans espoir, vu son jeune âge. Vinrent deux opérations, puis la chimiothérapie au centre de cancérologie Léon-Bérard à Lyon. C'est dans cet hôpital, dans la salle de jeux, qu'un jour nous sommes tombées sur une boîte aux lettres où il y avait écrit : "Je peux réaliser ton rêve, raconte-le moi !" Bélinda a fait sa lettre en précisant que son vœu le plus cher était de rencontrer Brigitte Bardot, non pas en tant qu'actrice mais parce qu'elles avaient la même passion : les animaux. Depuis toute petite, Bélinda a toujours eu un amour indescriptible pour les animaux. Elle répétait souvent : "Quand je serai grande, je serai vétérinaire et si je n'y arrive pas parce que je ne suis pas très douée à l'école, j'aurai ma propre SPA, c'est ça ou rien !" D'ailleurs, elle devait passer le bac élevage-canin. »

Un jour, Bélinda reçoit un courrier de l'association « Arc-en-Ciel » lui annonçant que son vœu allait pouvoir s'exaucer dans quelques mois. « Elle était tout excitée ! Il fallait la voir s'agiter dans tous les sens, souriante, émue et impatiente d'y être. Puis les semaines passèrent. Un après-midi, elle m'appela en me disant :

“Maman, devine avec qui je viens de parler, devine, devine, devine… ?” Elle rajoute : “Brigitte Bardot, en vrai, maman ! On a parlé une demi-heure, tu te rends compte, une demi-heure rien que pour moi ! C’est énorme, c’est géant, maman ! J’arrive pas à y croire, ma Brigitte à moi… J’ai bien reconnu sa voix [Bélinda regardait beaucoup de reportages à la télé sur elle]. Elle a dit qu’elle allait m’envoyer un colis, qu’elle me rappellerait et qu’on se rencontrerait dans quelque temps”. Ce jour-là a été le début d’une amitié profonde, ponctuelle et sincère. Par la suite, Brigitte a continué à l’appeler et à lui envoyer des colis. À chaque fois, Bélinda disait : “C’est magnifique, elle est formidable. T’as vu ce qu’elle m’a donné ; des habits lui appartenant, du parfum, des photos d’elle et de ses animaux, des livres”. Et toutes ses lettres qu’elle lisait et relisait sans cesse et qu’elle a emportées avec elle. Elles étaient sur le point de se rencontrer, mais le destin en a décidé autrement. Le 24 novembre 2004, Bélinda nous quittait. Se sachant condamnée, elle avait préparé son testament, organisé sa sépulture, sa crémation et le désir de vouloir que ses cendres soient dispersées dans un lieu entouré d’animaux. Nous nous sommes adressés à divers zoos et parcs animaliers, sans succès, car dans un lieu public, c’est interdit. Brigitte nous a téléphoné quelque temps après, on lui a parlé de ce problème et là, pour la seconde fois son grand cœur a refait surface. Elle nous a gentiment proposé de disperser les cendres de Bélinda à *La Madrague*, dans le cimetière de ses animaux. Nous avons convenu d'un rendez-vous et nous sommes allés chez elle, mon mari, ma fille Magaly et moi. Nous nous attendions à faire l'aller-retour et là, surprise, Brigitte a fait venir un ami prêtre pour une petite bénédiction. Je ne peux même pas vous raconter dans quel état nous étions tous… Que d'émotions ! Mais Brigitte a su nous rassurer, nous mettre à l'aise. Nous avons discuté un moment, et là, surprise, eh oui, encore, elle nous a invités à aller à *La Garrigue* partager un repas organisé pour notre venue. Une attention que nous ignorions. Nous avons discuté en toute simplicité, presque amicalement. Une journée éprouvante mais chaleureuse, conviviale, qui restera pour nous à tout jamais inoubliable… Merci à vous, Brigitte, d'avoir offert gracieusement un deuxième "petit coin de paradis" à notre Bélinda chérie. Merci à vous, Monsieur Bonini, de faire en sorte que les gens sachent que derrière ce petit bout de femme au tempérament parfois coléreux mais grandement justifié, c'est avant tout une grande dame au cœur tendre et sensible qui, dans le silence, apporte du bonheur à ceux qui ont besoin de réconfort. Vous êtes exceptionnelle, Brigitte ! Grâce à votre grande générosité, votre dévouement, votre compassion, votre sensibilité, grâce à toutes ces qualités, Bélinda s'en est allée avec de magnifiques souvenirs dans sa tête et dans son cœur. »

Par amour… et c'est tout, même si l'amour ne justifie rien, ne donne raison à rien. La Dame est ainsi faite. Ainsi ira-t-elle jusqu'au dernier de ses jours, le premier où elle nous fera vraiment de la peine. Pour notre part, nous aurons juste ajouté un peu de tendresse à l'évidence. Ou à ces miettes de vérité que sont les erreurs.

# Table des matières

Bibliographie

**Brigitte Bardot**

*Initiales BB*, Grasset, 1996.
*Le Carré de Pluton*, Grasset, 1999.
*Un cri dans le silence*, Le Rocher, 2003.
*Pourquoi ?*, Le Rocher, 2006.

**Emmanuel Bonini**

*La Véritable Joséphine Baker*,
Pygmalion-Gérard Watelet 2000, Corps 16 2000.
*La Véritable Romy Schneider*, Pygmalion-Gérard Watelet 2002, Corps 16 2003, Jószöveg (Hongrie) 2004, J'ai lu 2005, Edition tchèque 2008.
*Joséphine Baker*, 100 images pour une légende, La Lauze, 2001.
*Tino Rossi*, (épuisé), Le Rocher 2003, Corps 16 2004.
*Sylvie Vartan*, Le Feu sous la glace, Flammarion 2004.
*La Véritable Dalida*, Pygmalion, 2004.
*La Véritable Mireille Mathieu*, Pygmalion 2005.
*Piaf, La Vérité*, Pygmalion, 2008.

*Impression réalisée par*
*CPI BRODARD ET TAUPIN*
*La Flèche*
*en septembre 2009*

*Imprimé en France*
Dépôt légal : septembre 2009
N° d'impression : 54336

Éditions Alphée, Jean-Paul Bertrand
28, rue Comte-Félix-Gastaldi
Monaco